Hartmut Boockmann
Fürsten, Bürger, Edelleute

Hartmut Boockmann

Fürsten, Bürger, Edelleute

Lebensbilder aus dem späten Mittelalter

Verlag C. H. Beck München

Mit 9 Abbildungen im Text

Die Deutsche Bibliothek – CIP-Einheitsaufnahme

Boockmann, Hartmut:
Fürsten, Bürger, Edelleute: Lebensbilder aus dem späten Mittelalter / Hartmut Boockmann. – München: Beck, 1994
ISBN 3 406 38534 6

ISBN 3 406 38534 6

Satz: Fotosatz Janß, Pfungstadt
Druck und Bindung: Freiburger Graphische Betriebe, Freiburg
Gedruckt auf säurefreiem, aus chlorfrei gebleichtem Zellstoff hergestelltem Papier
Printed in Germany

Inhaltsverzeichnis

Vorbemerkung

Das endende Mittelalter, die Jahrzehnte zwischen der großen Pest und der Reformation, sind, von heute aus gesehen, ferne Zeit nur wenig anders als die Jahrhunderte zuvor – so fremd wie diese, ja vielleicht noch abweisender als sie oder auch, ebenso mißverstanden, attraktiv und geheimnisvoll verlokkend. In diesem Falle hat man es mit dem Herbst des Mittelalters zu tun – um den Titel des genialen Buches von Jan Huizinga zu nennen –, aber dennoch mit einer ganz unangemessenen Vorstellung. Die besondere Fremdheit des späten Mittelalters dagegen hat ihren Grund in Traditionen, die aus dem 19. Jahrhundert stammen. Damals meinte man, in der Mitte des 13. Jahrhunderts einen tiefen Einschnitt zu entdecken, der die altdeutsche Kaiserzeit von den nun folgenden Jahrzehnten und Jahrhunderten des Zerfalls nicht nur des Reichs, sondern überhaupt von einer Zeit des Niedergangs und der, wie man heute zuweilen sagt, großen Krisen trennte.

Solche Generalannahmen widerstreiten fast allem, was man erfährt, wenn man die Dokumente liest, die wir aus dem späteren Mittelalter besitzen. Es besteht ein Widerspruch zwischen dem Reichtum dessen, was wir in einer Fülle von spätmittelalterlichen Quellen finden, und den heute vielfach gängigen einfachen Vorstellungen von dieser Zeit – ein Widerspruch auch zwischen der Sorgfalt, die den – wenigen – Quellen zur Geschichte der früheren mittelalterlichen Jahrhunderte zugewandt worden ist, und den so oft ungenützten Möglichkeiten, welche die reichen Dokumente zumal aus dem 15. Jahrhundert bieten. Würde man auf eine Waage legen, was man überhaupt aus dem Mittelalter hat, und würde man das nach Jahrhunderten scheiden, so entfielen gewiß mehr als drei Viertel auf das letzte Jahrhundert des Mittelalters.

Doch sind es nicht nur die Quantitäten, welche die spätmittelalterliche Überlieferung auszeichnen. Die Quellen aus dieser Zeit eröffnen nicht nur mehr Einsichten, sondern auch andere. Gewiß läßt sich eine ebenso reiche Korrespondenz eines Fürsten, wie sie dem sechsten Kapitel dieses Buches zugrunde liegt, im Reich des 15. Jahrhunderts nicht noch einmal finden. Aber in den früheren Jahrhunderten des Mittelalters ist an dergleichen auch nicht von ferne zu denken, und das gleiche gilt für alle anderen Dokumente, die hier herangezogen worden sind.

Die Sachverhalte freilich, von denen diese Quellen berichten, haben wir auch in früheren Jahrhunderten: den Fürsten und seine Herrschaft, die Lebenswelt des reichen Stadtbürgers oder den Herrscher unterwegs. So macht die unvergleichlich reiche Überlieferung des 15. Jahrhunderts Einsichten möglich, die auch ältere Verhältnisse beleuchten. Doch sollte der Blick schon auf dieses Jahrhundert lehrreich und reizvoll genug sein – lehrreich für den, der überhaupt Interesse an der älteren Vergangenheit hat, reizvoll aber angesichts des Kontrastes zwischen dem Zugang zu einer fernen und ebenso fremden Welt auf der einen Seite und der Möglichkeit, Leute, die vor mehr als einem halben Jahrtausend gelebt haben, plötzlich so vor Augen gestellt zu erhalten, als könne man mit ihnen in ein Gespräch geraten.

Daß ein solches Gespräch nicht ohne weiteres möglich ist, liegt auf der Hand. Vielleicht erweckt dieses Buch den Eindruck, die Schwierigkeiten, die dem entgegenstehen, könnten so groß gar nicht sein. Ganz unzufrieden wäre der Verfasser nicht, falls ihn seine Leser so verstehen würden: Er hält es nicht für angebracht, immer wieder darzulegen, wie mühevoll Wissenschaft ist. Daß man auf alte Dokumente einige Anstrengung verwenden muß, bevor sie einem Freude machen, möchte er aber trotzdem sichtbar werden lassen.

Doch was beabsichtigt er sonst? Wenig und viel. Worauf

der Verfasser keinen Wert legt, ist eine Einführung des Lesers in methodologische Debatten, wie sie heute von nicht wenigen Historikern geführt werden. Da findet man rasche Wechsel und sich widerstreitende Positionen. Jahrelang, so kann man lesen, sei als moderne Verfahrensweise die Sozialgeschichte betrieben worden, bis diese dort, wo man sich um Novitäten bemüht, durch die Alltagsgeschichte abgelöst wurde, die ihrerseits mit der Mikrohistorie zu kämpfen hat – ganz abgesehen von jener neuen Unübersichtlichkeit, die in einem Zeitalter vermeintlicher Postmoderne herrscht. Wer die üblichen Verfahren der Geschichtswissenschaft auf diese selbst anwendet, wird unschwer erkennen, daß hier nicht nur um die Sache gestritten wird, sondern auch um Positionen, um Forschungsmittel, um Macht. Wer keine Macht will, Forschungsmittel nicht braucht – oder in dem gewünschten Maße zur Verfügung hat – und mit seiner Position zufrieden ist, kann sich hier einiges ersparen. Er kann sich an den von Odo Marquard beschriebenen Maulwurf halten, der ab und zu aus seinem Gängesystem auftaucht und dabei feststellt, daß er zwar nicht immer das tut, was gerade als modern gilt, daß ihm das angesichts des raschen Wechsels der Mode jedoch immer wieder zustößt. So kann der Verfasser der Absicht nachgehen, uraltes Historiker-Handwerk zu praktizieren und einem an der Vergangenheit interessierten Publikum etwas zu erzählen – zum Vergnügen dieses Publikums hoffentlich, zu seinem eigenen gewiß.

Einige der Kapitel dieses Buches knüpfen an frühere Veröffentlichungen des Verfassers an. Andere sind für dieses Buch geschrieben worden. Die einen wie die anderen profitieren vom Beruf des Autors, also von seinen Vorlesungen und Seminaren an der Universität – zunächst in Kiel, dann in Göttingen und derzeit an der Humboldt-Universität zu Berlin. Das sechste Kapitel geht auf ein an dieser Universität vom Oktober 1993 bis zum Februar 1994 gehaltenes Seminar zurück, das die Teilnehmer hoffentlich, den Autor aber gewiß gefördert hat – nicht zuletzt deshalb, weil in diesem

Seminar von Studenten aus Ost und West, wie sie sich in dieser Mischung zur Zeit wohl nur in der Humboldt-Universität zusammenfinden, die hier zugrundeliegende Korrespondenz, die ja das Zeugnis einer einigermaßen abrupten Einwirkung süddeutscher Fürstlichkeit auf ein norddeutsches Territorium ist, angesichts der aktuellen Situation mit besonderer Heiterkeit studiert werden konnte.

Diese Heiterkeit ist der Urgrund auch anderer Kapitel dieses Buches, und insofern verdankt es sich der heutigen Universität. Bedenkt man, wie sich diese Universität in der öffentlichen Meinung ausnimmt, so möchte man dergleichen für unmöglich halten. Da stellt sich die Universität ja nicht als ein Ort der Studien dar, sondern als eine Ansammlung von Studiengängen, von Arbeitsplätzen, als Ziel absurder Veränderungsvorschläge, als die Stelle, wo sich Sozialpolitik leichter verwirklichen läßt als dort, wo sie angebracht wäre. Nur ein Phantom ist diese häßliche Universität aber leider nicht. Behindert durch heutige Hochschulpolitik wird ein Hochschullehrer schon, auch wenn er nicht alles ernst nimmt, was ihm sein Minister/seine Ministerin oder sein Präsident/seine Präsidentin mitteilen, wozu sie ihn auffordern oder was sie ihm, in Verkennung dessen, was eine Universität ist, vorschreiben. Dennoch lebt ein solches Buch von den Möglichkeiten, die einem akademischen Lehrer zur Verfügung stehen. So danke ich Frau Annelies Scheel dafür, daß sie nicht nur den Text in den Computer gegeben, sondern an allem, was hier darüber hinaus zu tun war, ebenso freundlichen wie produktiven Anteil genommen hat. Im Verlag erwies sich auch diesmal Peter Schünemann als ebenso freundlicher wie strenger Autoren-Erzieher.

Der Alltag eines spätmittelalterlichen Herrschers

Was tut ein Machthaber Tag für Tag? Wie füllt er seine Zeit? In Preußen kam – namentlich in Erinnerung an Friedrich den Großen, an dessen Tun und seine Selbstdarstellung – die Meinung auf, ein Monarch regiere überwiegend am Schreibtisch. Das Arbeitszimmer und der Arbeitstisch des Königs wurden zu Symbolen des legitimen Umgangs mit der Macht. Kaiser Wilhelm I. scheint in der Tat einen nicht unbeträchtlichen Teil seiner Zeit in seinem Arbeitszimmer im Palais Unter den Linden Nr. 37 zugebracht zu haben, in dem man ihn, wie die zeitgenössischen Stadtbeschreibungen berichten, an den Nachmittagen der Wintermonate im Lampenschein sitzen und um 12 Uhr, wenn gegenüber die Wache wechselte, an das berühmte Eckfenster treten sehen konnte. Ganz anders Wilhelms Enkel, Kaiser Wilhelm II. Der Kaiser zeichnete sich durch eine nahezu manisch wirkende Reisewut aus. Eine Anomalie, passend zu der so vielfach gefährdeten Persönlichkeit des Monarchen? Oder nicht vielmehr der Normalfall, ein Beispiel dafür, daß der Herrscher nicht den ganzen Tag lang herrschen kann und infolgedessen einer angemessenen Beschäftigung bedarf?

Hier könnte die heute mit Eifer betriebene Alltagsgeschichte weiterhelfen, wenn diese mit einem Alltag auch von Herrschern rechnete. Doch leider tut sie das – jedenfalls in Deutschland – nicht. In ihren Blick kommen nur die kleinen Leute, so daß diese Forschungen dazu beitragen, jene Untertanenperspektive am Leben zu erhalten, der zufolge eine Kluft besteht zwischen denen, die Alltag hatten, und jenen anderen, die Alltag nicht kannten, sondern stets nur große Dinge taten – sei es in der Politik, sei es auch im täglichen Leben. Die Frage nach dem Alltag der Mächtigen läßt sich ungeachtet aller Alltagsforschung einstweilen nur für Einzelfälle – und dann nicht dank der Alltagsforschung – beantworten.

Solche Einzelfälle kennt man aus der jüngsten Zeit. Honecker und Hitler trafen sich darin, daß sie sich Filme vorführen ließen – wobei Hitler noch nicht jene pornographischen Streifen konsumieren konnte, die man in Wandlitz fand. Und vor der Erfindung des Films? Der preußische König Friedrich Wilhelm III. besuchte, wie man neuerdings weiß, zeitweise Abend für Abend die Oper. Sein Vorfahr Friedrich Wilhelm I. versammelte das bekannte Tabaks-Collegium um sich.

Doch wie stand es mit dem Alltag mittelalterlicher Herrscher? Diese waren unterwegs, wie man seit langem weiß, und dieses Reiseherrschertum war die Folge von harten Notwendigkeiten. Seit dem Ende des Römischen Reiches und bis zur Einrichtung von Residenzen mit zentralen Bürokratien ließ sich Herrschaft über große Reiche nur praktizieren, wenn die Herrscher in jenen Teilen ihrer Herrschaftsgebiete, auf die es ihnen vor allem ankam, wenigstens zeitweilig gegenwärtig waren. Reste dieses Systems haben wir noch heute, wenn erwartet wird, daß ein Bundeskanzler alle Bundesländer einmal besucht, daß sich ein Ministerpräsident in den besseren Universitäten seines Landes einmal blicken läßt.

Doch auch wenn man das Reisen mittelalterlicher Machthaber als nackte Notwendigkeit versteht, ist damit nicht die Frage beantwortet, wie ein solcher Machthaber seine Tage füllte. Auch der Reisetag bestand nicht bloß aus der Fortbewegung des Fürsten, und wenn man nach spätmittelalterlichen Verhältnissen fragt, hat man es nicht nur mit Reisetagen zu tun, sondern auch mit längeren Zeiten, die der Fürst in seiner Residenz verbrachte. Was tat er da eigentlich?

Das war, selbstverständlich, von der Person abhängig. Wir kennen den Typus des fürstlichen Faulpelzes, dem man wohl den böhmischen und deutschen König Wenzel (1378–1400) zuordnen darf, und wir wissen auch von fleißigen Herrschern, die sich in eigener Person darum bemühten, ihre Rechte nicht in Vergessenheit geraten zu lassen. Der gern verkannte Kaiser Friedrich III. (1440–1493) dürfte ein Beispiel dafür sein. Und es gibt die Machthaber mit gelehrten Neigungen, die sich – wie Kaiser Friedrich II. (1212–1250) – zum Beispiel für die „Kunst, mit Vögeln zu jagen“, für zugleich, wie wir heute sagen würden, naturwissenschaftliche und höfische Fragen interessierten, und ihnen lassen sich jene modernen Machthaber an die Seite stellen, die gern lesen – oder dergleichen behaupten. Schon hier läßt sich die Grenze zwischen Realität und Machthaber-Ideal schwer bestimmen. Und bei mittelalterlichen Herrschern muß man fragen, ob sie denn überhaupt lesen konnten.

Diese Frage läßt sich auch für die Hochmeister des Deutschen Ordens nicht sicher beantworten. Wenn der einstige Schreiber eines solchen Fürsten an diesen, nunmehr zum Erzbischof von Riga geworden, schreibt, daß er sich an die Ungeduld erinnere, welche die Folge des Vorlesens allzu langer Briefe gewesen sei (unten S. 103), so weiß man nicht, ob dieses Vorlesen darauf zurückzuführen ist, daß der Hochmeister ein Analphabet war, oder ob man es nicht vielmehr damit erklären muß, daß ein spätmittelalterlicher Machthaber auch dann nicht am Schreibtisch regierte, wenn er selbst des Lesens durchaus mächtig war.

Konnte der berühmte Hochmeister Heinrich von Plauen (1410–1413) lesen? Ein im einstigen Ordensarchiv aufbewahrter Zettel mit Prophezeiungen, der sichtbar abgegriffen ist, spricht dafür, daß ihn der Hochmeister, dem man am Ende vorwarf, er habe sich von der Ordensführung isoliert und mit wenigen Beratern zurückgezogen, selbst in der Hand gehabt hat. Doch mit Sicherheit läßt sich das nicht feststellen, und die beiden Vorgänger dieses Hochmeisters, Konrad von Jungingen (1393–1407) und Ulrich von Jungingen (1407–1410), bleiben uns im Hinblick auf ihre Lese- oder gar Schreibfähigkeit verborgen. Doch was diese Hochmeister von Tag zu Tag getan haben, läßt sich im Vergleich zu dem, was für die Zeit um 1400 sonst möglich ist, ungewöhnlich genau feststellen, weil das Marienburger Tresslerbuch der Jahre 1399 bis 1409 überliefert ist.

Der Tressler war einer der fünf Großgebietiger des Deutschen Ordens, sein Finanzminister, wie man, anachronistisch urteilend, gemeint hat. In Wirklichkeit handelte es sich bei diesem Amt um eine der Leitungsfunktionen, die auf der Hauptburg des Ordens im Heiligen Land wahrzunehmen waren. Damals, im frühen 13. Jahrhundert, mag der Tressler für die Finanzen der Burg verantwortlich gewesen sein, der Spittler für deren Hospital und so weiter. In den nachfolgenden beiden Jahrhunderten hatten sich die Verhältnisse gewandelt, doch die Amtsbezeichnungen blieben – ebenso wie der Text der Ordensregel. So gab es weiterhin einen obersten Spittler, doch der hatte mit den Hospitälern des Ordens ebensowenig zu tun wie der Trappier mit der Bekleidung der Ordensbrüder. Der Tressler dagegen war weiterhin ein Amtsträger mit finanziellen Kompetenzen, und er war auf der Hauptburg des Ordens, der Marienburg, tätig. Das Tresslerbuch bezeugt, daß er mit den persönlichen Ausgaben des Hochmeisters befaßt war, daß er aber auch weiterreichende Aufgaben hatte. Wie die im einzelnen aussahen, läßt sich schwer sagen, und es kommt hinzu, daß dieses Tresslerbuch weder einen Vorgänger noch einen Nachfolger hat. Ob sie verlorengegangen sind? Oder hat der Tressler nur für die Jahre 1399 bis 1409 veranlaßt, daß die unmittelbar aus der Finanzverwaltung erwachsenen Notizen feierlich in ein großes Pergamentbuch eingetragen wurden? Für die aktuelle Rechenschaftsablegung und Kontrolle brauchte man ein derartiges Buch nicht. Dafür reichten jene Notizzettel aus, aus denen die Eintragungen des Tresslerbuchs abgeschrieben worden sind.

Doch warum hat man diese Abschriften dann überhaupt gemacht? Wozu sollte das Tresslerbuch dienen? Das läßt sich nicht sagen. Vor einigen Jahren brachte die Arbeitsgruppe Verwaltungsvereinfachung bei einem bundesdeutschen Ministerpräsidenten einen dicken Band zustande, in dem alle damals geltenden Prüfungsordnungen für Lehrer höchst kunstvoll ineinandergearbeitet waren. Auf die Frage, wem dieses für Prüfer und Kandidaten gar nicht brauchbare Kunstwerk denn dienen könne, lautete die – überraschend einsichtige – Antwort: „Eigentlich nur der Arbeitsgruppe

Verwaltungsvereinfachung". Vielleicht hätten diejenigen, die im Jahre 1399 das Tresslerbuch erfanden, ebenso antworten müssen. Und wahrscheinlich gehört zu den Folgen der säkularen Niederlage des Deutschen Ordens bei Tannenberg im Jahre 1410, daß man sich den Luxus solcher pergamentenen Schönschrift-Akten nicht mehr leisten wollte.

Der spätere Historiker muß allerdings zwischen den erwähnten Reformern unserer Jahre und denen des Jahres 1399 unterscheiden. Die ersteren dürften auch im Hinblick auf künftige Zeiten nur Makulatur produziert haben. Den Amtsträgern des Deutschen Ordens dagegen ist die Existenz einer einzigartigen Quelle zu verdanken. Schaut man sich das makellose Buch im – nun Berliner – Archiv des Ordens an, so möchte man meinen, es sei niemals benutzt worden. Als Hilfsmittel der Verwaltung hat es, wie seine Gestalt lehrt, tatsächlich nicht gedient. Und auch nach seiner Entdeckung als Quelle im frühen 19. Jahrhundert blieb die Zahl der Interessenten offensichtlich klein. Doch wurde der Text vor einem Jahrhundert abgeschrieben und 1896 gedruckt. Diese Edition wurde vielfach genutzt – wenngleich nicht so oft und nicht so gründlich, wie man das angesichts der Einzigartigkeit und Fülle der hier überlieferten Daten erwarten möchte. Wo könnte man sonst den Tageslauf eines spätmittelalterlichen Fürsten so in allen Einzelheiten verfolgen? Aus dem deutschen Kulturgebiet gibt es nichts, was man diesen Zahlungsbelegen an die Seite stellen könnte.

Man kann den Reichtum dieser Nachrichten erschließen, indem man die Ausgabenarten zusammenstellt. Was alles findet sich unter den Kosten, die dieser Landesfürst und Ordensoberer verursachte? Man lernt Kleidungskosten kennen, darunter zum Beispiel den Betrag, der für das Seidenfutter bezahlt wurde, mit welchem dem fürstlichen Kopf ein Strohhut angepaßt wurde, den eine Frau dem Hochmeister schenkte, die ihrerseits als Empfängerin einer Gegengabe im Tresslerbuch festgehalten ist. Man lernt den Seidensticker kennen, der für ein Kreuz honoriert wird, das auf des Hochmeisters Wappenrock angebracht wurde, und erfährt, daß dieses Kreuz neunzigmal soviel kostete wie jenes Seidenfutter und zweieinhalbmal soviel wie ein – teures – Kriegspferd. So erhält man Einblicke in repräsentativen Konsum, aber man lernt auch, daß sich die Führung des Ordens, im Gegensatz zum Verbrauch luxuriöser Textilien und ebenso teurer Gewürze, bei den Pferden nur in mittleren Preisregionen bewegte. Es könnte sein, daß sich auf diesem Feld ein Stück der ursprünglichen Askese erhalten hat, eine Reminiszenz an jene Jahre, in denen ein Bernhard von Clairvaux die rauhen Tempelbrüder gegen die luxuriösen und verweichlichten Mode-Ritter mit ihren teuren Utensilien stellte.

Der Reichtum und die Vielfalt dieser Rechnungseintragungen verlocken dazu, die Breite dessen auszumessen, was man erfährt, also zum Beispiel von den Almosen zu sprechen, die der Hochmeister unterwegs spendete oder spenden ließ, von den Armen, die diese milden Gaben empfingen und sich dafür bedankten oder die für ein Kunststück belohnt wurden: Schüler, also künftige Geistliche, die dem Hochmeister mit Gesang entgegenzogen, Spitalinsassen, separierte Geisteskranke, Bettler jeder Art, aber auch Schauspieler und Artisten – Schlangenbeschwörer und Bärenführer zum Beispiel oder Tataren, die kunstvoll mit der Peitsche zu knallen verstanden. Untertanen wendeten sich an den Hochmeister und wurden bedacht, darunter immer wieder Angehörige des sogenannten Landesadels, denen das Reitpferd – das im Falle des Landesaufgebots das Kriegspferd hätte sein müssen – verendet war und denen der Hochmeister aus der Tresslerkasse Ersatz schaffte. Und man lernt die kennen, die in der Marienburg empfangen wurden: Boten aus aller Welt, Herolde, Sänger, Musiker oder auch Adlige, die sich zur Ausbildung eine Zeitlang an diesem Hof aufhielten, der für heutige Begriffe ganz am Rande lag, im damaligen Europa jedoch ein Mittelpunkt adliger Kultur war – nicht anders als das noch fernere Königsberg, heute Kaliningrad, eine Bezirksstadt sowjetischer Prägung, von Danzig oder Marienburg aus ungeachtet moderner Verkehrsmittel nur in nahezu ebensoviel Stunden zu erreichen wie um 1400 mit dem Pferd, damals aber eine Metropole, in der mit Rücksicht auf die Kreuzfahrer aus dem Reich und aus Westeuropa fast jeder Luxus verfügbar war, an den jene Kreuzfahrer gewöhnt waren.

Doch empfiehlt sich für eine Antwort auf die Frage nach dem fürstlichen Alltag ein anderes Verfahren. Diese Finanznotizen sind ja eine Art von Tagebuch. Sie erlauben einen Blick zwar nicht darauf, was der Hochmeister von Stunde zu Stunde, von Tag zu Tag tat, wie er seine Zeit füllte, aber sie notieren doch alles, was im Verlaufe eines hochmeisterlichen Tages zu Ausgaben führte, und das war nicht wenig, da ja die meisten, die diesem Fürsten gegenübertraten, Anspruch auf eine Zahlung hatten. So verfügt man mit diesem Rechnungsbuch am Ende doch über eine Art von Abdruck der Wirklichkeit. Gewiß ist diese Wirklichkeit gefiltert. Aber Kosten sind noch der Filter, der am meisten Wirklichkeit durchscheinen läßt, und so tut man am besten, das Tresslerbuch einfach aufzuschlagen und – mit Verstand und ein wenig Phantasie – zu lesen.

In einer Folge von Einträgen aus dem Ende des Jahres 1406 findet man zunächst Kosten, die mit der Hofhaltung des Hochmeisters und seinem persönlichen Konsum gar nichts zu tun zu haben scheinen. Verzeichnet wird ein hoher Betrag, mehr als hundertfünfzig Gulden, für einen Ordensritter, der als Gesandter des Hochmeisters und des Ordens nach Südwestdeutschland geschickt wird. Wäre es anachronistisch, hier die Kosten des Hofes und die Kosten des Staates zu trennen und zu meinen, daß dieser Betrag auf die Staatsseite gehört hätte? Ganz anachronistisch wäre eine solche Unterscheidung keineswegs. Man sieht das daran, daß die Kosten dieser Gesandtschaft vom Hochmeister und von seinem Stellvertreter, dem Großkomtur, gemeinsam getragen wurden. Und man erfährt auch, daß der Anteil des Hochmeisters die Gestalt eines Darlehens hatte. Doch so klar wird nicht immer getrennt. Der Burgenbau – nach späterem Verständnis eine Landesangelegenheit – wurde verschiedentlich aus der Hochmeisterkasse finanziert. Unter den Eintragungen, die auf jene erwähnten Gesandtschaftskosten folgen, hat man nun jedoch Beträge, die ganz eindeutig die Hofhaltung betreffen. Am Anfang stehen Malerarbeiten, die in der Kapelle des Hochmeisters angefallen waren. Die Heiligen, so heißt es, also wohl die Fresko-Darstellungen von Heiligen, mußten ausgebessert werden. Handelte es sich um einen Schaden, der im Laufe der Zeit entstanden war? Davon kann die Rede nicht sein. Man liest vielmehr, die Heiligen seien von Affen beschädigt worden. Zum Hofe des Hochmeisters gehörten also nicht nur Menschen, sondern auch Tiere, und das kennt man von anderen Fürstenhöfen ebenfalls. Der bürgerliche Zoo unserer Tage ist der Nachfolger fürstlicher Tiergärten, und die gehören in einen weiteren Zusammenhang. Der Herrscher erwies sich als Herr der Welt oder eines wesentlichen Teiles davon nicht zuletzt dadurch, daß man in seiner unmittelbaren Umgebung all das finden konnte, was zur Welt gehörte, also auch Narren, Krüppel und Musikanten, die wir aus den Hochmeisterrechnungen kennen. In diesen Zusammenhang gehören auch Affen, und die findet man nicht nur am Hof des Hochmeisters. Es gibt Nachrichten über fürstliche Tiergärten, und man kennt spätmittelalterliche Gemälde, die zahme Affen zeigen, die an Ketten gehalten wurden. So mag es auch in der Marienburg des Jahres 1406 gewesen sein. Doch hatten sich die Affen losgerissen und in der Kapelle des Hochmeisters ausgetobt. Ein Schüler des Hochmeister-Kaplans, also ein künftiger Geistlicher, sorgte nun, wie aus dem Tresslerbuch hervorgeht, dafür, daß der so entstandene Schaden mit Hilfe einer kleinen Geldzahlung repariert wurde.

Es folgt eine Zahlung an drei Pfeifer und Posauner, die einen Ordensritter begleiteten, der als Gesandter nach Rußland ging. Man hat es hier also mit Diplomatie zu tun, aber zugleich auch mit höfischer Musik – wie an vielen Stellen dieses Rechnungsbuches, das eine musikgeschichtlich keineswegs ausgeschöpfte Quelle darstellt. Im folgenden bezahlte der Hochmeister kostbare Lebensmittel, in diesem Falle Honig, der auf die Marienburg geliefert wurde. Für moderne Begriffe ist das eine ungewöhnliche Kombination. Eben war noch von außenpolitischen Kosten die Rede, nun wird von Honig gesprochen. Wie ist das zu erklären? Sind hier nichtzusammengehörige Dinge zusammengefügt? Das wäre ein anachronistisches Mißverständnis. Man muß, da ja diese Rechnungsbeträge einen vergleichsweise unmittelbaren Abdruck von Realität darstellen, einfach zur Kenntnis nehmen, was hier nebeneinandergestellt wird, und versuchen, eine solche Kombination zu verstehen. Was könnte das Resultat eines derartigen Versuches sein? Die Antwort müßte wohl lauten, daß man es in beiden Fällen mit repräsentativem, mit standesspezifischem, hier also fürstlichem Konsum und spezifisch fürstlichen Ausgaben zu tun hat. Bis zu einem gewissen Grade ist auch heutige politische Wirklichkeit von einer solchen Kombination geprägt. Außenpolitik hat etwas mit besseren Menüs zu tun.

Der nächste Eintrag, der sich im Tresslerbuch findet, bezieht sich auf zwei Lautenschläger, zwei wandernde Musiker offensichtlich, die den Hochmeister erfreut hatten und deshalb ein Geschenk empfingen. Der folgende Betrag ging an zwei burgundische Herolde, die den litauischen Großfürsten in dessen Herrschaftsgebiet begleitet hatten. Hier ist man nun plötzlich im Bereich der großen Politik. Einerseits führte der Orden damals gegen Litauen den Heidenkampf – entsprechend seiner Stiftungsaufgabe und gegen jene Wirklichkeit, die davon bestimmt war, daß Litauen seit 1385/1386 kein heidnischer Staat mehr war. Ungeachtet der Tatsache, daß der litauische Großfürst sich hatte taufen lassen und inzwischen zum polnischen König gewählt worden war, führte der Orden weiterhin seinen traditionellen Heidenkampf gegen Litauen. Doch war der litauische Großfürst auf der anderen Seite ein in die höfische Kultur eingebundener Partner. So bestand hier ein Verhältnis von Fürst zu Fürst. Dennoch ging es auch um Heidenkampf und Mission. Die beiden burgundischen Herolde, die durch den Hochmeister honoriert wurden und nun mit dem litauischen Großfürsten zusammen reisten, bezeugen, daß dessen Zugehörigkeit zur Welt der europäischen fürstlich-adligen Kultur akzeptiert wurde, aber der nächste, der eine Zahlung von seiten des Hochmeisters empfing, war ein Mönch, von dem es heißt, er sei ein Jahr lang in Samaiten gewesen, also im westlichen Litauen, und das heißt doch wohl, daß er dort versucht hat, einen Teil des litauischen Volkes zu bekehren. In dieser Zahlung ist also die traditionelle Perspektive gegenwärtig, in der die litauischen Fürsten nicht Angehörige der europäischen Adelskultur waren, sondern ein heidnisches Volk regierten, das es zu missionieren galt.

Als ein zweites Beispiel mögen Zahlungen genannt sein, die für Ende März 1409 bezeugt sind und durch Summierung zu einer eigenen Gruppe zusammengefügt wurden. Was wird bezahlt – und das heißt: Was hatte der Hochmeister zu entscheiden? Am Anfang wird Kleidung für einen nur hier bezeugten Mann aus dem Samland genannt. Man weiß also nicht, um wen es sich gehandelt hat und warum der Hochmeister ihn mit acht Ellen Tuch ausstattete. Fast der doppelte Betrag ging im folgenden an die „jungen Herren in Elbing" – das dürften künftige Ordensritter gewesen sein, die sich hier in einer Art Novizen-Status befanden. Dann folgt ein kleiner Betrag. „Zwei Frauen" erhalten Geld für Osterkerzen. Sie wollten also zu Ostern Kerzen in eine Kirche stiften, waren aber nicht in der Lage – oder gaben vor, nicht in der Lage zu sein –, diese Kerzen selbst zu bezahlen. Wie mögen sie es geschafft haben, daß der Hochmeister sie anhörte? Dann wird ein Adliger aus Meißen genannt, der zum Vogt von Samland zieht. Er machte Station auf der Marienburg und wurde mit Geld ausgestattet. Die nächste Zahlung ist mit einer Überschrift versehen. Diese findet sich im Tresslerbuch auf vielen Seiten. Sie lautet „Goldschmied". Goldschmiede lieferten vieles, was die Mächtigen brauchten. In diesem Falle geht es um des „Meisters großen Kopf“, also einen kugelförmigen Becher, der im späteren Mittelalter ein geläufiges Fürstengeschenk war. Wenn der König in eine große Stadt kam, erwartete er, daß man ihm einen solchen – möglichst mit Münzen gefüllten – „Kopf“ überreichte. Der Goldschmied des Hochmeisters wurde für seine Arbeit honoriert. Das Silber hatte der Hochmeister ihm geliefert. Das Gold, nämlich sechs englische Münzen, mit dem der Silberbecher dann vergoldet wurde, hatte der Goldschmied selbst besorgt.

Die nächste Zahlung führt in einen ganz anderen Bereich. Der Tressler notiert die Kosten einer größeren Menge von Wachs für das Gedächtnis des verstorbenen Hochmeisters Konrad von Jungingen. Das liturgische Totengedenken erforderte nicht nur Personal-, sondern auch Sachkosten. Das folgende schließt sich einigermaßen passend an. Es geht um Almosen. Ein kleiner Betrag wird ohne nähere Bestimmung „armen Leuten“ übergeben, während das darauffolgende Almosen eine konkrete Gestalt hat. Der Backmeister der Burg erhält einen größeren Betrag für sechs Schock Wecken, die armen Leuten zugekommen waren.

Dann hat man es mit Diplomatie zu tun. Die nächsten Zahlungen dienen dazu, jemanden „aus der Herberge zu lösen“. Das klingt nach gerade noch vermiedener Schuldknechtschaft und ist einerseits auch so zu verstehen, auf der anderen Seite bezeichnet diese Wendung aber einfach die Bezahlung von Übernachtungskosten. Daß man diese Zahlungen auf die erwähnte Art ausdrückte, hatte aber dennoch seinen Sinn. Die Wirte bestanden darauf, daß die Gäste erst abreisten, wenn sie gezahlt hatten. Andernfalls wurden sie festgehalten, und so löste sie derjenige, der die Übernachtungsspesen beglich, aus. In diesem Falle wurden zwei Gesandte des Königs von Ungarn ausgelöst, ferner ein Ritter aus der Neumark, einer der Vertrauensleute aus diesem Land, die immer wieder als Zahlungsempfänger vermerkt sind. Der ungarische König – der Luxemburger Siegmund, der auch Markgraf von Brandenburg war – hatte dem Deutschen Orden die Neumark im Jahre 1402 verpfändet. Der Orden hatte 63200 Gulden bezahlt. Im Jahre 1409 mußte er 40000 Gulden nachschießen. Die Beherbergungsspesen, die hier vermerkt werden, dürften mit diesem für den Orden so unangenehmen politischen Geschäft verbunden gewesen sein. Sie waren übrigens hoch. Die ganze Gruppe der hier genannten – und gleich noch zu nennenden – Rechnungsposten machte etwas mehr als 79 Mark aus. Der größte Posten hiervon waren die Herbergskosten der beiden Gesandten des Königs von Ungarn, nämlich etwas mehr als 28 Mark. Und auch die gut fünf Mark, die für den neumärkischen Ritter zu erlegen waren, stellten einen erheblichen Betrag dar. Die gewissermaßen normalen Übernachtungskosten werden bei der nächsten Zahlung sichtbar. Ein Schreiber des Woiwoden von Siebenbürgen erhält 3/4 Mark. Ein großer Flügel des Marienburger Hochmeisterschlosses trägt den Namen Gastkammern. So möchte man meinen, der Orden habe seine Gäste auf der eigenen Burg untergebracht. Viele Zahlungsbelege wie die eben genannten verweisen darauf, daß der Orden vielmehr auf die städtische Infrastruktur zurückgriff, und damit wird zugleich sichtbar, daß das winzige Marienburg um 1400 – anders als bis vor kurzem – über leistungsfähige Gasthäuser verfügt haben muß.

Der nächste Eintrag läßt wiederum ein Stück Fürstenalltag erkennen. Ein ansehnlicher Betrag geht an den blinden Sprecher des römischen Königs, also König Ruprechts. Fünf Monate später erhält derselbe Mann sechs Mark, und andere Sprecher begegnen in diesen Rechnungen auch. Was hat man sich unter deren Existenz vorzustellen?

Soll man sich an Ludwig Uhlands Ballade erinnern? Abwegig wäre die Erinnerung an „Des Sängers Fluch" hier wohl nicht. Ein solcher Sprecher war so etwas ähnliches – oder vielleicht sogar das gleiche – wie ein Herold, und ein Herold war nicht nur in der Gegenwart seines Auftraggebers tätig, bei Turnieren etwa als eine Art von Protokollchef, sondern er war auch unterwegs – als Diplomat, wie man heute sagen würde, aber auch als reisender Unterhaltungskünstler, der Texte vortrug, die man als Heroldsdichtung bezeichnet und die von der internen Welt adlig-fürstlichen repräsentativen Tuns berichteten.

Der Alltag der Mächtigen war bis zu einem gewissen Grade Kampf gegen die Langeweile. Wenn man sich fragt, wie diese bekämpft wurde, solange man die eingangs erwähnten Filme noch nicht zur Verfügung hatte, so geben die Besuche und Auftritte der Sprecher an auswärtigen Höfen eine Antwort.

Der nächste Betrag – auch er recht hoch – geht an einen Mann aus dem Bistum Pomesanien, der in diesen Rechnungen auch sonst gelegentlich als Zahlungsempfänger begegnet. Ein Vertrauter des Ordens, der in einem der anderen preußischen Territorien zu Hause war? Oder gar eine Art Spion? Das kann man nur vermuten. Dann liest man wieder von Reisekosten. Ein Adliger reitet zum Vogt der Neumark, also dem obersten Ordensbeamten in jenem eben erwähnten, dem Orden verpfändeten Gebiet. Man hat es also mit Politik zu tun, während der folgende Eintrag von einem Almosen handelt, von der Zahlung an eine nicht näher gekennzeichnete arme Frau. Dem aber schließt sich eine Kostenerstattung an, die in einen ganz anderen Bereich gehört. Ein kleiner Betrag wird bezahlt „für zwei Gänse, welche die Vogelhunde gerissen haben". Auf der Marienburg war für die Voraussetzungen des wichtigsten Adelssportes, der Jagd, gesorgt, und das konnte ungeachtet des Wortlauts der Ordensregel auch gar nicht anders sein, da die Marienburg ja nicht nur das Zentrum einer geistlichen Bruderschaft war, sondern auch ein fürstlicher Hof, der in europäischen Beziehungen stand und dem auch gerecht wurde. So gab es hier eine Meute von Hunden, die auf die Jagd nach Vögeln abgerichtet waren, und wenn diese Hunde sich an zahmem Geflügel vergingen, so wurde der Schaden ausgeglichen.

Der folgende Betrag bezieht sich auf ein Meßbuch in der Herren-Firmanei, das „der alte Priesterherr" Nikolaus kaufte. So ist man plötzlich in den Bereich der Pensionärs-Fürsorge versetzt. Die Modernität geistlicher Institutionen und nicht zuletzt des Deutschen Ordens erweist sich auch darin, daß es hier eine institutionalisierte Versorgung der Alten gab. Auf den Burgen existierten in Gestalt der Firmaneien Altersheime für Ordensbrüder, und die geistliche Versorgung eines solchen Altersheimes lag in diesem Falle offensichtlich bei jemandem, der seinerseits alt war. Der „alte Priesterherr" war gewissermaßen ein Ordenspriester außer Diensten, der aber in die moderne Untätigkeit des Rentners doch nicht ganz abgeschoben war. Dann erhalten zwei „Russen" in Nordenburg Geld. Man kennt sie sonst nicht. Ebensowenig weiß man, wozu die „Lade" gedient haben könnte, die ein Fuhrmann dem Großkomtur des Ordens aus Danzig brachte. Dann hat man es wiederum mit Kleidungskosten zu tun. Der „junge Herzog", ein Mann, der in diesen Jahren als eine Art von Eleve auf der Marienburg lebte, erhält einen Betrag für eine „Joppe" und für die dazugehörige Seide, also wohl das Futter.

Der kulturgeschichtliche Reiz dieser Eintragungen liegt auf der Hand. Wer sich zum Beispiel für die Geschichte der Goldschmiede im späteren Mittelalter interessiert, könnte hier auf seine Kosten kommen. Doch nicht weniger interessant erscheinen diese Eintragungen als Spiegel fürstlichen Alltags. Wie schon gesagt: Jede Zahlung setzte eine Entscheidung des Hochmeisters voraus, und das heißt, dieser hatte in buntem Wechsel über Herbergskosten, Almosen, Warenlieferungen, Schneiderrechnungen und vieles andere zu entscheiden. Ein archaisches System? So möchte man meinen. Aber man könnte ja auch erwägen, daß die Mächtigen, die einen beträchtlichen Teil ihrer Zeit auf solche Weise verbrachten, damit ihre Langeweile verkürzten. Und gelegentlich sieht man, daß der Tageslauf heutiger Machthaber von so ganz anderer Art nicht ist. Nach dem Zusammenbruch der DDR ist auch sichtbar geworden, daß der Staatsratsvorsitzende erstaunlich viele Eingaben erhielt und auch entschieden hat. Nicht wenige derer, die keine Wohnung zugeteilt erhielten, wandten sich an Erich Honecker, und der hat, wie man nun weiß, solche Gesuche keineswegs immer an das zuständige „Organ“ verwiesen, sondern zuweilen selbst entschieden.

Solche Brücken zwischen der Gegenwart und der Zeit um 1400 werden vielleicht auch dort sichtbar, wo man etwas über das Reisen der Mächtigen erfährt. Moderne Diktatoren gleichen demokratisch gewählten Spitzenpolitikern darin, daß sie vielfach unterwegs sind, und das verbindet sie am Ende mit den Hochmeistern des Deutschen Ordens. Man hat lange gemeint, im Mittelalter hätten sich das Reiseherrschertum und das Regieren von einer Residenz aus als zwei Möglichkeiten zu herrschen unverbunden gegenübergestanden. Die Hochmeister in ihrer Marienburg schienen eindeutig dem zweiten Typus von Regierungsstil zuzuordnen zu sein. Heute weiß man, daß sie regelmäßig innerhalb von Preußen unterwegs waren, nie jedoch außerhalb der Grenzen des Landes, also weder in Livland noch in den Ordensbesitzungen im Reich, noch im Reich überhaupt – von anderen Ländern zu schweigen. Verhandlungen mit anderen Herrschern fanden im Grenzgebiet statt.

Im Tresslerbuch taucht gelegentlich eine Rubrik für diese Reisen auf. „Als wir auf die Höfe zogen“: So oder ähnlich werden diese Kosten verschiedentlich überschrieben. Man erfährt nicht wenig über die Reisetechnik dieser „Umritte“, die jedoch, wie das Tresslerbuch lehrt, eher Umfahrten gewesen sind. Der Wagen des Hochmeisters wird wiederholt genannt, auch der des Kaplans. Und der Hochmeister war imstande, unterwegs zu repräsentieren. Sein Silberwagen wird erwähnt. Als Karl der Kühne 1477 in der Schlacht von Nancy erschlagen wurde, fiel den eidgenössischen Siegern auch der reiche mobile Hofstaat des burgundischen Herzogs in die Hände. Da er unter den Siegern verteilt wurde, hat man im einzelnen aufgezeichnet, was dieser reiche Fürst mit sich führte, und spätere Historiker haben diese Aufzeichnungen gern benutzt, um daraus den pathologischen Charakter des Burgunders abzuleiten. Es liegt wohl nur an der Überlieferung, daß man nicht auch die Silberwagen anderer Fürsten kennt – oder ihr Reisebett, ihren Reisestuhl und ihren Reisetisch, wie diese in den Hochmeisterrechnungen – mit Preisen! – festgehalten sind.

Doch ergibt sich auch aus diesen Ausgaben unterwegs die Möglichkeit, dem Tageslauf eines Mächtigen nachzuspüren. So erfährt man zum Beispiel aus dem Sommer 1409 von einer Reise des Hochmeisters nach Schlochau, daß er einer „Viehmutter" einen kleinen Betrag zuwandte, welche für die „Leithunde" verantwortlich war. Man meint, die Situation geradezu vor sich zu sehen. Der Fürst interessiert sich selbst für die Jagdhunde und für die Frau, die für diese Tiere zuständig ist. Dann wird ein Betrag für des Meisters Adjutanten vermerkt, der angefallen war, „als der Meister bei den Hengsten war". Der Fürst sieht in eigener Person nach den Reitpferden, und er besichtigt offensichtlich nicht nur den Stall, sondern er geht auch auf die Weide, denn den „Fohlenknechten auf der Wiese" wird ebenfalls eine kleine Zahlung geleistet. Dann folgen Almosen. Wer mag die „Judekynne mit drei Kindern" gewesen sein? Klar ist dagegen der nächste Eintrag. Eine nicht mit Namen benannte „Frau" erhält eine Gabe, weil sie „dem Meister Lilien brachte". Untertanen beschenken den Herrscher und verdienen sich auf diese Weise eine Gegengabe. Dieses Verhältnis hat in Deutschland bis zum Ende der Monarchien existiert, und was die Gaben an die Mächtigen angeht, dürfte es Reste davon noch heute geben – auch wenn die Möglichkeit, einem Mächtigen spontan einen Blumenstrauß zu überreichen, angesichts von Sicherheitsvorschriften und Sicherheitsnotwendigkeiten nicht mehr besteht. Der Deutschordenshochmeister war leichter erreichbar als der Ministerpräsident eines heutigen Bundeslandes.

Der nächste Empfänger einer Zahlung ist der Däne „Peterchen", der damals für eine Weile am Hof des Hochmeisters lebte. Er erhält Geld für ein Paar Sporen, er hatte also für den Hochmeister eingekauft. Die folgenden Empfänger von Zahlungen sind ein Fährmann, der den Hochmeister übersetzte, und ein Söldner, der nach Memel zog und für den der Bischof von Kujawien garantierte. Den Zusammenhang kennt man nicht. Dann wird ein nicht weiter spezifiziertes Almosen erwähnt, dann ein Betrag „auf die Tafel", also eine Art Trinkgeld, das bei einer Mahlzeit anfiel. In Stargard, einer neuen Reisestation, erhalten die Schüler und die Aussätzigen eine kleine Zahlung. Die Schüler sind junge Leute, die im Hause des Pfarrers leben, dort auf gleichsam handwerkliche Weise den Seelsorger-Beruf erlernen und beim Gottesdienst helfen, nicht zuletzt durch Gesang. Wenn der Hochmeister unterwegs ist, werden solche Schüler immer wieder bedacht. Sie trugen gewiß zum feierlichen Empfang des Hochmeisters bei. An kleinen Orten waren sie noch die einzigen, die andeuten konnten, was das Herkommen beim Besuch eines Mächtigen verlangte. Dieser seinerseits war verpflichtet, Almosen zu geben: den Bettlern, Hilflosen verschiedenster Art und dort, wo es ein Lepra-Hospital gab, dessen Insassen, so wie das hier für Stargard bezeugt ist.

Mit dem folgenden Betrag wird ein Diener des Hochmeisters besoldet, der für ihn ausreitet. Der Hochmeister ist auch unterwegs erreichbar. Er empfängt Boten, und er sendet Boten aus. Was von der Frau und ihrer Tochter, die mit dem nächsten Betrag bedacht werden, zu halten ist, weiß man nicht. Dann folgt ein größerer Betrag, der an den Komtur von Mewe geht, der diesen Betrag aber nur an Leute weitergibt, die „verbrannt" worden waren. Zu Zeiten, die eine Feuerversicherung noch nicht kannten, bot allenfalls der Landesfürst Ersatz – oder umgekehrt: Die spätere Versicherung ersetzt die Gnade des Herrschers. Soll man darüber trauern, daß damit rechtlich fixierte Regelungen und bürokratische Verfahren an die Stelle personaler Kontakte getreten sind? Das würde sich nicht empfehlen. Denn eine Garantie dafür, daß der Komtur von Mewe den Schadensfall dem Hochmeister vortrug, gab es ebensowenig wie eine Sicherheit, daß der

Hochmeister sich die Sache anhören und eine Zahlung befehlen würde.

Dann geht ein Betrag an des Meisters Kellermeister, der seinerseits einer armen Frau ein Almosen gegeben hatte. Die Amtsträger, die mit dem Hochmeister unterwegs waren, konnten also damit rechnen, daß sie entschädigt würden, falls sie stellvertretend für den Fürsten Barmherzigkeit bewiesen.

Doch waren dieser und seine Umgebung nicht nur als Administratoren, Politiker und Almosengeber unterwegs. Ebenso wie in der Marienburg war auch auf dem Reiseweg des Hochmeisters für Unterhaltung gesorgt. Die folgenden Zahlungen gehen an „zwei Paar Fiedler", einen „blinden Sprecher" und „drei Pfeifer". Man muß doch wohl mit wandernden Unterhaltungskünstlern rechnen, die eine Vorstellung davon hatten, wie der Reiseweg des Hochmeisters verlief.

Dann folgt eine Zahlung „zu Sankt Jörgen": offensichtlich eine Gabe an eine Kirche. Am nächsten Ort werden „die Frauen aus dem Dorfe" mit einem mittleren Betrag bedacht, und den gleichen Betrag erhalten auch „die Kinder und die Fiedler, die vor dem Meister erschraken".

Vielleicht hat man es hier mit dem anrührendsten Eintrag des Tresslerbuches zu tun, mit einer Notiz, die eine Welt eigener Art sichtbar macht. Um was für Geiger es sich gehandelt haben mag, weiß man nicht, aber die Kinder sind ohne Zweifel die junge Dorfbevölkerung gewesen. Sie waren neugierig, versuchten, an den Hochmeister und seine Begleitung heranzukommen, waren vielleicht auch so erfahren, daß sie wußten, ihnen würde nun etwas geschenkt werden, aber sie erschraken doch auch, weil sie so etwas noch niemals gesehen hatten: den Fürsten und seine Umgebung, die prächtigen Pferde, die reichen Wagen, die luxuriöse Kleidung und vieles mehr, was für eine Welt stand, die von der dieser Dorfbewohner so weit entfernt war, daß sie einfach Schrecken auslöste. Wie haben der Hochmeister und die Seinen auf diesen Schrecken geantwortet? Mit Hohn, mit Spott, blasiert und hochmütig? Das kann durchaus sein. Aber der Hochmeister hat – jedenfalls in diesem Falle – versucht, mit einer Gabe die Kluft zu überbrücken, die sich da auftat, und man könnte vielleicht sagen, daß er dazu auch verpflichtet war, wenn diese Welt mit ihren Diskrepanzen Bestand haben sollte.

König Friedrich III.
unterwegs

Wo sich ein Herrscher jeweils aufgehalten hat, wie lange er an einem Ort weilte, was für ein Ort das war, was er dort tat und wie rasch er von einem Ort zum anderen reiste: danach fragt man bei Herrschern des frühen und des hohen Mittelalters immer wieder. Der Reiseweg, das „Itinerar" der Könige, wird rekonstruiert – mit großer Mühe und mit allzu bescheidenen Erfolgen, weil die Quellen am Ende nur den Blick auf kurze Teile der königlichen Reisewege erlauben.

Wenn insbesondere nach den Reisewegen der deutschen Könige gefragt wird, so hat das seinen Grund darin, daß im römisch-deutschen Reich das altertümliche Reiseherrschertum, also das Regieren nicht von einer festen Residenz oder gar Hauptstadt aus, länger praktiziert wurde als zum Beispiel in Frankreich oder in England, wo bereits im hohen Mittelalter Paris und London zu Hauptstädten wurden. In Deutschland hat es auch im 15. Jahrhundert keine Hauptstadt gegeben. Doch waren die Könige dieses Jahrhunderts nicht so regelmäßig unterwegs wie ihre Vorgänger. König Siegmund, der auch die ungarische Krone trug, hat sich meistens ins Ungarn aufgehalten. Sein Nachfolger, Albrecht II., hat in seiner zweijährigen Regierungszeit nicht die Möglichkeit gehabt, seine habsburgischen Erblande zu verlassen. Und auch bei Albrechts Nachfolger, Friedrich III., sollte es ungefähr so lange, wie sein Vorgänger regiert hatte, dauern, bis er die Möglichkeit sah, aus seinen Erblanden ins Reich zu reisen, wie man damals sagte, obwohl doch auch jene Erblande zum Reich gehörten.

Diese erste Reise Friedrichs III. ins Reich hatte es dann jedoch, wie man beinahe sagen möchte, in sich. Ihr Ziel war nicht nur die Krönung des Königs am traditionellen Ort, also in der Pfalzkapelle Karls des Großen in Aachen. Auf der Reise dorthin und auf der Rückreise von Aachen fand in der Gegenwart des Königs in Frankfurt am Main eine jener Versammlungen statt, die man Reichstag nennt, und dieser Frankfurter Reichstag von 1442 hatte besonderes Gewicht. Das seit dem späten 14. Jahrhundert aktuelle Problem der

Kirchenspaltung war wenige Jahre zuvor abermals aufgebrochen. Das Reformkonzil in Basel und der Papst hatten sich entzweit. Das Konzil hatte einen eigenen Papst gewählt, und der – andere – Papst hatte ein eigenes Konzil einberufen. Der Reichstag in Frankfurt sollte nach dem Willen der beiden kirchlichen Parteien zu der Entscheidung führen, welcher Seite sich König und Reich zuwenden würden.

Frankfurt am Main lag auf dem Wege des Königs nach Aachen und von Aachen nach Österreich zurück. Hat der Herrscher also den Reichstag gewissermaßen nur mitgenommen? Das weiß man nicht, aber man sieht, daß Friedrich III. keineswegs nur auf dem schnellsten Wege und in kürzester Zeit nach Aachen und von dort zurück reisen wollte. Insgesamt hat diese Reise ins Reich etwas länger als ein Jahr gedauert. Sie begann am 3. Februar 1442 in Graz, einer der beiden bevorzugten Residenzen des Herrschers, und sie endete am 9. Februar 1443 in Wiener Neustadt, der anderen Hauptresidenz Friedrichs III. Der König hat sich also Zeit gelassen, aber er hat auch Umwege gemacht, und zwar auf der Rückreise von Frankfurt. Von hier aus reiste er seit dem 18. August 1442 rheinaufwärts über Basel durch Savoyen und Tirol nach Salzburg, Österreich und Wien. Man fühlt sich an den Königsumritt erinnert, also daran, daß insbesondere die Herrscher in der ersten Hälfte des 11. Jahrhunderts ihre Regierung damit begannen, daß sie große Teile des Reiches, zu dessen Regenten sie gewählt worden waren, in eigener Person aufsuchten, daß sie eine Art von großem Kreis um ihren Herrschaftsbereich zogen. Das klingt nach Magie. Doch hat man es in Wirklichkeit eher mit einem rationalen Kalkül zu tun. Wo ein Herrscher wirklich Macht ausüben wollte, mußte er – jedenfalls zuweilen – gegenwärtig sein. Und umgekehrt konnte er nur dort weilen, wo er über Machtgrundlagen verfügte, denn sonst hätte er sich und seinen Hof nicht ernähren können. Die mehreren hundert – und gelegentlich gar zweitausend – Reiter, die den König begleiteten, stellten in überwiegend naturalwirtschaftlich verfaßten Zeiten vor allem ein Versorgungsproblem dar. Der königliche Reiseweg mußte sich auch daran orientieren, ob dem König und dem Reich dort, wo der reisende Hof Station machen wollte, Wohnung und Nahrung zur Verfügung standen. Deren Vorhandensein läßt aber auch erkennen, wie die Karte des damaligen Reiches wirklich aussah. Es gab weite Gebiete – vor allem jene Regionen, die nördlich des Harzes und der Straße von dort nach Aachen lagen –, die der König nie aufsuchte, während man auf der anderen Seite dem König zugewandte Gebiete erkennen kann, wo dieser über Ressourcen verfügte und in einem intensiveren Sinne herrschte als in den königsfernen Zonen. Daraus ergibt sich, daß eine Nachzeichnung des königlichen Itinerars Verfassungsverhältnisse erkennen läßt. Solche Verhältnisse macht auch der Reiseweg Friedrichs III. sichtbar. Daß der Herrscher von seinen Erblanden durch Bayern und Franken nach Frankfurt am Main und nach Aachen reiste und von dort wiederum über Frankfurt am Main nach Basel, läßt die traditionell reichszugewandten Landschaften erkennen. Daß sich Friedrich III. etwa von Aachen über Bremen nach Hamburg und von dort nach Berlin, Dresden oder Leipzig begeben hätte, erscheint unvorstellbar. Friedrichs III. Itinerar zeigt, daß Norddeutschland – wie schon zuvor – königsfern war.

Dieses Itinerar braucht, anders als die Reisewege früherer Könige, nicht mühselig aus den Daten von Urkunden und den spärlichen Notizen von Chronisten rekonstruiert zu werden. Ein nicht dem Namen nach bekannter Angehöriger des königlichen Hofes und Teilnehmer an diesem Umritt hat einen Bericht hinterlassen, der fast alle Daten, die man für ein königliches Itinerar braucht, enthält. Der Autor zählt die Reisestationen auf, er teilt mit, wie lange der König an den einzelnen Orten verweilte, er nennt die Reisezeiten, und er bringt auch mancherlei zur Sprache, was ihm unterwegs aufgefallen ist. Am Ende gibt er eine Liste derer, die den König begleitet haben, und auch das ist eine willkommene Nachricht. Man möchte ja wissen, wie das Gefolge des Königs aussah, ob er sich mit wenigen Begleitern begnügte oder vielmehr eine gewaltige Entourage hatte – aus Gründen der Repräsentation, aber vielleicht auch wegen der Sicherheit.

Die Liste der Reisebegleiter, die der anonyme Berichterstatter nennt, beginnt mit dem Bischof von Augsburg und endet mit titellosen „Dienern" des Königs. Insgesamt umfaßt sie 135 Personen oder, wie man vielleicht besser sagen sollte, Positionen. Denn die Zahl der Personen war viel größer. Die Bischöfe, Fürsten, Grafen und Herren, die hier aufgezählt werden, hatten jeweils ihre eigene Begleitung und neben den Reitpferden auch Packpferde. Auf der anderen Seite gab es am Ende dieser hierarchisch aufgebauten Liste gewiß auch Personen, die allein unterwegs waren. Wie viele Menschen und Pferde haben also den König begleitet? Die erwähnte Zahl erlaubt eine Antwort nicht, zumal man auch damit rechnen muß, daß nicht alle Würdenträger, die hier genannt werden, gleichzeitig mit dem König unterwegs waren.

Immerhin hat man aus Frankfurt wegen des erwähnten Reichstages eine Quartierliste, die Stallungen für 917 Pferde und etwa 513 Betten umfaßt. Waren es also 512 Personen, mit denen der König in Frankfurt einzog? Das wäre eine zu niedrige Zahl. Denn die Betten waren in aller Regel doppelt belegt. Aber auch die 917 Pferde bezeichnen keine Personenzahl, da man auch mit Packpferden rechnen muß. Insgesamt mögen mehr als 700 Menschen – oder genauer: Männer – den König in Frankfurt begleitet haben. Während des größeren Teils der Reise werden es weniger gewesen sein.

Darf man hinter einer solchen Zahl „logistische" Schwierigkeiten vermuten? In einer kleinen Stadt könnte man heute nicht ohne weiteres 300 Personen übernachten lassen, und außerhalb von Städten wäre das vollends unmöglich. Städte waren es auch im 15. Jahrhundert, die dem königlichen Hof als Übernachtungsorte dienten. Auch die Klöster Königsfelden, St. Gallen und Melk, die als Reisestationen benannt werden, markieren nicht notwendig eine Ausnahme. Vor dem Kloster St. Gallen lag die gleichnamige Stadt. Als Übernachtungsort in der Nähe von Königsfelden könnte die Stadt Bruck gedient haben, und der Markt unterhalb des Klosters Melk war gewiß eine Stadt in demselben Maße wie viele andere Städte, die dem König als Übernachtungsorte dienten. Begrenzte Möglichkeiten werden allenfalls daran sichtbar, daß der König mit einigen Begleitern einen Ausflug in den Badeort Wiesbaden unternahm, während der größere Teil des Hofes direkt nach Frankfurt am Main fuhr. Das mag mit den Möglichkeiten Wiesbadens zu erklären sein.

Wenn der Hof damals nach Frankfurt „fuhr", so ist damit eine Schiffsreise gemeint, und das gilt nicht nur für diese Strecke. Auf der anderen Seite haben der König und sein Hof die Gewässer nicht in dem Maße benutzt, wie man das annehmen möchte, da ja angesichts des Nichtvorhandenseins von befestigten Straßen die Wasserwege außerordentlich bequem waren. Man leitet daraus ab, daß im Mittelalter, wenn irgend möglich, zu Schiff gereist wurde. Im Falle Friedrichs III. geschah das aber nicht. Der König hätte, wenn schon nicht die Salzach, so doch jedenfalls die Donau und den oberen Rhein befahren können. Doch das hat er nicht getan. Es heißt in dem Bericht ausdrücklich, der Herrscher und die Seinen seien von Kitzingen nach Würzburg und von Würzburg nach Wertheim geritten, und das gleiche gilt auch für die Reise von dort bis nach Frankfurt. Erst in Frankfurt wurden Schiffe bestiegen, und daß das etwas Neues war, läßt der Bericht durchaus erkennen. Wie manchem Binnenländer heute war dem – offensichtlich österreichischen – Autor die Fahrt auf dem Wasser ein Erlebnis besonderer Art. So gibt er an dieser Stelle nicht nur die üblichen Daten, sondern auch eine Beschreibung: „Am Mittwoch nach dem Tag des heiligen Erasmus saß meines Herrn Gnade auf dem Main zusammen mit den Kurfürsten, Kardinälen, Bischöfen, Grafen, Freiherren, Rittern und Knechten. Da sah man das Reich – nämlich die Fahnen mit dem Reichsadler – und das österreichische Wappen flattern auf den großen und kleinen Schiffen, als sie unterwegs waren".

Der letzte Übernachtungsort des Königs auf der Reise nach Aachen war Bonn. Wohl bis dort, sicherlich aber bis Hammerstein wurden Schiffe benutzt. Die Rückreise verlief ähnlich. Diesmal war auch Köln eine Reisestation, und von dort bis Frankfurt wurde auf dem Wasser gereist, auch noch von Frankfurt zurück nach Mainz, doch von dort nach Worms und Speyer wurden wiederum der Landweg und die Pferde gebraucht.

Der Aufenthalt in Köln vom 22. bis zum 26. Juni wird ausführlicher geschildert. Den Autor beeindruckte der Aufwand, der in der Rheinmetropole dem König zu Ehren betrieben wurde. Man hört von Geschenken, die der König empfing, darunter Ochsen und Wein, und zwar rotem und weißem, also nicht nur von einem einzigen Faß.

Die Überlieferung der Stadt Köln dagegen spricht nur von einem Faß, das dem König geschenkt worden sei, aber vielleicht erwähnt sie auch nur jenes Behältnis, das mit dem Stadtwappen geschmückt war. Es wird nämlich die Zahlung an einen Maler überliefert, der die Wappenschilde gemacht hatte, die an jenem Weinfaß angebracht waren, aber auch an den Köpfen der Ochsen, die man dem König darbrachte.

Weiterhin hatte dieser Maler auch die goldenen Stangen des Baldachins verziert, die über dem König getragen wurden, und er hatte das Banner gemalt, das an der Trompete hing, die man zu Ehren des Königs blies. Insgesamt machte das ein Honorar von vierzig Mark und zehn Schillingen aus, und das war ein hoher Betrag. Hätte der Verfasser des Reiseberichtes also Notiz von diesen Aufwendungen nehmen sollen? Diese Frage wird man verneinen dürfen. Denn solche repräsentativen Wappendarstellungen verstanden sich von selbst, was man auch daran sieht, daß – jedenfalls in Köln – die Maler „Schilderer“ hießen, also Bemaler von Wappenschilden. Auch berühmte Meister ernährten sich nicht nur durch die Produktion von Altargemälden, und das sieht man vielleicht auch an diesem Falle. Denn der Meister Stefan, der den Kölner Rechnungen zufolge den Großauftrag ausgeführt hat, den der Aufenthalt König Friedrichs in der Stadt verursacht hatte, war ohne Zweifel Stefan Lochner. Die Notiz aus dem Jahre 1442 ist das älteste Zeugnis, das diesen Maler nennt. Ob damit zugleich gesagt ist, daß der berühmteste aller Kölner Maler am Empfang des Königs mitgewirkt hat, ist allerdings nicht sicher. Denn von den Schriftquellen, die von dem Maler Stefan Lochner sprechen, zu dem Werk, das von den meisten Kunsthistorikern mit Lochners Namen verbunden wird, führt nur eine Notiz aus Dürers Reisetagebuch, und deren Deutung ist ungewiß. Doch auch wenn der Berichterstatter von 1442/1443 tatsächlich Wappenschilde, Baldachinstangen und eine Fahne gesehen haben sollte, die Stefan Lochner bemalt hatte, hätte ihn der Name des Malers doch nicht zu interessieren brauchen. Auch der Erste unter den damaligen Malern hatte, anders als ein halbes Jahrhundert später, in der Sicht eines königlichen Hofes keinen Namen, den festzuhalten ein Anlaß bestand. Der Maler war zwar etwas anderes als ein Bäcker oder als ein Schuster, aber ein Künstler im späteren Sinne war er nicht.

Der Bericht über die Reise Friedrichs III. gibt auch Antwort auf die Frage, wie schnell der König und seine Begleiter vorankamen. Die aufgrund der spärlichen Überlieferung sehr schwierigen Berechnungen, mit deren Hilfe man die Frage beantwortet hat, wie schnell denn die Könige des 10., 11. oder 12. Jahrhunderts unterwegs waren, haben zu der Meinung geführt, daß dreißig Kilometer am Tage eine recht gute Leistung gewesen seien. Friedrich III. und sein Hof legten zuweilen weniger als zehn Kilometer am Tage zurück. Doch das lag nicht an Grenzen der Leistungsfähigkeit, sondern daran, daß man an dicht beieinander liegenden Orten verweilen wollte. So wurde zum Beispiel zweimal sowohl in Innsbruck Station gemacht wie auch in dem zehn bequeme Inntalkilometer entfernten Hall. Allerdings kommen diese kurzen Tagesrouten nur selten vor. Und auch im Gebirge legten der König und sein Gefolge längere Strecken an einem Tage zurück – zum Beispiel die sieben Meilen oder zweiundfünfzig Kilometer von Innsbruck über den Brenner bis Sterzing.

Die längste Tagesstrecke auf dieser Reise waren die neun Meilen oder 67 Kilometer von Koblenz nach Bonn – immerhin den Fluß hinab. Doch verlief die Reise flußaufwärts nicht viel langsamer. Zwischen Mainz und Bonn wurde dreimal übernachtet, in der anderen Richtung zweimal. Für die Strecke von Frankfurt nach Aachen insgesamt bedurfte es auf der Hinreise einer Reihe von sechs Stationen, während es auf der Rückreise acht waren, aber eigentlich nur sieben, da zu diesem Reisestück der schon erwähnte Abstecher nach Wiesbaden gehört. Notfalls konnte das ganze aber auch sehr viel schneller gehen. 290 Jahre zuvor hatte Barbarossa die Strecke von Frankfurt nach Aachen vom 6. bis zum 8. März zurückgelegt. Damals war allerdings Gefahr im Verzuge. Der König mußte alles daransetzen, seine zweifelhafte Wahl in Frankfurt so rasch wie möglich durch die Krönung in Aachen zu legitimieren. So reiste er – anders ist diese kurze Zeit nicht zu erklären – auch nachts, und das war auf der schwierigen Rheinstrecke und noch dazu im Frühjahr außerordentlich gefährlich. Zu solchen Abenteuern bestand im Sommer 1442 kein Anlaß. Doch ist der Hof des damaligen Königs etwas schneller gereist, als man gemeinhin vermutet.

Allerdings geben die Tagesetappen nur eine oberflächliche Auskunft über die Reisegeschwindigkeit, da man ja nicht weiß, wie viele Stunden lang die Reisenden unterwegs waren und wie oft und wie lange sie auch am Tage rasteten. Der Text läßt immerhin erkennen, daß jedenfalls bei den Reisen flußabwärts Zeit für Unterhaltung blieb. Die Reise des Hofes von Mainz nach Bacharach wurde in Eltville unterbrochen, und zwar auf einer Rheininsel, wo der König ein Grasmahl zu sich nahm, wie es heißt, also picknickte. Währenddessen, so schreibt der Autor, hatten die Begleiter des Königs, von den Herzögen bis zu den Rittern und Knechten, die „hübscheste“ Jagd auf Kaninchen, die es auf jener Rheininsel so zahlreich gegeben habe, daß man sie mit den Händen fangen konnte – nachdem, so muß man wohl fortfahren, Netze aufgestellt worden waren. Kaninchenfang mit der Hand – ist gewiß nicht das, was man sich unter einer fürstlichen Unterhaltung vorstellt, aber das bedeutet doch nur, daß unsere Vorstellungen nicht richtig sind.

Die Reise den Rhein hinab wurde später noch einmal durch ein Grasmahl und die Jagd nach Kaninchen unterbrochen. Diesmal war der Lustort eine Flußaue unterhalb der Burg Hammerstein. Die Kaninchen wurden abermals mit den Händen gejagt. Das nächste Reiseerlebnis dieser Art nennt der Autor für Lechenich, die große Wasserburg der Kölner Erzbischöfe. Da ging, so heißt es, meines Herrn Gnade fischen zusammen mit dem Erzbischof von Köln, und jeder fing Fische genug. Auch mit der Hand? Wohl nicht. Doch womit dann? Ließen die beiden Fürsten andere die Netze füllen und sahen sie dabei zu? Oder hielten sie selbst die Angel in der Hand? Allzu oft jedoch kamen solche Vergnügungen während dieses Reisejahres nicht vor. Sie werden so erwähnt, daß man den Eindruck hat, mehr davon habe es nicht gegeben. Dazu paßt, daß der König und sein Hof an den weitaus meisten Orten nur einmal nächtigten. Nur in den großen und reichen Städten verweilten sie mehrere Tage lang, zum Beispiel in Steyr sieben Tage und in Nürnberg zweiundzwanzig.

Wie wurden diese Tage gefüllt? Auch auf diese Frage antwortet unser Bericht. Der Autor überliefert nicht nur reisetechnische Daten. Er macht zum Beispiel verfassungsrechtliche Aussagen, indem er meistens vermerkt, wem die besuchte Stadt gehörte, ob es sich um eine landesfürstliche Stadt handelte oder um eine Reichsstadt. Der moderne Leser, der eine gewisse Vorstellung vom 15. Jahrhundert hat, möchte dem Autor in den schreibenden Arm fallen und ihn bitten, doch solche Trivialitäten nicht festzuhalten. Oder handelte es sich gar nicht um Trivialitäten, wenn der Autor zum Beispiel vermerkte, daß Mittenwald eine Stadt Herzog Albrechts von Bayern war, Donauwörth dagegen ebenso wie das fränkische Weißenburg eine Reichsstadt? Diente nicht vielleicht diese Aufzeichnung dazu, daß man am königlichen Hofe künftig eine gewisse Übersicht darüber gewann, was Reichsgut war und was nicht? Woher sollte der zwei Jahre zuvor gewählte König, der zwar in Jerusalem gewesen war, aber das Reich, dessen König er nun war, gar nicht kannte, eigentlich wissen, welche Rechte ihm in diesem Reich zukamen? Einige Praktiker aus der Kanzlei und dem Rat seines Vorgängers hatte er übernommen, und von denjenigen, die an seinen Hof kamen, um Privilegien zu erbitten, erfuhren er und seine Amtsträger immerhin einiges. Ob man aber zum Beispiel damals am königlichen Hof eine Liste der Reichsstädte hatte, ist durchaus ungewiß. Man wird damit rechnen müssen, daß dieser Umritt des Königs durch sein Reich nicht zuletzt den einfachen Sinn hatte, den Herrscher über die Gestalt seines Reiches zu unterrichten, und so mag der Bericht, den der anonyme Autor von dieser Rundreise hinterlassen hat, also offiziösen Charakter und der Verfasser den Auftrag gehabt haben, bestimmte Dinge für den König festzuhalten. Es gibt Anzeichen dafür, wie noch gezeigt werden soll, daß der König sich dieses Berichtes später bedient hat.

Der Berichterstatter betätigt sich jedoch nicht nur als ein Lieferant von Daten, die dem König künftig nützlich sein konnten. Er hält auch fest, was er und die anderen sahen und was sich aus dem Einerlei der Fortbewegung Tag für Tag heraushob. Man hört etwas von zeremoniellen, in einem Falle auch von persönlichen Begegnungen. Der Autor erwähnt Bauwerke, seltene Bäume und Tiere, die unterwegs begegneten, und vor allem immer wieder berühmte Heilige, deren Reliquien der König besuchte. Auch von anderen Lustbarkeiten als der schon erwähnten Kaninchenjagd ist die Rede, ferner von Turnieren, von Musik oder von Schauspielen, die zu Ehren des Königs veranstaltet wurden.

Einiges von dem findet man zum Beispiel in den Notizen über die Wegstrecke von Augsburg nach Nürnberg und den Aufenthalt dort. Die erste Station ist das schon erwähnte

Donauwörth, die Reichsstadt. Der Autor hebt hervor, daß die Stadt eine Ringmauer mit vielen Türmen habe und von zwei Flüssen umgeben sei. Die Befestigungs- und die Wasserverhältnisse werden auch sonst immer wieder genannt. Dann heißt es, etwas überraschend, in dieser Gegend mache man Kreuzkäse, und zwar ziemlich viele. Der Autor notiert also kulinarische Spezialitäten – ebenso wie in Schwabach kurz darauf, wo er die vielen guten „brisz" erwähnt. Worum es sich hierbei gehandelt hat, ist nicht sicher, während man die Kreuzkäse aus der Gegend von Donauwörth auch sonst kennt. Diese mit einem Kreuzzeichen markierten Käselaibe begegnen zum Beispiel eine Generation später in der Korrespondenz des brandenburgischen Kurfürsten Albrecht Achilles, der sich zeitweilig in seinen Kurlanden aufhielt und von dort nach Hause, also in das Fürstentum Ansbach, schrieb, sich dabei um vielerlei Einzelheiten der Hof- und Haushaltung sorgte und in diesem Zusammenhang auch an die Bevorratung mit jenen Kreuzkäsen erinnerte.

Weißenburg, die Reichsstadt zwischen Donauwörth und Nürnberg, wird nur im Hinblick auf die „schöne" Pfarrkirche erwähnt. Die nächste Station ist Schwabach. Hier liest man nicht nur von den schon genannten „brisz", sondern auch, daß Markgraf Albrecht der Stadtherr war.

Am folgenden Tag erreichte der Hof Nürnberg – „auch eine Reichsstadt", aber eine sehr große, und so dauerte der Aufenthalt hier, wie schon gesagt, einige Tage, und der Autor hat vielerlei zu berichten. Zunächst erzählt er, wie man den König aufnahm. Man empfing ihn mit „viel Heiltum", also mit einer Prozession, in der die Geistlichen die Reliquien mit sich führten, welche in den städtischen Kirchen bewahrt wurden und ein Unterpfand dafür waren, daß Gott der Stadt gnädig sein würde. Die Prozession, die dem König entgegengekommen war, begleitete ihn nun in die Stadt hinein, bis in die Pfarrkirche St. Sebald, und da gab es Priester, wie der Autor vermerkt, die ein Stück Werg vor dem Angesicht des Königs verbrannten und dabei den Psalter lasen, damit der König nicht hochmütig werde, sondern begreife, daß auch er vergänglich sei. Das war ein Zeremoniell, das von den römischen Imperatoren zu den Päpsten und nun weiter gewandert war.

Ein paar Tage später fand in Nürnberg eine zugleich zeremonielle und persönliche Begegnung statt. Der Herzog von Sachsen, der mit einer Schwester des Königs verheiratet war, reiste mit dieser nach Nürnberg, und zwar so, wie es seinem Stande gebührte, also mit einer repräsentativen Begleitung. In dem damit gegebenen zeremoniellen Ablauf kam es zu einer persönlich geprägten Situation. Man liest, die sächsische Herzogin sei, als sie vernahm, ihr Bruder sei auf dem Feld anwesend, wo die beiden feierlichen Züge sich begegneten, rasch vom Pferd gesprungen und, sobald sie ihren Bruder nur sehen konnte, zu Fuß zu ihm gegangen. Der Herzog von Sachsen, des heiligen Reichs oberster Marschall, nahm das Schwert, zog es aus der Scheide und trug es so vor sich her. Es kam nun zu einer großen Freude von seiten König Friedrichs und seiner Schwester, da sie sich so lange nicht gesehen hatten, so schreibt unser Autor. Offensichtlich gingen hier Zeremoniell und Emotion ein wenig durcheinander. Die Herzogin eilte auf ihren Bruder zu, und ihr Mann mit dem Reichsschwert folgte ihr, aber der Autor vermerkt beides, die spontane Freundlichkeit und den Versuch, das traditionelle Zeremoniell doch zu retten.

Nach dieser Begegnung fing das Protokoll die Geschwister aber ein. Am folgenden Tage betrachten der König und seine Schwester das „allerwürdigste Heiltum“: den Speer, der dem gekreuzigten Christus in die Seite gestoßen, und einen Nagel, der durch seine heiligen Hände geschlagen worden war, ein Stück des heiligen Kreuzes und ein Schwert, das der Engel dem großen Kaiser Karl vom Himmel gebracht hatte, sowie schließlich fünf Dornen von der Krone, die Christus in sein heiliges Haupt gedrückt worden waren.

War Nürnberg, die Stadt des Exportgewerbes, tatsächlich ein so heiliger Ort? Ja und nein, so muß man auf diese Frage antworten. Ein Wallfahrtsort gewissermaßen aus eigener

Kraft war Nürnberg damals insoweit, wie hier der heilige Sebald, der Patron einer der beiden städtischen Pfarrkirchen, verehrt wurde. Doch bei dem, was hier erwähnt wird, handelte es sich um etwas anderes, nämlich um den Kronschatz, die Herrschaftszeichen, wie man heute zu sagen pflegt, um Krone, Reichsapfel, Reichsschwert, zeremonielle Kleidung und anderes mehr, was die Könige bei feierlichen Anlässen trugen. Dieser Kronschatz war von Karl IV. in der Burg Karlstein unweit von Prag deponiert worden. König Siegmund hatte diese Herrschaftszeichen vor den Hussiten gerettet und sie nach Nürnberg gebracht – 19 Jahre vor jenem Besuch, den unser Autor beschreibt. Nicht zuletzt deshalb, weil Nürnberg in der Goldenen Bulle ein besonderer Rang für das Reich zuerkannt worden war – hier sollte der König nach Wahl und Krönung seinen ersten Reichstag halten –, ist es den Nürnbergern gelungen, den durch Krieg und Not verursachten Akt von 1423 in eine Art Gründungsvorgang zu verwandeln. Bis zum Ende des Alten Reiches wurden die Herrschaftszeichen nun in Nürnberg aufbewahrt und den Königen nur für kürzeste Frist zur Krönung in Aachen ausgeliehen. Friedrich III. sollte das wenige Wochen später als erster römisch-deutscher König erleben. In Nürnberg aber wurde dieser Kronschatz als ein Hort von Reliquien gezeigt und von vielen Pilgern verehrt. Die vornehmste Reliquie war der von unserem Autor genannte Speer, die heilige Lanze, die ihren Namen deshalb trägt, weil in sie ein Nagel eingelassen ist, der vom Kreuz Christi stammen soll. Zunächst hatte man gemeint, die Lanze sei die Waffe des heiligen Mauritius gewesen. In der Ungarnschlacht von 956 war sie als ein siegbringender Fetisch dem königlichen Heer im Einklang damit vorangetragen worden, daß Mauritius, dem zum Beispiel der Magdeburger Dom geweiht wurde, damals als der Schutzpatron des Reiches betrachtet wurde. Später kam die von unserem Autor berichtete Meinung auf, Longinus habe bei der Kreuzigung Christi diese Lanze benutzt, als er Christus verwundete.

Man wird gewiß nicht erwarten dürfen, der König und seine Umgebung hätten damals über unsere heutige Kenntnis von der Geschichte der einzelnen Teile dieses Kronschatzes verfügt. Auf der anderen Seite überrascht aber vielleicht doch ein wenig, daß dieser Autor, dem doch offensichtlich das Wissen zugänglich war, das man in der Umgebung des Königs hatte, von diesen Nürnberger Heiltümern nicht anders spricht als irgendein frommer Pilger und daß ihn die Teile des Kronschatzes, die nicht Reliquien waren oder enthielten, nicht interessierten, darunter die Krone, nach heutiger Meinung derjenige Teil des Schatzes, der dem König und den Seinen am wichtigsten sein mußte.

Allerdings war Nürnberg für den König und seinen Hof noch etwas anderes als ein Pilgerziel. Als nächstes erwähnt der Autor Kampfspiele. Es wurde „scharf gerannt", also mit nicht entschärften Lanzen gekämpft. Markgraf Albrecht tat sich dabei hervor, ebenso wie auch führende Adlige aus der Umgebung des Königs, während sich dieser selbst offensichtlich aufs Zuschauen beschränkte – anders als sein Vorvorgänger Siegmund, der bei solcher Gelegenheit in eigener Person auf der Kampfbahn erschienen war.

Insgesamt dauerte der Aufenthalt in Nürnberg vier Wochen, ohne daß man erführe, wie diese lange Zeit gefüllt wurde. Wollten der König und die Seinen einfach Großstadtleben genießen? Die Abreise am Pfingstmontag deutet darauf hin, daß ein anderer Grund eine Rolle spielte. Wie im 10. oder 11. Jahrhundert suchte der königliche Hof zu den Kirchenfesten möglichst Orte auf, wo es große Kirchen gab und repräsentative Festgottesdienste gefeiert werden konnten.

Danach reiste der königliche Hof gewissermaßen durch die Provinz. Würzburg, eine Stadt, die zwar noch nicht die prächtige barocke Residenz war, als die sie heute geschätzt wird, aber doch immerhin die große erzbischöfliche Burg oberhalb des Mains besaß, wird nicht so herausgehoben, wie man das erwarten möchte. Der Autor erwähnt nur – wie an den meisten Orten – die wichtigste Reliquie, hier also den

Leib des heiligen Kilian. Und dann gibt er eine etwas rätselhafte Beobachtung wieder. Auf der ganzen Reise – diese Bemerkung deutet darauf hin, daß der Text am Ende redigiert worden ist – habe er „wildere Domherren“ als im Würzburger Dom nicht gesehen. Was mag ihm da begegnet sein? Hatten die adligen Domherren ihre Jagdfalken und ihre Waffen zu dem feierlichen Gottesdienst, der doch wohl zu Ehren des Königs begangen wurde, mitgebracht? Es gibt aus dieser Zeit kritische Bemerkungen, welche Domherren solche Gewohnheiten zuschreiben.

Doch was veranlaßte unseren Autor zu dieser Notiz? Man hat den Eindruck, daß er ungeachtet eines durchgängigen Schematismus, der ihn dazu bringt, Übernachtungsstationen, Entfernungen, Wasserverhältnisse und bestimmte verfassungsrechtliche Gegebenheiten zu notieren, der ihn immer wieder veranlaßt, die besonderen Reliquien, über welche die einzelnen Orte verfügen, zu nennen, doch offen bleibt für ungewöhnliche Erlebnisse und Eindrücke, und das führt dazu, daß man in diesem Bericht Zeugnisse des Sehens und Hörens hat, die man aus dieser Zeit ungeachtet einer vergleichsweise reichen Überlieferung kaum kennt. Und man erfährt, was ungewöhnlich war, und daraus kann man entnehmen, was das Übliche gewesen ist – zum Beispiel beim Einritt des Königs in eine Metropole, nämlich in Frankfurt am Main. Da liest man, daß die Frankfurter bewaffnete Leute zum Festgottesdienst abgestellt hatten, „damit meines Herrn Gnade nicht ins Gedränge geriet“. Man kennt diese „Maßnahmen“ auch aus den Frankfurter Ratsakten. Es kam nicht so sehr, wie man von heute her denken könnte, darauf an, den König gegen Attentäter oder Leute, die ihn ohrfeigen wollten, abzuschirmen. Im Vergleich zu modernen Politikern waren mittelalterliche Herrscher eine öffentlich zugängliche Person. Dennoch konnte diese Öffentlichkeit zu Schwierigkeiten führen, weil die Leute den König zwar nicht umbringen oder beschimpfen, wohl aber weil sie ihn sehen oder womöglich sein Pferd oder vielleicht seinen Mantel und am Ende auch ihn anfassen wollten. So mußte man Vorkehrungen treffen, während auf der anderen Seite die traditionellen Zeremonien beachtet werden wollten. Doch wer wußte etwas davon? Am jeweiligen Ort half die Erinnerung und an größeren Plätzen wie zum Beispiel Frankfurt auch eine schriftliche Überlieferung. Doch der König wußte schwerlich genau, was ihn erwartete. Daß er vom Pferd stieg, als er an der Mauer des den Frankfurter Dom umgebenden Kirchhofs angelangt war, verstand sich von selbst. Doch was würde nun geschehen? Wußte der König, daß die Kurfürsten ihn nun, wie der Autor schreibt, „unter die Arme" fassen, in den Dom führen und dort auf den Altar setzen würden? Über ein Zeremonialhandbuch, dem dergleichen zu entnehmen war, verfügte man am königlichen Hof gewiß nicht. Und man hatte auch nicht die Hilfsmittel, die der moderne Historiker zur Verfügung hat und denen er entnehmen kann, daß schon die Könige des 10. Jahrhunderts auf diese Weise von Geistlichen in Domkirchen geleitet wurden und daß dieses Zeremoniell seinerseits auf Vorbilder im Alten Testament zurückging.

Die Überraschungen, denen der König, wie man wohl annehmen darf, auf dieser Reise ausgesetzt war, erklären sich nicht nur daraus, daß dieser Herrscher auf sein Königtum nicht vorbereitet worden war, daß er von keinem älteren Verwandten hätte lernen können, was es hieß, König zu sein. Andere Überraschungen ergaben sich offensichtlich daraus, daß hier ein Mann aus dem äußersten Südosten des Reiches, der zwar nach Jerusalem gereist war, aber sein Reich noch nicht kannte, nun Gegenden kennenlernte, die sich von seiner Heimat beträchtlich unterschieden. Es mag wohl auch dem König so gegangen sein wie unserem Autor, der die Reise auf dem Main nicht nur als Tatsache vermerkt, sondern das schon erwähnte schöne Bild wiedergibt, das sich nun auf dem Flusse bot. Das Vergnügen, das dem Binnenländer die Reise auf dem Schiff bereiten kann, ist offensichtlich eine alte Sache.

Die Reise auf dem Main führte ins Rheinland, nach Mainz

und dann den Rhein hinunter, und damit in eine Gegend, die offensichtlich schon vor ihrer Entdeckung durch die Rheinromantik des 19. Jahrhunderts denjenigen, der sie nicht kannte, beeindrucken konnte. Schon daß der Autor in Mainz das größte Gedränge beobachtete, das er jemals in seinem Leben gesehen hatte, ist ein Zeugnis für dieses besondere Reiseerlebnis. Zu dem Reichtum der Region gehörte auch die dichte Bevölkerung. Doch dann hatte der König weitere Impressionen. Der Bürgermeister brachte ihn, so schreibt unser Berichterstatter, in einem „schönen Haus" unter, das „nach Lust erbaut" war, das also nicht einfach ein Zweckbau war, sondern seinem Bewohner auch Vergnügen bereiten sollte. Und dieses Vergnügen wird näher beschrieben. In der Stube, in der dem König aufgetragen wurde, hing eine auserlesene Kette, und daneben gab es einen Garten und einen Brunnen sowie ein Lusthaus, also einen Gartenpavillon, wie ihn der Berichterstatter auf der Reise, so schreibt er, noch nie gesehen hatte. Ein paar Wochen später wurden der König und sein Chronist noch einmal mit solcher rheinischen Gartenkultur konfrontiert. Von Freiburg im Breisgau heißt es, dort gebe es einen „schönen Turm", also den in der Tat bemerkenswerten Turm des Münsters, dessen durchbrochene Architektur, wie man weiß, von den Zeitgenossen auch sonst hoch geschätzt wurde. Doch hatte auch das Franziskanerkloster, wo der König wohnte, etwas zu bieten. Dort gab es, so liest man, den schönsten Maulbeerbaum, den der Autor je gesehen hatte. Zwanzig oder dreißig Leute konnten in dessen Krone sitzen und essen und trinken. Und ein Turm, der an diesen Maulbeerbaum stieß, war der Aufenthaltsort von Trompetern und Pfeifern.

Doch wurde der König nicht nur durch solche Gegebenheiten unterhalten. Abgesehen von den schon erwähnten Turnieren, die an mehreren Orten stattfanden, gab es auch andere Bemühungen, den König durch besondere Veranstaltungen zu ehren. So geschah es in Genf, wo die kostbarsten und schönsten, so schreibt unser Autor, Spiele stattfanden.

Zweiunddreißig seien es vom Chor des Doms bis zur Unterkunft des Königs gewesen. Was damit gemeint sein könnte, steht dahin.

Und was erlebte der König, wenn er nicht unterhalten wurde? Was nahm er überhaupt wahr? Auf diese Frage antwortet der Bericht eines Speyerer Domvikars, der vierzig Jahre später, 1482, nach Wien reiste, mit Friedrich III. verhandelte, am harten Willen des Kaisers scheiterte und sich deshalb in einem Bericht rechtfertigte. Dieser Bericht ist ebenso singulär wie die Reisebeschreibung von 1442 und 1443. Und er ist nicht weniger dicht. Man meint förmlich, in dem „kleinen Kämmerlein" anwesend zu sein, in das der Domvikar schließlich nach langen Bemühungen vorgelassen wurde und in dem er den Kaiser mehr liegen als sitzen sah. Doch mußte er bald erfahren, daß Friedrich III. keineswegs schlief, sondern wach war und geistesgegenwärtig.

Es ging bei diesen Verhandlungen um die Belehnung des neuen Bischofs von Speyer. Der König knüpfte daran Bedingungen. Er bestand auf bestimmten materiellen Leistungen der Speyerer Domkirche, und er wollte über die Stuhlbrüderpfründen in Speyer verfügen. Der Domvikar versuchte, dem Kaiser die bestehende Rechtslage zu erklären und ihm begreiflich zu machen, daß er und sein Bischof ihm im Falle dieser Pfründen nicht entgegenkommen könnten. Doch der Kaiser ließ diese Argumente nicht gelten. Er berief sich vielmehr auf die eigene Erfahrung: „Alles, was Ihr über die Situation des Stifts gesagt habt, wissen wir, und wir haben es gesehen, als wir hinauf nach Aachen ritten, nachdem wir zum König gewählt worden waren." Friedrich III. bezieht sich also auf jene Reise, die in unserem Bericht geschildert wird. Das geht auch aus den nächsten Worten hervor. Denn der Kaiser fragte nun danach, was eine Mariendarstellung zum heiligen Bernhard gesprochen habe, die er damals habe abmalen lassen. Der Gesandte aus Speyer gab ihm Antwort, und der Kaiser fühlte sich bestätigt: „Das haben wir seinerzeit auch gehört."

Dann kam Friedrich III. wieder auf die Stuhlbrüderpfründen zurück: „Wir möchten die Pfründen deshalb so gern haben, weil sie Laienpfründen sind und uns gehören." So ging es noch eine Weile hin und her. Dem Kaiser kam es, so liest man, nicht so sehr darauf an, die nächsten frei werdenden Pfründen mit bestimmten Personen zu besetzen. Er meinte vielmehr, es bei dem Verfügungsrecht über diese Stellen mit entfremdetem Reichsgut zu tun zu haben. Diese Reichsrechte wollte er bei dieser Gelegenheit zurückholen, und darauf bestand er nicht nur, weil er eine derartige Hartnäckigkeit auch bei anderen Gelegenheiten an den Tag legte, sondern auch deswegen, weil er sich seiner Sache gewiß war. Diese Gewißheit aber beruhte auf der eigenen Erfahrung, auf dem, was er während seiner Krönungsreise erlebt hatte. Das belegt auch der Bericht von dieser Krönungsreise.

Der anonyme Autor erwähnt nämlich dort, wo er von dem Aufenthalt Friedrichs III. in Speyer spricht, auch jenes Marienbild, nach dem sich der Kaiser vier Jahrzehnte später erkundigen sollte. Und er spricht auch von Pfründvergaberechten, und zwar offensichtlich von jenen, auf die Friedrich III. später den Gesandten aus Speyer ansprechen sollte: „Und die Herren von Österreich haben hier auch ein Stift zu verleihen", so heißt es in dem Bericht von 1442 und 1443. Nimmt man diese Notiz für sich, so kann man nichts mit ihr anfangen. Sie läßt allenfalls erkennen, daß der Schreiber nicht eben sachkundig war. Was soll schon mit „ein Stift verleihen" gemeint sein? Im Lichte jenes späteren Streitgesprächs zwischen dem Kaiser und dem Gesandten aus Speyer wird aber klar, daß der König sich seinerzeit, als er in Speyer der Stuhlbrüder ansichtig wurde, nach ihnen und den königlichen Rechten, die da bestanden, erkundigt hat. Der Berichterstatter hat offensichtlich nicht ganz verstanden, was er damals hörte, aber er hat immerhin festgehalten, daß es hier vielleicht habsburgische Rechte gab und der König an diesen interessiert war. Dies festzuhalten lag aber um so näher, als man in des Königs Umgebung wußte, daß Speyer ein wichtiger Ort des Königtums und der eigenen Dynastie war. Der Berichterstatter erwähnt nämlich nicht nur, daß hier die Grabplatten König Rudolfs von Habsburg und König Albrechts I. zu sehen waren, sondern er zitiert auch die lateinischen Umschriften in deutscher Übersetzung, und das heißt doch wohl, der König hat damals darauf bestanden, sich diese Grabplatten zeigen und die Inschriften übersetzen zu lassen.

Der moderne Herausgeber des Reiseberichtes hat mit einer gewissen Enttäuschung vermerkt, daß dessen Autor Politik „ganz ferne" gelegen habe. Er wundert sich darüber, daß der Chronist nicht vom Reichstag redet und vom Konzil nur einmal, und das überdies auf eine Art, „die wenig Kenntnis von den wirklichen Vorgängen verräth". Solche Historiker-Zensuren sind eine nicht ganz ungefährliche Sache. Es geschieht leicht, daß sich am Ende doch der Quellenautor gegenüber seinen späteren Kritikern behauptet. In unserem Fall konnte, so muß man zum Schutz des Berichterstatters aus dem 15. Jahrhundert sagen, von einem Reichstag gar nicht die Rede sein, weil es diesen Begriff damals nicht gab.

Was Basel angeht, so scheint in der Tat merkwürdig, daß der Berichterstatter zwar von dem prächtigen Empfang des Königs nicht nur durch die üblichen geistlichen und weltlichen Großen spricht, sondern auch durch neun Kardinäle, daß er aber das Konzil nicht erwähnt. Wieso waren damals in Basel so viele Kardinäle anwesend? Das kümmerte den Autor offensichtlich nicht. Er beschreibt nur, wie üblich, den Empfang, und da diesmal Kardinäle dabeiwaren, erwähnt er sie. Dann folgen Bemerkungen zur Topographie und – wie oft – zu den Wasserverhältnissen. Und dann kommt jener Satz, der den modernen Autor zu der Annahme verleitete, daß der Schreiber des 15. Jahrhunderts nicht besonders sachkundig war: „Und meines Herrn Gnade zerstörte das Konzil."

Sollte damit auf die Verhandlungen angespielt werden, die Friedrich III. damals mit dem vom Basler Konzil gewählten (Gegen-)Papst Felix V. führte? Der Bericht erwähnt diesen

Papst nur dort, wo er von der Einsiedelei Ripaille spricht, in die sich der Herzog von Savoyen zurückgezogen hatte, bis man ihn zum Basler Papst wählte. Vom Papsttum dieses Herzogs nimmt der Text keine Notiz, und das mag eine Sprachregelung am königlichen Hof gewesen sein. Friedrich III. widersetzte sich damals konsequent allen Versuchen, sich auf die Seite des Konzils und seines Papstes ziehen zu lassen.

Doch das war weniger als eine Zerstörung des Konzils. Wie kann man diese Formulierung erklären? Offensichtlich hat der Autor des Textes hier kürzend und mißverstehend wiedergegeben, wovon man in der Umgebung des Königs sprach, wenn von den aktuellen kirchenpolitischen Problemen die Rede war. Die „Zerstörung" des Basler Konzils war gewiß schon damals die Absicht Friedrichs III. Der König verhüllte seine Absicht nur, solange er die Gelegenheit, sie zu verwirklichen, nicht gekommen sah. Gelegentlich meinten aufmerksame Beobachter, seinem Mienenspiel entnehmen zu können, was er eigentlich dachte. Das wird von dem Reichstag im Sommer 1442 berichtet. Auch bei der vermeintlichen Konzils-Zerstörung hat man es wohl mit einem solchen Reflex zu tun, mit dem Widerhall einer Bemerkung, die der König vielleicht unterwegs gemacht hatte und die unser Berichterstatter gerade eben aufschnappen konnte, die ihm aber bemerkenswert genug erschien, daß er sie festhielt, und die einen Blick darauf erlaubt, wie vom König und den Seinen über politische Fragen gesprochen wurde, bevor jene Sätze niedergeschrieben wurden, auf die man üblicherweise beschränkt ist, wenn man etwas aus der Vergangenheit erfahren will.

Aufstieg und Fall
eines ehrgeizigen Stadtbürgers

Hainrick · blarer · 1460

Die spätmittelalterlichen Städte wurden von Oligarchien regiert. Ob sich die städtischen Räte nun aus den Angehörigen von Familien zusammensetzten, die herkömmlicherweise das Recht hatten, die Ihren in die Räte zu entsenden, oder ob infolge eines Umsturzes der praktizierten Stadtverfassung die Stadträte ganz oder zum Teil aus den Zünften kamen: es waren stets kleine Gruppen, deren Angehörige als ratsfähig betrachtet wurden. Innerhalb dieser Gruppen aber herrschte strikte Egalität. Wer es unternahm, die Herrschaft der Gruppe in die eines einzelnen umzuwandeln, wurde bestraft. Nicht selten bezahlten Ehrgeizige den Versuch, eine Art städtischer Tyrannis zu errichten, mit dem Leben: Heinrich Toppler 1408 in Rothenburg, Heinrich Rubenow 1462 in Greifswald, Ulrich Schwarz 1478 in Augsburg oder 1489 Hans Waldmann in Zürich. Fast hätte auch der Augsburger Peter Egen – oder von Argun – in diese Reihe gehört. Ihm gelang in letzter Minute die Flucht aus der Stadt.

Unsere Vorstellungen von der Verfassung spätmittelalterlicher Städte machen diese nicht selten harmonischer, als sie waren. Das ist ein Erbe aus dem 19. Jahrhundert. Das Bildungsbürgertum meinte damals, in den spätmittelalterlichen Städten Gemeinwesen entdeckt zu haben, die vieles von dem vorwegnahmen, was es sich von einem künftigen Verfassungsstaat, ja von Demokratie versprach. Ebenso wie das um eine neue soziale und politische Wirklichkeit kämpfende Bürgertum im 19. Jahrhundert mit einem im späten 18. Jahrhundert entstandenen Schlagwort gegen die Mächte des Feudalismus antrat, meinte man damals, auch im Mittelalter diese Kampffront auszumachen. Auf der einen Seite habe, so glaubte man, die schon damals zum Untergang verurteilte „feudale“ Welt gestanden, auf der anderen das fortschrittliche Bürgertum mit seinen nahezu demokratisch organisierten Städten. Die Erkenntnis, daß diese Städte tatsächlich von kleinen Gruppen regiert wurden, hätte die schöne Übereinstimmung von Vergangenheit, Gegenwart und erhoffter Zukunft unmöglich gemacht.

So faßt man mit diesen Angehörigen städtischer Oligarchien, die sich über die in diesen kleinen Gruppen herrschenden unausgesprochenen und nicht fixierten Egalitätsgebote hinwegzusetzen versuchten, einen nicht unbeträchtlichen Teil städtischer politischer Wirklichkeit des späteren Mittelalters. Gewiß war die Zahl derer, die in deutschen Städten so etwas probierten, nicht sehr groß, und auf Dauer ist ein solcher Versuch in Deutschland – ganz anders als in italienischen Städten – nicht gelungen. Doch das war kein Zufall, sondern die Folge davon, daß die Angehörigen der städtischen Eliten sich darin einig waren, diejenigen zu bestrafen, welche ihr Machtmonopol von innen her zu brechen drohten. Gegen Angriffe von außen, also von Stadtbürgern, welche jenen kleinen Zirkeln nicht angehörten, waren die Räte nicht ebenso erfolgreich – wenn man nicht darin, daß nach einem Sturz der traditionellen Verfassung die neuen Machthaber sich alsbald wiederum oligarchisch organisierten, ebenfalls einen Triumph der bestehenden Verhältnisse sehen will. Jedenfalls werden diese Verhältnisse – wie geschichtliche Strukturen auch sonst – in der „Ruhelage“ nicht so deutlich sichtbar wie in Krisensituationen. Solche Krisensituationen aber stellen nicht nur die bekannten Versuche von bisher nicht regierenden Stadtbürgern dar, die Stadtregierung zu übernehmen, sondern auch die weniger bekannten Fälle, in denen sich einzelne Angehörige aus dem Kreise der traditionell Mächtigen darum bemühten, ihre eigene Person an die Spitze der Stadt zu stellen.

Der Fall des Augsburgers Peter Egen endete, wie schon gesagt, nicht mit dem gewaltsamen Tod des ehrgeizigen Mannes. Doch kennt man diesen Hergang besser als ähnliche Fälle, weil ein Augsburger Chronist, Burkhard Zink, die Geschichte Peter Egens als ein Beteiligter und darüber hinaus als ein begabter Schriftsteller so dargestellt hat, daß man nicht nur Geschehnisse kennenlernt, sondern auch Kriterien, nach denen diese Geschehnisse beurteilt wurden. Der einzelne und sein Schicksal werden hier in einem ausführlichen subjektiven Zeugnis sichtbar. Wo man in anderen Fällen nur Urkunden hat oder die Zeugnisse derer, die den Ehrgeizigen umgebracht hatten und nun bemüht waren, ihre Tat zu rechtfertigen, also Schriftstücke zu produzieren, die man seit dem frühen 20. Jahrhundert Farbbücher nennt, hat man hier das Schicksal eines einzelnen, gespiegelt im Bericht eines Individuums.

Das könnte mißtrauisch machen. Will uns Burkhard Zink nicht einfach eine Greuelgeschichte – oder vielleicht das Gegenteil davon – erzählen? Dagegen kann man sich durch Quellenkritik schützen, und dazu muß man wissen, um wen es sich bei dem Autor handelt.

Burkhard Zink war 1396 in Memmingen geboren worden, als Sohn eines kleinen Kaufmanns. Sehr bald starb seine Mutter, und der Vater tat das, was auch Zink später in dieser Situation – zweimal – tun sollte: Er ging eine neue Ehe ein. So hatte Burkhard Zink eine Stiefmutter, und diese Stiefmutter erwies sich, wie im Märchen, als böse. Doch diese Übereinstimmung des Märchens mit der Wirklichkeit des 15. Jahrhunderts zeigt nur, daß die Märchen nicht selten ältere Sozialverhältnisse überliefern.

So verließ Burkhard Zink im Alter von elf Jahren die Heimatstadt, um in Krain, also in Slowenien, die Schule zu besuchen, wo ein Bruder seines Vaters Pfarrer war und für ihn sorgte. Doch behagte Burkhard Zink die Karriere, die der Onkel ihm zugedacht hatte, nicht. Er wollte nicht in Wien studieren, ging nach Memmingen zurück, begann eine Handwerkerlehre, die er aber bald verließ, zumal er mit achtzehn Jahren auch nicht mehr das typische Lehrlingsalter hatte. So ging er zu seinem Onkel, dem Pfarrer in Krain, zurück, doch der war in der Zwischenzeit gestorben und hatte seinen Besitz zum größeren Teil den eigenen vier Kindern vermacht – die er nach den Buchstaben des Kirchenrechts gar nicht hätte haben dürfen.

Burkhard Zink, mittellos und ohne rechte Ausbildung, war nun für einige Zeit ein „fahrender Schüler“; seine Lebensform kam der eines werdenden Kriminellen bedenklich nahe. Doch etwas hatte er immerhin gelernt. Er konnte schreiben, und so gelang es ihm, in Augsburg Fuß zu fassen. Dann aber beging er einen Fehler. Er heiratete, ohne sich der Zustimmung seines Prinzipals, eines Augsburger Kaufmanns, zu versichern. Wiederum halfen Burkhard Zink seine Schulkenntnisse. Er vermochte es, schön zu schreiben, und so hielt er sich mit Abschreibarbeiten für einen hochgestellten Augsburger Geistlichen über Wasser, und seine Frau trug durch Spinnen zum Lebensunterhalt der Familie bei. So viel bürgerliche Tüchtigkeit rührte den Kaufmann, der Zink eben entlassen hatte, oder brachte ihn zu der Vermutung, dieser tüchtige junge Mann könne ihm in seinem Geschäft nützlich sein. So wurde das alte Dienstverhältnis erneuert. Zink arbeitete als Beauftragter des Kaufmanns, wurde am Geschäft beteiligt, konnte kleine Rücklagen erübrigen und ein Haus erwerben. Er war auch in lukrativen öffentlichen Ämtern der Stadt tätig, so daß er es zu einem mittleren Vermögen brachte.

Die Lebensform, die Burkhard Zink schließlich fand, war ungeachtet der Gefährdungen, von denen seine Jugendjahre geprägt waren, durch bürgerlich-städtische Konformität bestimmt. Ganz folgenlos blieben die Abenteuer seiner Jugend jedoch nicht. Burkhard Zink wurde am Ende seiner Tage zum Geschichtsschreiber seiner Stadt und seiner selbst. Die Chronik, die er hinterlassen hat, erstreckt sich nicht nur zu einem beträchtlichen Teil auf die Jahrzehnte Augsburgs, die er selbst erlebt hatte, sondern auch auf seine eigenen Lebensschicksale. Das dritte Buch dieses Geschichtswerks stellt etwas dar, was man nicht zu Unrecht die erste Autobiographie eines deutschen städtischen Autors genannt hat.

Doch ist dieser Text „Autobiographie“ im strikten Sinne nur zum Teil. Burkhard Zink redet mehr von äußeren Geschehnissen als von der Entwicklung seiner eigenen Person. Aber er schreibt auch nicht, um sich auf eine Weise zu rechtfertigen, wie das später die Verfasser solcher autobiographischen Texte, die zuvor hohe Ämter innegehabt hatten, nicht selten tun sollten. Was sich hier zu Worte meldet, ist gewiß ein Individuum, aber doch ein Mann, der sich in die Normen einzuordnen bemüht, die seine Lebenswelt bestimmten. Burkhard Zink spricht, wenn er auswählt und wertet, für das, was im damaligen Augsburg und in den Städten der Zeit üblich war. So darf man damit rechnen, daß sein Bericht über Peter Egen uns nicht so sehr überliefert, was ein einzelner dazu meinte, sondern mehr, was damals in einem solchen Falle gedacht zu werden pflegte.

Auf der anderen Seite hatte Burkhard Zink Peter Egen etwas zu verdanken. So spricht hier nicht etwa ein Ideologe, der den Zusammenstoß eines ehrgeizigen städtischen Politikers mit der Stadt dadurch erklärt, daß er den am Ende Ausgestoßenen von vornherein als einen Bösewicht beschreibt. Was Egen für Zink getan hatte, wird in dessen Bericht durchaus sichtbar. Auf der anderen Seite hat Zink diese Dankbarkeit aber nicht korrumpiert und dazu verführt, Egen den Verstoß gegen das, was damals üblich war, nachzusehen.

Zunächst war Peter Egen aber ein in die Augsburger Verhältnisse fest eingebundener Mann, angesehen wie schon sein Vater. Dieser, Lorenz Egen, hatte im Jahre 1410 ein Hospital gestiftet, ein Altersheim für zwölf Männer. Eine solche Stiftung bezeugte die Frömmigkeit dessen, der das Kapital aufwandte, sie demonstrierte aber auch seinen Reichtum. Lorenz Egen, der Hospital-Stifter, muß ein sehr vermögender Mann gewesen sein. Als er 1418 starb, war sein Sohn Peter erst vier oder fünf Jahre alt, doch ist es diesem dennoch gelungen, Positionen in seiner Heimatstadt einzunehmen, die denen glichen, die sein Vater besetzt hatte. 1436 oder 1437, im Alter also von etwa sechsundzwanzig Jahren, wurde Peter Egen zum erstenmal einer der beiden Bürgermeister der Stadt, und zwar der Bürgermeister der Zünfte.

1368 war in Augsburg das traditionelle Geschlechter-Regiment nach einem Aufstand der bisher von der Stadtregierung ausgeschlossenen Bürger durch eine neue Ordnung ersetzt worden. Es wurden Zünfte gebildet, deren Repräsentanten zusammen mit Angehörigen der bisher regierenden Familien den Rat bildeten. Einer der Bürgermeister kam aus den Zünften, einer kam aus dem Kreis der alten Ratsfamilien. Daß Peter Egen, der Sohn nicht irgendeines Handwerkers, sondern eines reichen Augsburgers, Zunftbürgermeister wurde, läßt erkennen, daß auch in Augsburg 1368 nicht die Oligarchie durch eine Demokratie ersetzt worden war. Die Oligarchie hatte sich erneuert. Politische Repräsentanten der Zünfte waren nicht kleine Handwerksmeister, die sich die Zugehörigkeit zum Rat und die Übernahme der damit verbundenen städtischen Ämter gar nicht hätten leisten können, sondern nicht selten vermögende und angesehene Leute, die ihrem Lebenszuschnitt nach den Angehörigen der alten Familien näher standen als ihren Zunftgenossen.

Peter Egen hat das Amt des Zunftbürgermeisters mehrfach bekleidet. Er hat auch andere hohe städtische Ämter innegehabt, darunter das des Baumeisters, also des höchsten städtischen Finanzbeamten. Für das Ansehen und den Reichtum des Mannes spricht nicht zuletzt, daß König Friedrich III. 1442 auf seiner ersten Reise „ins Reich“ nach Frankfurt zum Reichstag und nach Aachen zur Königskrönung in Augsburg bei Peter Egen Quartier nahm und den Gastgeber belohnte. Der Lohn freilich bestand nicht in Geld, das Egen eher als der König gehabt hätte, sondern in einer Ehrung. Der König verbesserte Peter Egens Wappen und gestattete diesem, sich künftig statt Egen „von Argun“ zu nennen.

War also aus dem reichen Stadtbürger nun ein Adliger geworden? Die Grenze zwischen Adel und Nichtadel war bei den Angehörigen führender – besonders süddeutscher – städtischer Familien damals oft verschwommen. In Augsburg wie auch in Nürnberg gehörten die Vorfahren der regierenden Familien der Reichsministerialität an, also einer Sozialgruppe, die im ausgehenden Mittelalter zum Adel zählte. Andere Familien waren kaufmännischen Ursprungs. Doch ließ sich damals – und läßt sich heute – eine Grenze zwischen den einen und den anderen Familien oft nicht ziehen. Erst ganz am Ende des Mittelalters wurde scharf zwischen Nichtadel und Adel unterschieden. Auf der anderen Seite legten schon im späteren 14. Jahrhundert reiche städtische Patrizierfamilien Wert darauf, in ihrem Adel ausdrücklich anerkannt zu sein. Unterpfand dieser unzweifelhaft adligen Position konnten königliche Wappenverleihungen oder auch Erhebungen in den Adel sein. In diesen Zusammenhang gehört, was Friedrich III. seinem Augsburger Gastgeber 1442 zugestand.

Doch wurde damit keineswegs ein *homo novus* auf eine andere Ebene der Gesellschaft gehoben. Schon Lorenz Egen hatte Reichslehen besessen und über weiten ländlichen, also faktisch adligen Grundbesitz verfügt. So mag Peter von Argun durchaus im Einklang mit familiärem Herkommen gehandelt haben, wenn er nicht nur eine Verschronik der frühen, das heißt trojanisch-römischen Geschichte Augsburgs in Auftrag gab, sondern darüber hinaus einen Maler bezahlte, der sein eigenes Haus mit Bildern zur Augsburger Geschichte schmückte. Daß die Augsburger Geschichte römischen Ursprungs und die Stadt demnach älter als das Bistum sei, war damals städtische Herrschafts-Ideologie. Indem Peter von Argun sein eigenes Haus gewissermaßen zur Plakatwand für die Dokumentation dieser Ideologie machte, demonstrierte er, daß er zu denen gehörte, die die Stadt traditionell regierten.

Vielleicht sollte dieser Bilderschmuck aber auch verdekken, daß sich Peter von Argun mit den anderen, die die Stadt damals regierten, nicht immer einig war. Nach Unstimmigkeiten schon in den Jahren zuvor hat Peter von Argun, damals noch einmal einer der beiden Augsburger Bürgermeister, im Dezember 1450 mit der Ratsmehrheit sozusagen abgerechnet und seinen Ratskollegen vorgehalten, daß ihre Vorgänger schon mehrfach diejenigen, die sich im Dienste der Stadt aufgeopfert hatten, am Ende mit Undank belohnt hätten. Diese Rede muß eine Art von Fehdeansage gewesen sein. Am folgenden Tage erschien Peter von Argun noch einmal im Rat, doch als es auch jetzt zu keiner Verständigung kam, hat er die Stadt Hals über Kopf verlassen und sein Bürgerrecht aufgegeben.

Seinen Augsburger Besitz freilich behielt der einst so Mächtige, und so mußte nun eine Antwort auf die Frage gegeben werden, ob und in welchem Maße der nunmehrige Augsburger Nicht-Bürger Peter von Argun seinen Besitz in der Stadt nutzen durfte und wie hoch die Nachsteuer sein sollte, die er nach der Aufgabe des Bürgerrechts zu zahlen hatte. Man kann nicht recht sagen, in welchem Maße es hier um die Regelung eines strittigen Falls ging oder um Schikanen. Burkhard Zink zufolge, dem man hier durchaus trauen kann, wäre es in dieser Frage beinahe zu einer Einigung gekommen, wenn da nicht ein kleines „Pünktlein“ offengeblieben wäre.

Der Chronist verrät auch, was damals nicht geklärt werden konnte. Peter von Argun sollte, so schreibt er, bei künftigen Besuchen seiner Vaterstadt in einem Wirtshaus Quartier nehmen und nicht in seinem eigenen Haus, und dazu habe sich der einstige Bürgermeister nicht verstehen wollen. So habe dieser die Stadt vor dem Landgericht des Markgrafen von Brandenburg bzw. Burggrafen von Nürnberg verklagt, und die Stadt habe ihn vor das Gericht des Kaisers gezogen. Der Prozeß sollte sich bis zum Ende des Jahrzehnts hinziehen, bis weit über den Tod Peters von Argun hinaus, der schon im Jahre 1452 starb, und zwar in Wien, im Zusammenhang mit den Gerichtsverhandlungen. Das Gerücht, seine Augsburger Gegner hätten ihn umgebracht, sollte nicht auf sich warten lassen.

Dieses Gerücht pflegte sich im späteren Mittelalter jedoch fast immer einzustellen, wenn jemand eines unerwarteten Todes starb, der vorher einen politischen Rang gehabt hatte. So kann man im Einzelfall damit nichts anfangen. Der jähe Sturz, den der in jungen Jahren zu einer führenden Stellung in Augsburg gekommene Peter Egen im Jahre 1450 erlebt oder sich selbst zugezogen hat, wird denn auch nicht so sehr angesichts solcher Gerüchte sichtbar, wie vielmehr aus den Umständen seiner Bestattung.

Was sollte mit der Leiche des in Augsburg einst so mächtigen Mannes geschehen? In der Stadt wartete ein Erbbegräbnis auf ihn, die Kapelle des von seinem Vater gestifteten Hospitals, die – selbstverständlich – auch als eine Art von Ruhmeshalle der Stifterfamilie und als deren Mittelpunkt geschaffen worden war. Dem lebenden Sohn des Stifters war der Weg nach Augsburg seit 1450 verwehrt. Sollten sich die Stadttore auch seinem Leichnam verschließen? Der Augsburger Rat war zornig genug, diese Frage zu bejahen, die Rückkehr des toten Peter von Argun von einem besonderen Ratsbeschluß abhängig zu machen und darüber hinaus die Begräbnisfeierlichkeiten an demütigende Bedingungen zu binden. Die Totenzeremonien – also das, worauf mittelalterliche Stiftungen zugunsten von Kirchen und kirchlichen Einrichtungen am Ende vor allem zielten – sollten auf das äußerste Minimum dessen, was üblich war, beschränkt werden, und ein städtischer Vertreter kontrollierte überdies beim Begräbnis, ob die einengenden Vorschriften des Rates auch wirklich eingehalten wurden.

Die die Stadt regierende Elite war also gegenüber dem aus ihrer Mitte Ausgebrochenen auch jenseits des Todes nicht zur Versöhnung bereit. Doch was hatte Peter von Argun eigentlich zum Gegenspieler des Augsburger Rates gemacht? Was hatte der Rat ihm vorzuwerfen?

Mit Sicherheit kann man diese Fragen einstweilen nicht beantworten. Dafür bedürfte es eines Rückgriffs auf die nichtveröffentlichte Überlieferung. Doch erlaubt der Bericht Burkhard Zinks eine Antwort, die nicht nur vorläufig sein dürfte, da der Chronist, wie schon gesagt, von den Hergängen aus eigener Kenntnis wußte und andererseits so etwas wie der Repräsentant des städtischen common sense ist.

Burkhard Zink steht Peter Egen in seiner Chronik zunächst durchaus freundlich gegenüber, und dazu hatte er auch allen Grund, da ihm der mächtige Mann ja ein einträgliches Amt verschafft hatte. Doch ändert sich die Darstellungsweise des Chronisten von dem Augenblick an, da er von dem Namenswechsel Peter Egens berichtet und darstellt, wie aus diesem ein Peter von Argun wurde.

Dieser „verkehrte", so schreibt Zink, seinen Namen, den er zuvor doch alle Tage geführt und von seinem Vater ererbt hatte. Wo er den neuen Namen gefunden habe, in welchem Buch, so fährt der Chronist mit deutlicher Mißbilligung fort, wisse er nicht. „Ich denke aber, er habe sich lange Zeit darum bemüht." Der Wechsel des Namens und gewissermaßen auch des Standes stellt sich Zink als das Ergebnis längerer und auch gelehrt-genealogischer Spekulationen dar, aber gerade das fügte sich in den Rahmen dessen, was üblich war, ebensowenig wie die sichtbare Folge dieser Standeserhöhung, die man nun in den Kirchen der Stadt sehen konnte. Denn überall, wo sich das alte Familienwappen der Egen an den kirchlichen Ausstattungsstücken befand, die Peter Egen und seine Vorfahren gestiftet hatten, und das war, wie Zink ausdrücklich sagt, in allen Augsburger Kirchen der Fall, ließ Peter von Argun nun dieses Wappen beseitigen und durch das neue ersetzen. Das aber war keineswegs das Ende, so liest man bei Zink, sondern nur ein Anfang. „Da ihr nun gehört habt", so faßt Zink diesen Teil seines Berichtes zusammen, „wie reich und wie gewaltig (politisch mächtig) der erwähnte Bürger Peter Egen wurde, so begnügte er sich damit doch nicht, sondern wollte immer mehr politische Macht und Privilegien haben. Darum bemühte er sich heimlich und dachte sich einen Weg aus, der folgende Gestalt hatte".

Burkhard Zink versteht es, seinen Stoff kunstvoll darzubieten. Der Leser oder Hörer dieses Satzes weiß, daß die Tragödie nun unweigerlich ihren Lauf nehmen muß, und so lohnt es sich, hier einen Augenblick einzuhalten. Was meinte der Chronist mit seinem Schlüsselsatz?

Zink setzt plakativ gegeneinander, was in einer spätmittelalterlichen Stadt innerhalb der Führungsgruppe einer solchen Gemeinde erlaubt war und womit man auf der anderen

Seite die Grenze des Erlaubten überschritt. Reich, auch sehr reich sein durfte man selbstverständlich, und es war ebenso erlaubt, eine politische Position einzunehmen, die diesem Reichtum entsprach. Wenn Zink den Peter Egen als „reich und gewaltig“ bezeichnet, so ist mit dieser zweiten, im modernen Deutsch am besten als „politisch mächtig“ wiederzugebenden Bezeichnung die herausgehobene, dennoch aber legitime politische Position dessen gemeint, der über ein großes Vermögen verfügte. „Gewaltig“: In den Augsburger Quellen aus dieser Zeit findet man dieses Wort geradezu als einen besonderen Ausdruck für die Macht, die ein Vermögender legitim haben konnte. Illegitim war es jedoch, mehr zu wollen, mehr Gewalt anzustreben und eine gegenüber den anderen Angehörigen der regierenden Schicht privilegierte Stellung haben zu wollen. Peter von Argun wollte mehr „Freiheit“, so schreibt Burkhard Zink. Dieses Wort Freiheit meinte, wie in dem oben angeführten Zitat schon gesagt, nicht *libertas*, sondern *privilegium*. Peter von Argun strebte nach einer privilegierten Position innerhalb der städtischen Führungsgruppe. Schon das war problematisch. Vollends unerträglich waren seine Bemühungen aber deshalb, weil er das ganze heimlich vornahm und sich zu diesem Zwecke noch etwas Neues ausdachte.

Worin der neue, privilegierte Status, den Peter von Argun für sich beanspruchte, bestehen sollte, läßt sich auf der einen Seite rasch erklären. Es handelte sich, mit heutigen Begriffen gesagt, um Steuer-Präferenzen. Doch damit hat man nur einen geringen Teil dessen, was damals strittig war. Denn die Gegner des reichen und gewaltigen Mannes meinten, und zwar mit Recht, daß diese Steuer-Präferenzen nur der sozusagen technisch-finanzielle Kern eines umfassenderen Privilegiertenstatus sein sollten, den Peter von Argun für sich beanspruchte, und den zu konzedieren, waren sie nicht bereit.

So verweigerten sie auch die Steuer-Präferenzen, und so mutet der ganze Streit auf den ersten Blick etwas merkwürdig an – als habe hier ein Mißverhältnis bestanden zwischen dem Streitobjekt auf der einen Seite und der auf diesen Streit verwandten Energie auf der anderen. Auch Zink erweckt an der schon zitierten Stelle diesen Eindruck, da er ja von einem kleinen Pünktlein schreibt, welches die Parteien am Ende nur noch getrennt habe. In Wirklichkeit ging es aber um mehr als nur um Steuer-Präferenzen. Es ging um einen Verfassungskonflikt, es ging auch um die Ehre, wie gerade dieses Pünktlein zeigt, und es hätte leicht, wie früher in Rothenburg und bald darauf in Greifswald, im Augsburg des Ulrich Schwarz oder in Zürich um das Leben gehen können.

Zunächst aber muß man klären, was es denn mit den erwähnten Steuer-Präferenzen auf sich hatte. Was wollte Peter von Argun für sich und die Seinen? Es ging um die Frage, unter welchen finanziellen Bedingungen ein Bürger aus dem Bürgerrecht entlassen werden konnte. Es ging um die sogenannte Nachsteuer. Die Entlassung aus dem Bürgerrecht und demzufolge auch aus der Steuerpflicht konnte gerade Kaufleuten sehr erwünscht sein. Bei einem mehrjährigen auswärtigen Aufenthalt mußten sie Wert darauf legen, von den heimischen Steuerpflichten freizukommen. Die Stadt dagegen mußte darauf dringen, Wege aus der Steuerpflicht zu erschweren, denn andernfalls hätte die Gefahr bestanden, daß gerade im Falle finanzieller Krisen eine Steuerflucht einsetzte. Diese Gefahr aber wuchs in dem Maße, in dem reiche Stadtbürger Landbesitz außerhalb der Stadt erwarben. Sie konnten jederzeit, modern gesprochen, einen Teil ihres Landbesitzes als ersten Wohnsitz deklarieren, das Bürgerrecht aufgeben und sich auf diese Weise der städtischen Steuerpflicht entziehen – falls die Stadt solche Fluchtwege nicht versperrte.

Im Augsburg des frühen 15. Jahrhunderts war das ein aktuelles Problem. Die einschlägigen Bestimmungen des Stadtrechts sind damals in nur wenigen Jahren mehrfach verändert worden. Wie auch zu anderen Zeiten ließ sich eine allseits befriedigende Regelung nicht finden. Sobald man eine hinreichend scharfe, nämlich entweder konfiskatorische oder aber eine Lösung dergestalt gefunden hatte, daß man den Abzug aus der Stadt gänzlich verbot, erwies es sich, daß man zur Verwirklichung der neuen Regelung Ausnahmen brauchte, zumal wenn solche Regelungen *ad hominem* getroffen worden waren – in diesem Falle im Hinblick auf Peter von Argun.

Um zu verstehen, warum sich der große Verfassungskonflikt gerade an diese Frage ankristallisieren konnte, muß man noch zwei Umstände hinzunehmen. Man muß zum einen erwägen, daß man es hier mit mehr zu tun hat als nur mit einer Steuerfrage. Die Steuerpflicht war zu einem beträchtlichen Teil mit den Bürgerpflichten überhaupt identisch. Wer sein Bürgerrecht und seine Steuerpflicht aufzugeben wünschte, wechselte in den Augen seiner Mitbürger nicht nur den Wohnsitz und den Steuereinziehungsbezirk. Er verließ auch eine Schwurgemeinschaft.

Auch eine Stadtgemeinde des 15. Jahrhunderts konnte sich als Eidgenossenschaft erleben, und die Absicht eines prominenten Stadtbürgers, die Stadt seiner Familie und seiner Vorfahren zu verlassen, war gewiß einer jener Momente, welche dazu angetan waren, sich an das zu erinnern, was auch die Städte dieser Zeit im Kern immer noch waren, nämlich Schwurgemeinschaften, und das konnte, wie in unserem Falle, die Folge haben, daß aus dem Abzugswunsch eines solchen Bürgers eine erregte politische Diskussion in der Stadt und am Ende ein Verfassungskonflikt erwuchsen.

So etwas aber wurde dadurch gefördert, daß der Abzugswunsch eines Mannes wie Peters von Argun ja nur zuspitzte, was ohnehin in der Luft lag. Der reiche und gewaltige Mann, der nicht nur über adligen Grundbesitz verfügte, sondern auch über Reichslehen, der auf den Reichstagen die Stadt vertrat, dessen Wort von Fürsten und Königen gehört wurde, der gerade eben in dem großen Konflikt zwischen Zürich und den Eidgenossen eine so kompetente Schiedsrichtertätigkeit ausgeübt hatte, daß ihn noch dreieinhalb Jahrhunderte später der berühmte schweizerische Historiker Johannes von

Müller preisen sollte: Peter Egen bzw. nun von Argun, dessen Wappen nicht nur an seinem Hause am Augsburger Weinmarkt, sondern auch in allen Kirchen der Stadt glänzte – war er denn überhaupt noch ein Augsburger Bürger?

Und vermittelte ihm vielleicht nicht sein eigenes Gefühl das Bewußtsein, aus der Stadt hinausgewachsen zu sein, so daß sich von hier aus der Wunsch, die Stadt auch tatsächlich zu verlassen, auf gleichsam natürliche Weise ergab? Unter Bedingungen allerdings wollte der mächtige Mann zum Bleiben bereit sein, so daß sich für uns und vor allem für seine Zeitgenossen die Frage ergibt beziehungsweise ergab, ob es nicht gerade diese Bedingungen waren, worauf Peter von Argun in der Konfliktsituation zielte, nämlich die seiner Person und seinem Status angemessene privilegierte Position in der Stadt, die seine faktische und seine rechtliche Situation in Übereinstimmung gebracht und womöglich den Anfang einer noch viel weiter reichenden Sonderstellung bedeutet hätte.

Vielleicht wollte Peter von Argun einfach testen, was man ihm in der Stadt durchgehen lassen würde. Dafür hätte er allerdings Verbündete gebraucht. Wo man solche Verbündeten finden kann, liest man bei einem Spezialisten für derartige politische Verhältnisse, der freilich erst ein Dreivierteljahrhundert später geschrieben hat. Machiavelli schreibt, die Herrschaft eines einzelnen komme dadurch zustande, daß er zunächst mit Hilfe des Volkes die Mitherrscher beseitige. Wußte das Peter von Argun schon vorher?

Als der mächtige Augsburger zum ersten Mal, nämlich 1445, das Augsburger Bürgerrecht gekündigt hatte, da waren es die Zunftmeister im Rat, die einen Privilegiertenstatus für ihn durchsetzten. Er hatte ein so gutes Verhältnis zu ihnen, schreibt Burkhard Zink, daß sie ihm in allen Dingen zu Willen waren. Die Zunftmeister im Rat, deren Kreis der mächtige Mann nominell angehörte, meinten also, er sei nicht nur nominell einer der Ihren, und das spricht für ein nicht unbeträchtliches Geschick des mächtigen Mannes. Aber er war nicht nur bei den Ratsherren aus den Zünften angesehen. Als er sich nun zu Verhandlungen mit dem Stadtrat herbeiließ, empfingen ihn, berichtet Zink, die Ratsherren stehend und in einer Weise, „als ob er über Meer“ heimgekommen wäre, also von einem Pilgerzug ins Heilige Land.

An dieser Stelle schreibt Burkhard Zink offensichtlich tendenziös. Er übergeht zwar nicht, worum es tatsächlich ging, aber es kommt ihm doch vor allem auf sein Verständnis des Vorganges an. Er will zeigen, daß es Peter von Argun um einen besonderen Status ging, den er mit Hilfe der Zunftmeister durchsetzen wollte, und daß seine Pläne noch weiter reichten.

Die schriftliche Garantie des besonderen Bürgerrechts, die sich Peter von Argun damals vom Augsburger Rat ausstellen ließ, ist im Hinblick auf das, was damals wirklich vorging, etwas gesprächiger als der Bericht des Chronisten. Diese Garantie nennt vor allem die Begründung, die Peter von Argun vorgetragen hatte. Seine vielfachen städtischen Ämter, so hat der mehrfache Alt-Bürgermeister und Inhaber anderer städtischer Ämter damals gesagt, hätten ihn daran gehindert, für die Notdurft seiner Familie aufzukommen. Peter von Argun gab also vor, sich eine Fortführung seiner bisherigen Existenz nicht leisten zu können – und damit mag er nicht einmal unrecht gehabt haben. Denn die Ämter, die er innegehabt hatte und die seinesgleichen innehatten, kosteten in der Tat außerordentlich viel Zeit und infolgedessen auch Geld – es sei denn, daß diese Aufwendungen indirekt den eigenen Geschäften des Amtsinhabers zugute kamen. Doch dann wurde die Sache vollends heikel.

Auf der anderen Seite ging es aber nicht nur um die Verluste des Peter von Argun. Burkhard Zink hatte gewiß recht, wenn er in den Verhandlungen um die Nachsteuer und den freien Abzug aus der Stadt etwas Grundsätzliches sah. Man wundert sich deshalb, bei Zink nicht zu lesen, daß Peter von Argun sich damals auch die Freiheit aushandelte, weder zu den Herren, das heißt zu den nicht einer Zunft angehörenden alten regierenden Familien zu gehören, noch auch zu einer Zunft. Denn mit diesem Privileg war ja der besondere, die Augsburger Herrschaftsordnung von 1368 zu seinen Gunsten außer Kraft setzende Status des Peter von Argun am deutlichsten bezeichnet.

Der Fortgang der Sache läßt sich mit ein paar Sätzen skizzieren. Zunächst schien der Kompromiß von 1445 Bestand zu haben. Peter von Argun war wiederum zur Übernahme hoher städtischer Ämter bereit. 1447 und drei Jahre später, also 1450, wurde er noch einmal zum Bürgermeister gewählt. Doch während dieser letzten Amtsperiode kam es zum Eklat.

Der Anlaß dafür scheint im Bereich sozialpsychologischer Konflikte gelegen zu haben. Burkhard Zink erzählt, so möchte man meinen, die augsburgische Version der Geschichte von Romeo und Julia. Er berichtet von einem heimlichen Verlöbnis, das eine Pflegetochter Peters von Argun und ein Angehöriger der Augsburger Familie Langenmantel geschlossen hätten. Peter von Argun wollte sich dem nicht fügen. Er verheiratete seine Pflegetochter schleunigst nach Ulm, und als die Gegenseite auf der Rechtsgültigkeit des Verlöbnisses beharrte und die Sache vor den geistlichen Richter brachte, fielen auf beiden Seiten scharfe Worte.

Daß daraus ein Skandal erwuchs, überrascht nicht, denn in der alten Welt waren es nicht zuletzt Heiraten, die den Status der mächtigen Familien konstituierten, und so hat man es hier mit einem Feld zu tun, auf dem es rasch zu heftigen Konflikten kommen konnte. Nichts anderes ist ja auch der Hintergrund des erwähnten englischen Dramas.

In Augsburg hatte es Peter von Argun, wenn er mit den Langenmantel im Konflikt lag, mit einer Familie zu tun, die vornehmer war als die eigene. Was konnte es für eine solche Familie Schlimmeres geben als einen nicht ebenso vornehmen Augsburger, dem die Pflegetochter für den eigenen Sohn zu fein war? Das war eine Kriegsansage, und die richtete sich vielleicht gegen die Herrenfamilien insgesamt. Falls die Vorgehensweise Peters von Argun einem rationalen Kalkül entsprach, dann muß er seiner Sache sehr sicher gewesen sein. Doch ist die Frage, ob hier von einem solchen Kalkül die Rede sein konnte.

Jedenfalls möchte man Burkhard Zink durchaus glauben, wenn ihm zufolge die heftigen Beschuldigungen, welche die beiden Parteien vor dem geistlichen Gericht gegeneinander vorgebracht hatten, den Anlaß dafür gaben, daß Peter von Argun nun, zu Ende des Jahres 1450, zum zweitenmal dazu ansetzte, seiner Vaterstadt den Rücken zu kehren.

Peter von Argun muß damals eine verbitterte Rede im Augsburger Rat gehalten und abermals von seinen Leistungen für die Stadt und von dem Undank gesprochen haben, der ihm zuteil geworden war. Wenn er ein Prophet gewesen wäre, hätte er wiederum die Gelegenheit gehabt, Machiavelli zu zitieren. Der Florentiner spricht nämlich von dem Undank, den erfolgreiche Amtsträger zu erfahren pflegen, als von einer weitverbreiteten Sache, und er nennt auch die Ursache dafür. Sie heiße entweder Geiz oder Argwohn. Im zweiten Falle sorgten sich die Auftraggeber der erfolgreichen Amtsträger darum, daß diese die Herrschaft an sich reißen wollten.

So etwas hat man wohl auch im damaligen Augsburg gefürchtet. Denn diesmal war der Stadtrat Peter von Argun nicht zu Willen. Was dieser zu seinen Gunsten anführte, liest man bei Burkhard Zink, und so erfährt man, daß der unzufriedene gewaltige Mann nicht nur von den eigenen, sondern auch von den Verdiensten früherer Augsburger Amtsträger und von dem Undank sprach, den diese erfahren hatten. Den gewollten Eindruck erzielte er damit jedoch nicht. Dem Rat gefiel diese Beschimpfung seiner Vorgänger nicht, schreibt Zink, und das bedeutet angesichts der behutsamen Sprache, in dem die Angehörigen der Führungsgruppen miteinander umzugehen pflegten, eine heftige Mißbilligung.

Was weiter geschehen sollte, stand dahin. Peter von Argun, der eine der beiden Bürgermeister, hatte sein Bürgerrecht abermals aufgekündigt. Er wollte es nur aufrechterhalten, wenn sein ohnehin schon privilegierter Status noch verbessert würde. Am nächsten Morgen traf man sich noch einmal – es stand ein Strafprozeß zur Entscheidung an, und Bürgermeister und Rat konnten sich in dieser Sache einigen. Sie sprachen ein Todesurteil. Im Hinblick auf den viel kritischeren Streit vom Vortage kam es zu einer Einigung aber nicht. Peter von Argun hatte wohl die Einsicht gewonnen, er habe die Grenze des dem Rat Zumutbaren überschritten. Er fand keinerlei Entgegenkommen, versprach aber trotzdem, ohne Wissen des Rates nichts zu unternehmen.

An dieser Stelle war der Chronist unmittelbarer Zeitzeuge. Burkhard Zink hat Peter von Argun nämlich auf dem Heimweg aus dem Rathaus begleitet. Er hat auf den Kontrahenten des Rats offensichtlich auch eingeredet, aber er konnte doch nicht ungeschehen machen, was geschehen war. Peter von Argun setzte sich noch am selben Tage aufs Pferd und verließ die Stadt – bevor die Tore geschlossen wurden, so möchte man fortfahren, bevor ihm das Schicksal bereitet wurde, das Heinrich Toppler im Jahre 1408 erlitten hatte und das in Augsburg Ulrich Schwarz ein Dreivierteljahrhundert später ereilen sollte.

Im Falle von Ulrich Schwarz war manifest geworden, was sich in der Mitte des Jahrhunderts in Gestalt der bis zum Ende teilweise verdeckten Absichten Peters von Argun nur als Gefahr angedeutet hatte. Doch auch eine solche Gefahr konnte dem, der sie herbeigerufen hatte, gefährlich werden. Die überstürzte Flucht des Mannes erscheint keineswegs übertrieben.

Das erwies sich an den folgenden, schon erwähnten rechtlichen Auseinandersetzungen. Ein Schiedsurteil zwischen Peter von Argun und der Stadt kam nicht zustande, eine Vorladung vor das Landgericht der Zollern ließ die Stadt sich nicht gefallen, und eine Entscheidung vor dem kaiserlichen Kammergericht sollte Peter von Argun nicht mehr erleben.

Doch würde man diesen Streit verkennen, wenn man in

ihm nur einen Konflikt zwischen Verfassungsprinzipien sähe. Es ging auch um die beteiligten Personen und um ihre Ehre. Man sieht das dort, wo Zink, wie schon gesagt, von einem kleinen Pünktlein spricht, das zwischen den Parteien noch strittig war. Was meinte er damit? Zink sprach von der Forderung der Stadt, daß sich der nunmehrige Nicht-Bürger Peter von Argun bei künftigen Besuchen in Augsburg nicht in seinem Haus aufhalte, sondern als Auswärtiger in einem öffentlichen Gasthaus. Dazu war Peter von Argun nicht bereit. Scheute er die Rechnung des Gastwirts? Das dürfte die Ursache des Scheiterns der Einigung an dieser Stelle nicht gewesen sein. Der Grund dafür, daß ein Kompromiß nicht zustande kam, bestand vielmehr darin, daß hier eine Art von Stellvertreterkrieg geführt wurde. Das Exempel dafür aber war nicht schlecht gewählt. Obwohl die Forderung des Augsburger Rats sich auf die damals in diesem Zusammenhang gültigen Normen durchaus stützen konnte, war sie doch geeignet, Peter von Argun eine Demütigung von grundsätzlicher Bedeutung zuzumuten, und so war sie gewiß auch gemeint.

Das alte Zusammenspiel des gewaltigen Mannes mit den Zünften wollte nicht mehr gelingen, wie sich im Jahre 1452 endgültig erweisen sollte. Damals hatte Peter von Argun von den Augsburger Zünften sicheres Geleit gefordert, um sich vor ihnen angesichts der gegen ihn in der Stadt erhobenen Anschuldigungen rechtfertigen zu können. Die Augsburger Zünfte faßten dieses Ansinnen jedoch als das auf, was es war, nämlich als eine Aufforderung zum Verfassungsbruch. Sie antworteten streng legalistisch. Für ein sicheres Geleit, so mußte sich der Alt-Bürgermeister von den Augsburger Zünften sagen lassen, seien nicht sie zuständig, sondern vielmehr der Rat.

Dieses so deutlich veränderte Kräfteverhältnis läßt verstehen, warum der Rat in Augsburg darauf bestehen konnte, Peter von Argun dürfe die Stadt künftig nur noch als Gast betreten, müsse also in einem Augsburger Gasthaus logieren.

Um aber zu begreifen, warum mit dieser Entscheidung eine Demütigung Peters von Argun intendiert wurde, muß man erklären, warum dieser beleidigt sein konnte, wenn man ihn auf ein Augsburger Gasthaus verwies. Bis zu einem gewissen Grade konnte Peter von Argun beleidigt sein, weil er sich überhaupt Regelungen unterwerfen sollte, die für jedermann galten. Konnte er nicht beanspruchen, von solchen Regelungen ausgenommen zu werden? Und mußte es nicht in seinem Falle, im Falle eines Mannes, der ein repräsentatives Haus im Augsburger Zentrum besaß, ein Haus, in dem der König Quartier genommen hatte, besonders demütigend sein, statt dessen ein öffentliches Gasthaus zu bewohnen? Diese Frage wird man gewiß bejahen können.

Doch kam noch etwas anderes hinzu, nämlich die Gesellschaft, in die derjenige geriet, der in einem öffentlichen Gasthaus logierte. Ein solches Gasthaus war damals nicht nur ein Notbehelf für Unbehauste, sondern auch ein Ort der Strafrechtspflege. Im öffentlichen Gasthaus lebten die, die zum Einlager verurteilt waren, logierten säumige Schuldner und diejenigen, die sich für eine Forderung verbürgt hatten oder sich zu verbürgen genötigt waren, indem sie die Zusicherung gaben, notfalls auf eigene Kosten in einem derartigen Hause so lange auszuharren, bis die verbürgte Forderung erfüllt war – es sei denn, daß man ihnen, weil sie Ehrenmänner waren, das öffentliche Gasthaus ersparte und sie zum „Einlager“ im eigenen Wohnhaus verpflichtete. Das öffentliche Gasthaus wäre aus diesem Grunde ein zweifelhafter Ort gewesen, und ein Peter von Argun, der sich auf ein Gasthaus gerade in Augsburg als Quartier eingelassen hätte, hätte seine Kapitulation eingestanden. Da das seine Gegner wußten, haben sie mit ihrer Forderung diese Kapitulation offensichtlich erzwingen wollen.

So versteht man die Schärfe der rechtlichen Auseinandersetzungen, die nun folgten, gut. Zusätzliche Nahrung jedoch erhielten diese Auseinandersetzungen dadurch, daß sehr rasch über die strittige Situation Peters von Argun, über ein gewissermaßen inneres Verfassungsproblem der Stadt Augsburg hinaus die Stellung der Stadt insgesamt tangiert war, und das ist der zweite Sachverhalt, der hier erwähnt werden muß.

Peter von Argun klagte nicht nur in eigener Person gegen die Reichsstadt Augsburg. Für ihn setzte sich auch die Rittergesellschaft mit St. Jörgenschild ein, der große süddeutsche Adelsbund, dem er angehörte. Oder umgekehrt: Peter von Argun hatte die Führung dieses Adelsbundes dazu gebracht, ihn zu unterstützen. Im einen wie im anderen Falle barg der nun auf eine allgemeinere Ebene gehobene Streit die Gefahr, zu einer überregionalen Auseinandersetzung zwischen den um ihre Unabhängigkeit bemühten Städten auf der einen Seite und Adel und Fürsten auf der anderen zu werden – so wie das zur selben Zeit in Gestalt des Städtekrieges geschah, ursprünglich nur einer Fehde zwischen Markgraf Albrecht Achilles von Brandenburg und der Stadt Nürnberg, die in den Jahren 1448 bis 1453 jedoch zu einer prinzipiellen Auseinandersetzung zwischen Städten und Adel und Fürsten wurde, namentlich durch den Markgrafen selbst.

Wenn Peter von Argun nun ausgerechnet die Gesellschaft mit St. Jörgenschild gegen seine Vaterstadt ins Feld führte, hantierte er sozusagen mit der Lunte am Pulverfaß, und das galt um so mehr, als es das Gericht des Markgrafen Albrecht war, vor dem der Streitfall zwischen der Stadt und ihrem einstigen Bürger nach dessen Willen entschieden werden sollte. Denn es war gerade dieses Reichsgericht, mit dessen Hilfe Markgraf Albrecht damals versuchte, seine weitreichenden territorialpolitischen Pläne gegen Nürnberg und die anderen süddeutschen Reichsstädte voranzutreiben und eine Politik zu befördern, durch die sich auch eine Stadt wie Augsburg in ihrer Reichsfreiheit bedroht sehen mußte.

Daß sich Peter von Argun bereit fand, gerade diesen Weg zu gehen, zeigt, wie sehr er sich von seiner Heimatstadt, ja von städtischer Politik überhaupt gelöst hatte, und so wird hier noch einmal sichtbar, daß es in seinem Falle nicht nur um Steuerpräferenzen oder Ehrenvorrechte ging. Es ging ohne Zweifel um die Herrschaft in der Stadt, um die Frage, ob weiterhin die traditionellen städtischen Eliten diese Städte regieren sollten oder einzelne, die aus diesen Eliten herausgewachsen waren.

Diese Frage aber mußte nicht nur im Augsburg des mittleren 15. Jahrhunderts entschieden werden, sondern auch in anderen Städten und zu anderen Zeiten. Am Ende haben Peter Egen und seinesgleichen einen Erfolg nicht gehabt. Die städtische oligarchische Verfassung hielt ihnen stand. Doch erweisen sich die Qualitäten dieser Verfassung gerade in solchen Situationen. Und die Vorstellungen, die wir von der Wirklichkeit spätmittelalterlicher deutscher Städte haben, werden realistischer, wenn man nicht die Versuche einzelner Mächtiger übersieht, die Grenzen der praktizierten Stadtverfassung zu überschreiten.

Ein Bürgersohn
wird Kirchenfürst

Die Geschichte des rigischen Erzbischofs Sylvester Stodewescher (1448 – 1479) bietet ein Beispiel für Karrieren, wie sie damals nur die Kirche bot. Nicht alle Domkapitel waren so zusammengesetzt wie das Straßburger, über das Erasmus von Rotterdam spöttisch bemerkte, daß Christus ihm nicht hätte angehören können. Im Norden des Reiches kamen viele Domherren und Bischöfe aus nichtadligen Familien. Im Falle Stodeweschers war es der Deutsche Orden, der den aus Thorn gebürtigen Bürgersohn auf den Stuhl der Erzbischöfe von Riga brachte. Die Herkunft des künftigen Kirchenfürsten dürfte dabei nicht von Bedeutung gewesen sein. Alles kam vielmehr darauf an, daß der Orden sich auf den neuen Erzbischof verlassen konnte, denn dieser Wechsel auf dem Erzstuhl sollte den Orden endlich an das Ziel seiner jahrzehntelang verfolgten Wünsche bringen und das Erzstift Riga dem Herrschaftsbereich des Ordens einfügen.

Der Regierungsantritt des Erzbischofs Sylvester im Jahre 1449 gehört also in einen hochpolitischen Zusammenhang, den man kennen muß, wenn man die Situation des Mannes und den Brief, in dem diese sichtbar wird, verstehen will. So muß hier von diesem Zusammenhang die Rede sein, obwohl es nicht um ihn gehen soll, sondern um die Situation des Erzbischofs, wie er sie am 5. Juli 1449 seinem Auftraggeber, dem Hochmeister des Deutschen Ordens, beschreibt. Dieser Brief ist ein einzigartiges Dokument. Es gibt nur wenige Texte aus dem Mittelalter, in denen sich ein Mensch so unmittelbar über seine Furcht und seine Hoffnungen ausläßt und uns über den Abstand von einem halben Jahrtausend hinweg unmittelbar anrührt: ein Zeugnis der condition humaine – aber nicht nur das. Denn dieser Brief steht ja auch für eine verfassungs- und sozialgeschichtliche, ja vielleicht mentalitätshistorische Situation. Wer ihn liest, sieht sich in den Dialog mit einem Manne einbezogen, der im Begriff ist, ein anderer zu werden. Hier schreibt noch die, wie Stodewescher selbst sagt, „Kreatur“ des Hochmeisters, doch kann man hinter den demütigen Formeln – die der Schreiber gewiß ganz ehrlich meint – bereits den Kirchenfürsten vernehmen, der dem Hochmeister bald als ein Gleicher gegenübertreten, später mit ihm im Kriege liegen und endlich in einem Kerker des Deutschen Ordens enden wird.

Daß der Deutsche Orden und die Erzbischöfe von Riga immer wieder zusammenstießen, erklärt sich aus den Anfängen der Mission und der deutschen Besiedlung Livlands, also daraus, daß der Orden hier nicht der erste gewesen war, sondern sich als Nachfolger des Schwertbrüderordens etablierte, der vom Bischof von Riga abhängig gewesen war. So kam es, daß in Preußen die Bischöfe und die Domkapitel dem Orden angehörten oder von ihm abhängig waren, während er es in Livland mit unabhängigen Kirchenfürsten zu tun hatte. Diese stützten sich ihrerseits auf eine Stiftsritterschaft, also auf einen Landes-Adel, den es in Preußen nicht gab, wurden aber auch von diesem bedrängt.

Die Versuche des Ordens, in Livland gewissermaßen preußische Verhältnisse zu schaffen, führten immer wieder zu gewaltsamen Auseinandersetzungen, aber auch zu Versuchen des Erzbischofs wie des Ordens, die päpstliche Kurie für die eigenen Ziele einzusetzen. Im Jahre 1393 hatte der Papst den damaligen Erzbischof von Riga zum Patriarchen von Alexandria ernannt, ihn also fallenlassen und statt seiner den Neffen des damaligen Hochmeisters, Johannes von Wallenrod, als Erzbischof von Riga eingesetzt und das Domkapitel in den Deutschen Orden inkorporiert. Doch damit hatte der Orden nur für einen Augenblick das Ziel seiner Wünsche erreicht. Der Hochmeister-Nepot wollte sich mit der ihm zugedachten subalternen Rolle offensichtlich nicht abfinden. Nachdem er das Erzbistum zunächst gegen eine Rente an den Orden selbst abgetreten hatte, gelang es ihm, der während des Konstanzer Konzils als Vertrauter König Siegmunds zu einer politisch führenden Gestalt geworden war, Riga gegen das finanziell ergiebige Bistum Lüttich zu tauschen. Der Papst aber setzte den bisherigen Bischof von Chur, Johannes Ambundii, auf den Rigaer Erzstuhl und ließ damit erkennen, daß er die Inkorporation des Domkapitels in den Deutschen Orden als nicht mehr gegeben ansah, und der neue Erzbischof bemühte sich mit Erfolg darum, die alte Selbständigkeit wiederherzustellen. Seit 1436 gehörte das Domkapitel von Riga dem Deutschen Orden definitiv nicht mehr an. Dieser mußte also gewissermaßen von vorn beginnen, und das hat er auch getan. Er setzte am römischen Hof die ihm zur Verfügung stehenden diplomatischen und finanziellen Mittel ein, um beim nächsten Wechsel auf dem Erzstuhl in Riga einen Mann der eigenen Wahl durch das Ziel zu bringen. Am Ende waren die Ereignisse allerdings schneller als die diplomatische Kunst des Deutschen Ordens.

Als am 5. April 1448 Erzbischof Henning von Scharpenberg starb, war der Deutsche Orden zwar nicht unvorbereitet, aber doch längst nicht am Ziel. Er mußte also auf einigermaßen überstürzte Weise versuchen, dem Papst einen Nachfolger zu präsentieren. So handelte er schnell, und so hatte er Erfolg. Schon am 9. Oktober – und das heißt sehr bald, denn ein Bote, der einen Brief von der Marienburg nach Rom brachte, brauchte dafür acht Wochen – ernannte der Papst zum Erzbischof von Riga diesmal nicht den Neffen des Hochmeisters, sondern seinen Hofgeistlichen und obersten Schreiber, eben Sylvester Stodewescher. Das Domkapitel von Riga, angesichts des unerwarteten Todesfalls gleichfalls zu raschem Handeln genötigt, wählte den Bischof von Lübeck, Nikolaus Sachow, zum neuen Erzbischof, doch hatte es damit einen schlechten Griff getan. Der Erwählte zeigte keine Neigung, seine sichere, wenn auch bescheidene Position in Lübeck – die Einkünfte des Erzbischofs von Riga waren fast dreimal so hoch wie die des Bischofs von Lübeck – zugunsten einer so unsicheren und gefährlichen Chance aufzugeben. In Riga meinte man zu wissen, daß der Lübecker Kirchenfürst seine sichere Position mit den Worten erklärt habe, er habe zwar *nicht vele kuh*, doch *habe her ouch nicht vele muh*.

Sylvester Stodewescher aus Thorn hatte seit 1427 in Leipzig studiert. Sechs Jahre später war er dort zum Magister artium promoviert worden. Ob er danach die Rechte oder die Theologie studiert hat, weiß man nicht. Offensichtlich hat der Hochmeister aber das Studium des Thorner Bürgersohns finanziell unterstützt – ebenso wie in anderen Fällen. Der Deutsche Orden bemühte sich damals darum, bestimmte Ämter mit akademisch Gebildeten zu besetzen. Seit 1441 kennt man Stodewescher als Hofgeistlichen und führenden Schreiber – als Kanzler – des Hochmeisters. Er gehörte jetzt dem Deutschen Orden als Priesterbruder an.

So hatte der Orden allen Grund zu der Hoffnung, diesmal zu einem besseren Erfolg zu kommen als 1393. Statt eines Hochmeister-Nepoten gelangte nun einer der engsten Vertrauten des Hochmeisters und zudem ein Ordensbruder auf den Erzstuhl von Riga. Obwohl die Eingliederung des Domkapitels in den Orden – also die Verpflichtung der Domherren, dem Orden ebenfalls als Priesterbrüder anzugehören – weiterhin aufgehoben sein sollte und der Erzbischof dem Kapitel entsprechende Zusicherungen gemacht hatte, konnte der Hochmeister doch darauf bauen, der Bürgersohn und fürstliche „Schreiber“ werde seinen Auftrag zuverlässiger erfüllen als der ein halbes Jahrhundert zuvor nach Riga entsandte adlige Hochmeisterneffe. Überdies führte der neue Erzbischof die genauen Aufträge des Ordens nicht nur in seinem Kopfe nach Riga mit. Er hatte sich gegenüber seinem bisherigen und – mit Rücksicht auf seine eigene Zugehörigkeit zum Orden – ja auch jetzigen Vorgesetzten, dem Hochmeister, vielmehr ausdrücklich und schriftlich verpflichten müssen, in Riga Politik im Sinne des Ordens zu machen. Vor allem aber hatte Stodewescher einen Schuldschein in der Marienburg hinterlassen. Am 19. Mai 1449 hatte er versprochen, dem Hochmeister die bisher für die eigene Ernennung zum Erzbischof vor allem an der römischen Kurie bezahlten Gelder, 4156 Rheinische Gulden, ebenso zu erstatten wie weitere Kosten und die Zinsen. Insgesamt sollte die Kostenrechnung später 6240 Gulden betragen. Daß der Erzbischof für diese Kosten selbst aufkommen, daß anders gesagt, die Kirche von

Riga ihre Eroberung durch den Deutschen Orden selbst bezahlen sollte, ist nicht weiter ungewöhnlich. Ein solches Verfahren war bei derartigen Pfründgeschäften damals üblich, und auch der Orden hatte es schon früher angewandt. So sind die weiteren Verpflichtungen, die der Erzbischof auf sich genommen hatte, interessanter, auch wenn man schriftlich nur sein am selben Tage ausgefertigtes Gelöbnis kennt, das Ordenskleid niemals abzulegen, also stets Priesterbruder des Ordens zu bleiben, und dafür zu sorgen, daß auch die Domherren von Riga Deutschordensbrüder werden würden. Damit verpflichtete sich Stodewescher dazu, die so kritische Habitfrage, also den Kern des zwischen dem Erzstift und dem Orden strittigen Komplexes, im Sinne des Ordens zu lösen, und er fügte hinzu, daß er dem Hochmeister, dem Meister des Ordens in Livland und dem Orden insgesamt mit Rat und Hilfe in allen Dingen beistehen wolle.

Diese Verpflichtung gleicht Versprechungen, wie sie fürstliche Räte damals bei ihrer Bestallung abgaben. Dennoch ist eine solche Erklärung nicht ungewöhnlich. Der Kirchenfürst als Rat eines mächtigeren weltlichen Fürsten kommt in dieser Zeit durchaus vor – zum Beispiel in Tirol oder in der Mark Brandenburg. Der Erzbischof von Riga hatte eine solche Position bisher nicht eingenommen. Würde er das künftig tun? Dafür sprachen die Urkunden, mit denen der Hochmeister sich gegenüber seinem Schützling abgesichert hatte und die er zu besserer Sicherheit auch dem livländischen Ordensmeister zukommen ließ. Allerdings widersprachen die Urkunden jenen Dokumenten, in denen die Einigung zwischen Stodewescher und seinem Domkapitel niedergelegt worden war.

Woran würde sich der Erzbischof künftig halten? Würde er überhaupt Gelegenheit haben, sich für die eine oder für die andere Seite zu entscheiden? Das mußte er sich fragen. Hatte er, der dem Erzstift nicht nur von außen, gegen den Willen des Domkapitels aufgezwungene Erzbischof, sondern zudem der Agent von dessen größtem Gegner, nicht allen Anlaß, auf der Hut zu sein? Mußte er nicht um sein

Leben fürchten, sobald er die Grenzen des Erzstifts passiert hatte?

Das alles war Sylvester Stodewescher vollkommen bewußt – wie man aus seinem schon erwähnten Brief erfährt, den er seinem Auftraggeber am 5. Juli 1449, kurze Zeit nach seiner Ankunft in Riga, geschrieben hat. Die Gefühle, die Ängste und die vorsichtigen Hoffnungen, die den eben eingesetzten Kirchenfürsten erfüllten, werden hier ganz unmittelbar sichtbar, und das ist um so bemerkenswerter, als die Situation Stodeweschers so heikel war, wie man nur denken kann. Der Kirchenfürst hatte allen Anlaß, seiner ersten Begegnung mit den Repräsentanten seines Fürstentums sorgenvoll entgegenzusehen und zu befürchten, dieser erste Kontakt zwischen ihm und seinen Untertanen werde nicht nur der letzte sein, sondern zudem sein eigenes Ende bedeuten. Die Zeremonien, welche mit der Etablierung eines neuen Erzbischofs von Riga verbunden waren, hätten in der Tat die Gelegenheit geboten, die Inthronisation des Fürsten mit seiner Ermordung zu verbinden. Dabei hätte es keineswegs jener komplizierten Machinationen bedurft, welche die Beseitigung heutiger Tyrannen so schwer machen. Eine Notwendigkeit, zum Beispiel Sprengstoff irgendwo versteckt zu deponieren, bestand nicht. Und auch Leibwächter hätten nicht überwunden werden müssen. Damals wurden bei repräsentativen Feierlichkeiten blanke Waffen gezückt, die ohne weiteres in Aktion hätten treten können. Die meisten bei den Festlichkeiten verwendeten Waffen waren keine Zeremonial-Geräte, sondern sie wurden nur als solche verwandt. So hatte Stodewescher allen Anlaß zu der Sorge, daß die Zeremonialwaffen als Waffen genutzt werden würden und die Ehrung des Erzbischofs mit seiner Ermordung enden würde. In diesem Zusammenhang sprach Stodewescher in seinem Brief an den Hochmeister davon, daß er, der „Schreiber", den Anblick bloßer Waffen nicht gewohnt sei und deswegen Furcht ausgestanden habe.

Zunächst freilich hatte sich der Erzbischof über den Ernst

seiner Situation offensichtlich hinweggetäuscht. Von einer Station seiner Reise nach Riga, aus Brandenburg am Frischen Haff, hatte er dem Hochmeister am 30. Mai einen Brief geschrieben, in dem er die Hoffnung ausdrückte, seine Aufträge ausführen zu können. Der Hochmeister hatte dem Erzbischof noch einige Urkunden, aber auch einige kirchliche Ausstattungsstücke, um welche dieser gebeten hatte, nachgesandt, darunter ein vergoldetes, mit Edelsteinen und kostbaren Reliquien ausgestattetes Kreuz. Stodewescher hatte sich für diese in geistlicher wie in materieller Hinsicht wertvolle Gabe wohl in der angemessenen Weise bedanken wollen, und so hat er nicht nur rhetorisch geformte Worte gebraucht, sondern auch den Versuch unternommen, prägnant zusammenzufassen, was der Hochmeister bisher für ihn getan hatte.

Auch zweifle er nicht, so schrieb der einstige Kanzleivorsteher und Hofgeistliche des Ordenshochmeisters, Gott der Allmächtige, den er hierum auch immer bitten wolle, werde den Hochmeister auf Erden und im Himmel für das belohnen, was dieser an *seyne unde euwer creature geleget* habe. Gott und der Ordenshochmeister erscheinen in dieser Formulierung sozusagen als Kollegen. Der eine, Gott, hat den Menschen und der andere, nämlich der Hochmeister, hat den Erzbischof Sylvester Stodewescher geschaffen, und so ist dieser Gottes wie auch des Hochmeisters Geschöpf. Doch eigentlich ist er nur des Hochmeisters Geschöpf, und Gott verdient eine Nennung in diesem Zusammenhang nur deshalb, weil es eine Sünde gegen ihn wäre, wenn der Erzbischof verkennen würde, daß er eine Kreatur des Hochmeisters ist. Ihm scheine, so fährt der Erzbischof nämlich fort, daß er, des Hochmeisters Kreatur, unbillig auch gegen Gott und seinen, also den Deutschen Orden handeln würde, falls er nicht nach allen Kräften die Gnade und die Gunst, die er empfangen habe, vergelten wolle. Er werde, schreibt Stodewescher weiter, nicht eher in seinem Sinne zur Ruhe kommen, bevor er nicht des Hochmeisters und seines Ordens Ehre und Ziel nach allen Kräften durchgesetzt habe.

Man täuscht sich wohl nicht, wenn man in diesem Brief einen ziemlich unmittelbaren Ausdruck dessen zu erkennen meint, was den eben zum Erzbischof ernannten Vertrauten des Hochmeisters während seiner Reise nach Riga bewegte. Doch wie sollte es weitergehen? Darauf gibt der schon erwähnte Brief vom 5. Juli eine Antwort.

Dieser Brief bezeugt zunächst einen Überraschungssieg. Der Hochmeister erfuhr, daß sein Hofkaplan nicht nur am Leben geblieben, sondern am Ende geradezu freundlich aufgenommen worden war. Ganz ohne Schwierigkeiten war die erste Begegnung des Kirchenfürsten mit seinem Volk jedoch nicht abgegangen. Ohne Angstschweiß hatte er die ersten Tage nicht verbringen können. So mischen sich in seinem Brief Erleichterung und nachträglich formulierte Sorge, ja Angst auf eigentümliche Weise. Und es kommt hinzu, daß der einstige Schreiber und Hofgeistliche nun zum ersten Mal selbst im Zentrum feierlicher weltlich-geistlicher Zeremonien stand. Daran konnte er sich nicht so schnell gewöhnen, und so spricht er nicht nur von dem, was ja eigentlich selbstverständlich gewesen wäre, sondern auch von seinen Gefühlen. Er schäme sich fast, so schreibt er, zu berichten, in welcher Weise die Deutschordensgebietiger, und das heißt: die führenden Ordensritter, die bisher die Vorgesetzten des Ordenspriesters Stodewescher gewesen waren, und die preußischen Prälaten ihn persönlich auf seinem Wege nach Riga geehrt hätten. Ebenso sei es ihm in Livland ergangen, wo der Komtur von Goldingen mit vielen Ordensvögten und anderen Amtsinhabern des Ordens ihm entgegengekommen sei. Der Komtur selbst habe sich acht Tage lang persönlich um seine Bewirtung bemüht.

Der Erzbischof vermerkt noch eine Reihe von ähnlichen Empfangszeremonien. Wer ihm bis zu welcher Stelle entgegenkam und was ihm bei solcher Gelegenheit dargereicht wurde, teilt er dem Hochmeister genauestens mit.

Soll man hier sozialpsychologisch argumentieren und dem Erzbischof vorrechnen, daß er, der „Aufsteiger“, selbstverständliche Ehrenbezeugungen für etwas Besonderes hielt? Das wäre ein Mißverständnis. Denn so selbstverständlich die Ehrungen und Zeremonien, die dem Erzbischof bei seiner Inbesitznahme des Stifts Riga nun zuteil wurden, auch waren: jeder dieser Akte hatte eine rechtliche Bedeutung, wie gerade der einstige Kanzleivorsteher des Ordenshochmeisters wußte. Ob es ihm gelingen würde, die Aufträge, die ihm sein Fürst nach Riga mitgegeben hatte, zu erfüllen, das mußte sich zunächst an den Ehrungen erweisen, die man ihm zuteil werden ließ – oder verweigerte. So hat sein diese Ehrungen im einzelnen aufzählender Brief den Charakter eines Rechenschaftsberichtes.

Der spätere Leser erfährt aus dieser Beschreibung aber nicht nur, ob Sylvester Stodewescher seinem Auftrag gerecht wurde. Er erfährt, wie man damals überhaupt einen Erzbischof in seiner Domstadt empfing. Im allgemeinen weiß man, wie so etwas vor sich ging, nämlich in Anlehnung an das königliche Zeremoniell, das seinerseits auf hellenistische Zeremonien zurückging. Was mit einem Erzbischof bei einer solchen Gelegenheit aber im einzelnen geschah, weiß man aus anderen Quellen so genau nicht.

Im übrigen prägen die subjektiven Empfindungen des so jäh aufgestiegenen Gelehrten stadtbürgerlicher Herkunft diesen Bericht, was ihn noch interessanter macht. Wenn man hört, wie nach der Zusammenkunft zwischen dem Erzbischof und den Repräsentanten des Ordens die ersten Begegnungen zwischen ihm und den Vertretern seines Stifts verliefen, wenn man liest, daß Dompropst, Domherren und Ritterschaft dem Erzbischof einen Kaplan mit Silbergerät, wertvollen Büchern und anderen Kleinodien entgegensandten, daß eine besondere Feierlichkeit unmittelbar vor Riga auf einem Schiff stattfand, das mit kostbaren Textilien bekleidet und innen reichhaltig ausgestattet worden war, dann hat man darin nicht nur Zeugnisse für die aktuellen Machtverhältnisse, sondern man erfährt auch etwas von den Gefühlen des Schreibers. In einem solchen Schiff, so läßt er den Hochmeister wissen, hätten auch Papst und Kaiser fahren können. Das klingt wie ein Märchen. Der Vorsteher der Marienburger Kanzlei sieht sich plötzlich auf die Höhe von Papst und Kaiser erhoben. Aber es handelt sich dabei um kein Märchen, sondern nur um die Geschichte des Erzbischofs Sylvester Stodewescher oder, wie ein Mann gleicher Herkunft und ähnlichen Schicksals zur selben Zeit ausdrücklich feststellte, um ein Stück sozialer Mobilität, wie sie nur die Kirche gewährleisten konnte.

Der berühmte Nikolaus von Cues, der bedeutendste Philosoph zwischen Thomas von Aquin und Leibniz, ist nicht nur eine Figur der Geistesgeschichte ersten Ranges, sondern er war auch ein Kleriker und Gelehrter, der sich Sylvester Stodewescher an die Seite stellen läßt. Im Jahre 1449 war er zwar noch nicht zum Bischof oder Erzbischof, aber doch zum Kardinal ernannt worden, und so hatte er, ganz ähnlich wie Stodewescher, allen Grund, den plötzlichen Wandel seiner Lebensumstände zu bedenken. Während der Erzbischof in hyperbolischer Weise von seiner Erhöhung in päpstliche und kaiserliche Sphären spricht, drückt sich Nikolaus von Cues sachlicher aus. Er hat im Jahre 1449, im selben Jahre also, in dem Stodewescher seinen Brief schrieb, einen Text publizieren lassen, in dem nicht nur die wichtigsten Stationen seines Lebens genannt werden, sondern auch generell davon die Rede ist, daß nur die römische Kirche einen solchen Aufstieg ermögliche. „Und damit alle wissen, daß die heilige römische Kirche nicht auf Ort oder Art der Geburt sieht, sondern in freigiebiger Weise Anlagen und Leistungen belohnt, darum hat der Kardinal diese Geschichte zum Lob Gottes am 21. Oktober 1449 niederschreiben lassen.“ Wahrscheinlich war es eine in seiner Heimatkirche aufgehängte Schrifttafel, für die der Kardinal diesen Text formuliert hatte.

Der Erzbischof von Riga bemerkte, daß er nun auch über ein Territorium verfüge. So schließt er an die Beschreibung des erwähnten Schiffes die Mitteilung an, er sei in diesem Schiff die Düna aufwärts gefahren und habe eine halbe Meile vor Riga Station auf einem Werder gemacht, das ihm selbst gehöre.

Der Erzbischof hat die erste Nacht in seinem Einsatzgebiet, also auf eigenem Territorium verbracht. Am nächsten Morgen ging die Reise dünaaufwärts weiter. Er passierte eine Burg, die dem Dompropst gehörte, und verbrachte hier zwei Nächte. Der Sinn der Reise lag nicht darin, das endliche Ziel so rasch wie möglich zu erreichen. Auch die Reisestationen waren Ziele. Jede Mahlzeit und jede Übernachtung stellten einen Rechtsakt dar und hatten politische Folgen. Das ganze glich dem Umritt, mit dem hochmittelalterliche Könige nach ihrer Wahl das Reich in Besitz nahmen.

Am 22. Juni, einem Sonntag, erreichte der Erzbischof endlich die Stadt Riga, und hier geschah, was in einem solchen Falle geschehen mußte – der geistliche Würdenträger wurde in einer feierlichen Prozession eingeholt. Stodewescher schreibt, daß ihm zunächst seine Diener in zwei Gruppen entgegengekommen seien, danach seine Mannschaft, also die Ritterschaft des Erzstifts, kostbar gekleidet und begleitet von einem großen Haufen von Pfeifern und Posaunern. Die Blechbläser produzierten damals nicht Unterhaltung, sondern vielmehr staatsrechtliche Demonstrationen. Wenn eine Stadt eigene Bläser haben durfte, so war das ein Zeugnis für ihre Selbständigkeit; wenn der Herrscher mit Blasmusik eingeholt wurde, gehörte das zum traditionellen Empfangszeremoniell. So war der Empfang Stodeweschers durch Pfeifer und Posauner ein Anzeichen dafür, daß man ihn anerkennen würde, und für die zweitausend Pferde, die von den zu seiner Begrüßung Aufgebotenen bewegt wurden, galt das gleiche. Stodewescher hatte freilich nicht die Muße gehabt, diese Zahl selbst abzuschätzen, und so relativiert er, sorgfältig wie er ist, die rechtlich bedeutungsvolle Nachricht, daß so viele Pferde zu seiner Begrüßung benutzt worden seien, mit dem Zusatz: „Wie man mir sagte."

Danach begrüßten den Erzbischof die „Herren von dem Hause", nämlich die Deutschordensritter, von denen der wichtigste, der livländische Meister, allerdings fehlte. Er war schwerkrank, so hieß es, und Stodewescher mußte sich fragen, was das zu bedeuten habe – zumal der livländische Meister in der Vergangenheit im Vergleich mit dem Hochmeister in den Auseinandersetzungen mit dem Erzstift kompromißbereit gewesen war. Konnte der neue Erzbischof und Agent des Hochmeisters also auf den livländischen Ordensmeister nicht rechnen, oder würde ihn dieser stützen? So mußte sich Sylvester Stodewescher fragen – soweit angesichts des aufwendigen und anstrengenden Empfangs überhaupt Zeit zu derartigen Zweifeln blieb. Als nächste Gruppe empfingen den Erzbischof die Bürger. Insgesamt war der Begrüßungszug, an dem er entlangreiten mußte, wie er schreibt, über eine Meile lang.

Am Ende des Zuges war vor der Stadtmauer ein Baldachin aufgestellt, und unter dem Baldachin wurde der Erzbischof nach dem Empfang durch Schüler, also künftige Weltgeistliche, und Mönche mit denen konfrontiert, von denen er härtesten Widerstand befürchten mußte und gegen die sein Auftrag vor allem gerichtet war: mit den Mitgliedern des Domkapitels von Riga. Sie hatten den Widerstand gegen den Orden getragen, und sie in diesen Orden zu zwingen war Sylvester Stodewescher beauftragt. Auch ohne diesen besonderen Auftrag wäre die Begegnung heikel gewesen. Domherren waren damals längst nicht mehr die Helfer eines Bischofs, sondern seine nächsten Konkurrenten. Ihr Verhältnis zum Bischof konnte dem der Landstände zu einem Fürsten gleichen und in Wahlkapitulationen gefaßt werden.

So bedurfte es eines Herrschaftsvertrages. Die Domherren präsentierten dem Erzbischof ein Eidformular. Sie beschworen, und zwar jeder persönlich, daß auch des Erzbischofs Vorgänger diesen Eid, den Stodewescher vor der Kirche, also vor seiner feierlichen Inthronisierung, schwören sollte, geleistet hätten, und der Erzbischof schwor diesen Eid am Ende auch – abgesichert durch einen Notar, durch den „Schreiber“ des livländischen Meisters, also durch des bisherigen Hochmeister-Schreibers nächsten Kollegen, durch neutrale Zeugen sowie durch einen Rechtsvorbehalt. Der Eid sollte nur dann gelten, wenn Stodeweschers Vorgänger ihn tatsächlich wörtlich, so wie er jetzt, geschworen hatten.

Dann wechselte der Erzbischof das Kostüm. Er zog geistliche Gewänder – einen seidenen Chorrock und eine Almutie – über sein Reisegewand, hängte sich das schon erwähnte Kreuz, das ihm der Hochmeister geschenkt hatte, vor die Brust, folgte der Prozession bis an die Domtür und sprach hier seinen Eid, dessen Wortlaut man nun endlich erfährt. Man möchte enttäuscht sein, denn der Text, der da so hartnäckig abgesichert wurde, erscheint banal. Und das schreibt der Erzbischof beinahe auch. Der Eid sei ganz unschädlich gewesen, teilt er dem Hochmeister mit, denn er garantiere nur dem Domkapitel seine Rechte und Freiheiten.

Doch war der einstige Kanzler des Hochmeisters ja gerade mit dem Auftrag nach Riga gekommen, diese Rechte und Freiheiten nicht zu schützen, sondern im Kern zu beseitigen. Noch bevor er die Schwelle seines Doms überquerte, wurde er mit der Fatalität seiner Lage konfrontiert. Einen Eid würde er wohl brechen müssen – den eben geschworenen oder den, den er dem Hochmeister geleistet hatte.

Doch das zu bedenken war nun keine Zeit. Die Prozession rückte bis zur Mitte des Doms vor. Der Erzbischof bestieg den hier errichteten Thron. Das Te Deum laudamus erfüllte den Raum. Danach ließ sich der Erzbischof neben dem Hochaltar nieder. Die Messe begann.

Was sich daran anschloß, war wohl eine Huldigung der Ritterschaft, wenn freilich auch noch nicht die Erneuerung der Lehnseide. Genau erfährt man das nicht, denn der Bericht Stodeweschers konzentriert sich auf einen einzigen Punkt, der in seinen Augen der kritischste Moment der ganzen Inthronisation war.

Nach der Messe trat dem Erzbischof ein Vertreter der Ritterschaft mit einem kostbaren Zeremonialschwert gegenüber, mit jenem Schwert, das dem Erzbischof später, wie er schreibt, bei feierlichen Gelegenheiten vorangetragen zu werden pflegte – wie weltlichen Herren, wie dem König. Jetzt freilich sollte das Schwert in der unmittelbaren Nähe des Erzbischofs aus der vergoldeten Scheide gezogen und neben ihm getragen werden, am Altar und überall in der Kirche. Der Erzbischof mußte sich also einer Art von Rundgang durch die Kirche unterziehen, und ein Mitglied der Ritterschaft begleitete ihn mit gezücktem Schwert: durch die Kirche bis hin zum Altar.

An einen Altar hatte sich schon mancher Geistliche in Todesnot vergeblich geflüchtet. Sylvester Stodewescher konnte an den Tod des hl. Thomas Becket denken. Vielleicht entsann er sich auch der Vertreter des rigischen Domkapitels und der anderen livländischen Geistlichen, die der Deutschordensvogt von Durben im Jahre 1428 hatte ertränken lassen, als sie auf dem Wege nach Rom waren, um Klage gegen den Deutschen Orden zu führen. Ein Jahr darauf hatte der römische Vertreter des Ordens dem Hochmeister mit Rücksicht auf diese Gewalttat und deren Folgen, die ihm in Rom Mühe machten, geschrieben, daß es doch schließlich unauffälligere Methoden gebe, sich seiner Gegner zu entledigen: *Man sülde solchen luthen essen adir trynken geben, das sy nemmerme dornoch hungerte adir dorste.*

Immerhin wurde der Erzbischof nicht überrumpelt. Er schreibt nämlich, daß er sich beim Ordensmeister, der ja, wie gesagt, bei dem feierlichen Akt gar nicht zugegen sein konnte, vergewissert habe, ob er diese Zeremonien dulden sollte. Der Ordensmeister fand nichts dabei. Er habe nichts dagegen, ließ er dem Erzbischof bestellen. Doch ihm war der Umgang mit blanken Waffen ja vertraut. Anders dem Erzbischof. Nachdem die Ritterschaft beteuert hatte, eher sterben als auf diesen Teil der Feierlichkeiten verzichten zu wollen, mußten die Dinge ihren Gang gehen – so schwer es dem Kirchenfürsten auch fiel. Denn, so schreibt er, bevor er – die Aufregung klingt noch nach – die Absicherung durch den Ordensmeister noch einmal berichtet: *Ich byn nicht gewonet, blose swerte veel czu seheen, dorumbe was mir grawsam dorczu, ouch was ich trawen forchtig unde nicht ee in meynem gemute rugsam, wen do das swert in die scheide gestoszen wart.*

Danach folgte endlich – nach wie vielen Stunden ohne Essen und ohne Trinken? – das Festmahl, das die Domherren dem Erzbischof ausrichteten. Doch auch nun bestand kein Grund, die Angst zu vergessen. Die Schwerter blieben zwar in der Scheide, aber das Messer, mit dem ein Ritter dem Erzbischof als Vorschneider den Braten tranchierte, war lang und scharf genug, um den fürstlichen Esser zu verwunden, und ob die drei anderen Ritter, die dem Erzbischof als Schenken und als Truchseß dienten, ihr Amt nicht zur Vergiftung von Speise und Trank nützen würden, stand dahin. Auf Gift sollte der Erzbischof bald angesprochen werden.

Auch diese Zeremonien waren vorher ausgehandelt worden. Die Ritter hatten sich auf das Herkommen berufen. Sie hätten dem Erzbischof auch sagen können, daß der neugewählte König sich die gleichen Tischsitten von den Kurfürsten gefallen lassen mußte. Doch das dürfte keinem der Beteiligten bekannt gewesen sein. Die Ritter argumentierten einfacher. Er brauche von ihren Tischdiensten nichts zu befürchten, sagten sie dem Erzbischof. Reagierten sie also auf die sichtbare Angst des Stubengelehrten? Oder übertönten sie vielmehr ihre eigenen – bösen – Absichten?

Der Erzbischof jedenfalls faßte Mut – vielleicht auch dank den Stärkungen durch Speisen und Getränke, die ihm die Ritter darreichten. So gelang es ihm endlich, sich aus dem bösen in den guten Traum zu retten, den er schon zu Anfang der Feierlichkeiten geträumt hatte. War es denn kein Traum, was der Thorner Bürgersohn da an sich geschehen ließ? Wer ihn da bediente? *Die dieneten mir alle mit czu tische mit groszer demut unde fleisze unde woren alle kastlich gecleidet in sammet unde seydene stucke unde hatten umbe sich veele grosz gesmeide von ketten unde halszbande etc.*

Die Feste der alten Welt dauerten länger als unsere Staatsakte. Sie brauchten Tage, und sie beruhten, wie unsere diplomatischen Akte auch, auf dem Prinzip der Wechselseitigkeit. So bewirtete der Erzbischof am nächsten Tage die Ritterschaft und die Ordensritter. Der Tischdienst ist ihm jetzt nur noch einen Satz wert, und für den nächsten Tag, an dem er die Damen der Ritterschaft bewirtete, gilt das gleiche. Sylvester Stodewescher war nun beruhigt genug, den Tanz nach Tisch zu beobachten und die Stimmung als *czachtiglich frolich* zu empfinden. Einen Tag später aber wurde die Sache wieder ernst.

Denn nun schworen, nachdem der Erzbischof schon an der Domtür seinen Eid geleistet hatte, die Domherren, auch sie, den hergebrachten Eid, aber vielleicht nicht nur diesen. Sie hätten „noch höher“ als ihre Vorgänger geschworen, schreibt der Erzbischof, ohne doch genauer zu werden, und er fährt mit dem Bericht derartiger Erfolge fort. Er spricht von den Tränen einiger Domherren, und wir haben keinen Anlaß, das für eine Übertreibung zu halten. Im Mittelalter durften auch Männer weinen. Und der Erzbischof spricht von der Zufriedenheit mit seiner Person, die ihm ausdrücklich versichert worden sei, aber das möchte man weniger glauben, obwohl die Begründung so unplausibel nicht klingt. Das Kapitel war ungeachtet seines Widerstandes gegen den Deutschen Orden kein monolithischer Block. Wie in anderen geistlichen Gemeinschaften gab es hier Parteiungen, und so scheint es nicht unglaubhaft, wenn der Erzbischof die Meinung gehört haben will, daß ein Erzbischof aus dem Kapitel selbst noch schlimmer gewesen wäre als er, der nun von außen kam und den internen Gruppierungen des Kapitels jedenfalls zu Anfang neutral gegenübertreten konnte.

Daß die Situation Stodeweschers trotzdem heikel war, haben die Domherren gespürt. So versicherten sie oder einige von ihnen dem neuen Kirchenfürsten nicht nur, ihn als rechten Vater und Herrn lieben und ehren, sondern sie versprachen ihm auch, ihn nicht vergiften und ihm nicht nachstellen zu wollen. Gift war im 15. Jahrhundert nicht nur in Italien, sondern auch in Deutschland ein geläufiges Mittel der Politik oder wurde doch dafür gehalten. Kein unzeitiger Tod eines Mächtigen, der nicht das Gerücht des Giftmordes hervorgerufen hätte. So versuchte man sich zu sichern – zum Beispiel durch Tafelaufsätze aus Korallen und „Natternzähnen", die giftige Speise anzeigen sollten. Zufälligerweise stammt das eine von zwei aus dem späteren Mittelalter überlieferten Geräten dieser Art aus dem Besitz des Deutschen Ordens. Vielleicht wuchs Sylvester Stodeweschers Sicherheit auch daran, daß er nun erlebte, wie schnell zwischen der Ritterschaft und dem Kapitel Unstimmigkeiten entstehen konnten. Zeremonien verliefen im Mittelalter weniger glatt als Staatsakte heute. Die Feierlichkeiten kamen zum Stehen, wenn die Beteiligten sich über Details nicht ohne weiteres einigen konnten, und manchmal kam es zum lauten Streit.

So geschah es auch jetzt. Als die Ritter sich im Remter um den Erzbischof versammelten, um die Lehnseide zu schwören, mußten sie feststellen, daß die Domherren schon geschworen hatten, während nach der Meinung der Ritterschaft beide Eide zusammen geschworen werden mußten. *Und hatten under enander harte rede.*

So schworen die Domherren in Gegenwart der Ritter noch einmal und leisteten die Ritter ihre Lehnseide. Hierbei legte der Schwörende Hut, Gürtel und Waffen ab und bat den Erzbischof kniend um sein vom Vater ererbtes Lehen. Der Erzbischof vollzog die Belehnung mit dem Kuß, und der Belehnte erhob sich und leistete den Lehnseid, den ihm ein neben dem Erzbischof stehender Ritter vorsprach. Alle Belehnungen wurden schriftlich festgehalten.

Obwohl diese Zeremonien nun schon einige Tage lang gedauert hatten, war Stodewescher immer noch kein fertiger Erzbischof, sondern nur ein Elekt. Die Krönung des ganzen Verfahrens, die Weihe, stand noch aus, und sie sollte erst nach Datum dieses Briefes vollzogen werden. Doch rückte Stodewescher der Weihe jetzt ein Stück näher, weil ihm die

Domherren den Schatz aushändigten: Gefäße aus Edelmetall, die Inful und die geistlichen Gewänder sowie Kleinodien. Der Erzbischof wurde auf diese Weise nicht bloß symbolisch in seine Herrschaftsrechte eingeführt, sondern er bekam zugleich praktische Möglichkeiten, er wurde wenigstens potentiell liquide. Denn die Bestandteile des erzbischöflichen Schatzes, die ihm jetzt übereignet wurden, konnten angesichts ihres Wertes versetzt werden. Das wußten die Domherren auch. Gaben sie dem Neuling wirklich alles? Der war mißtrauisch und hatte offensichtlich Listen oder Zeugen. So kam es zu Kontrollen und zu unerquicklichen Auseinandersetzungen. „Danach übergaben mir die Domherren meines Vorgängers hinterlassenes Silbergerät, das den angemessenen Bedarf an Schüsseln, Kannen, Bechern, Deckelgefäßen und anderen Kleinodien darstellt, danach die Infuln oder Bischofshüte, Stäbe, Kreuze, Kaseln und verschiedene Meßgewänder. Ein Teil war beiseite geschafft, aber das mußte herausgegeben werden. Die besten Ringe mit den Edelsteinen sind veruntreut, doch will ich danach suchen. Insbesondere übergaben sie mir eine kostbare Inful mit vielen Edelsteinen, die war einst dem Vorgänger Eurer Gnade für zweitausend ungarische Gulden verpfändet worden, und sie baten mich, daß ich sie in der Domkirche zu treuer Hand liegenlasse, da man sie in kurzer Zeit bei meiner Weihe brauchen werde. So habe ich diese Inful mit vielem anderen Gerät bis zur Weihe in Riga gelassen. Sobald die geschehen ist, will ich all mein Gerät selbst verwahren und zu mir nehmen."

Danach mußte sich Sylvester Stodewescher mit der Stadt Riga auseinandersetzen. Wie üblich hatten ihn bei seinem Eintritt gerichtlich aus der Stadt Verwiesene in der Hoffnung begleitet, auf diese Weise begnadigt und wieder in die Stadt gelassen zu werden. Die Stadtverweisung war neben der Geldbuße die wichtigste Strafe, die man in der Stadt verhängte, und so mußte man damit rechnen, daß der zeremonielle Einritt eines Mächtigen vielen Delinquenten eine Chance bot. Männer oder Frauen, die wegen eines geringfügigen Deliktes aus der Stadt verwiesen worden waren, konnten nun eher zurückkehren; andere, die sonst eine Buße hätten bezahlen müssen, konnten darauf hoffen, gratis eingelassen zu werden, während die Stadt befürchten mußte, daß ihr der Besuch eines Königs oder eines anderen Fürsten auch die Rückkehr von Gewalttätern und professionellen Kriminellen bescherte, deren sie sich ein für allemal hatte entledigen wollen. So weigerten sich die Stadträte zuweilen, den traditionellen Gnadenakt ohne Einschränkung vorzunehmen. Als Kaiser Friedrich III. 1485 in Nürnberg einritt und eine Reihe von Verurteilten freibat, die sich seinem Zuge angeschlossen hatten, gestand der Nürnberger Rat die Begnadigung von nur einundzwanzig Verurteilten zu und verweigerte seine Gnade den anderen, die sich offensichtlich schwerere Delikte hatten zuschulden kommen lassen. Er legte dem Kaiser dar, daß andernfalls Gefahren für die städtische Rechtsordnung eintreten würden, und so nahm der Kaiser die Einschränkung seines Rechtes hin. Anders im Juni 1451 in Magdeburg, zwei Jahre nach dem Einritt Sylvester Stodeweschers in Riga. Dem päpstlichen Legaten – dem schon erwähnten Nikolaus von Cues – hatten sich viele aus der Stadt Verwiesene angeschlossen. Der Rat verweigerte sich zunächst der Begnadigung, und so mußte die Prozession umkehren. Erst zwei Tage später konnte der Kardinal feierlich in die Stadt einziehen, nachdem verhandelt worden war und der Rat die Aufnahme derer, die nicht ausdrücklich verbannt worden waren, zugestanden hatte. Die Rigenser dagegen waren großzügig. Sie gaben nicht nur alle Geächteten frei, die mit dem neuen Erzbischof eingezogen waren und deren Streichung im städtischen Achtbuch er gefordert hatte, sondern sie begnadigten auch alle diejenigen, die in der Stadt gerade inhaftiert waren. Mit diesem Entgegenkommen verbanden sie die Überreichung der ebenfalls zum zeremoniellen Einritt des Herrschers gehörigen Ehrengaben. Der Erzbischof erhielt einen Ballen rotes Scharlachtuch, ein „Zimmer“ – das heißt vierzig bis sechzig – graue Pelzfelle, wie sie aus Nowgorod eingeführt wurden, und ein Faß jungen Rheinweins.

So etwas war freilich nur eine Sache der Festtage. Werktags mußte Stodewescher jetzt sehen, wie er auf dem verminten Gelände zwischen Orden, Domkapitel, Ritterschaft und Stadt zurechtkam. Immerhin: Der Ordensmeister empfing den Erzbischof ehrenvoll in seiner Burg Kirchholm. Er hatte also nicht die Teilnahme an Stodeweschers Einzug vermeiden wollen, sondern war tatsächlich krank; er konnte mit seinem Gast nicht an der Tafel sitzen. Mit dem Domkapitel und mit den Stiftsrittern aber begann Stodewescher zu verhandeln – und zwar mit um so mehr Vorsicht, als er von dem Haß gegen den Deutschen Orden, den er hier kennenlernte, offensichtlich beeindruckt war. „Wer die Leute gegen unseren Orden täglich so aufbringt, wird mir recht klar, aber ich hoffe auf Gott, daß es in kurzer Zeit anders werden wird." Die Domherren und die Stiftsritter hätten ihm gesagt, mit seiner Person seien sie zufrieden. Allein das schwarze Deutschordenskreuz stünde zwischen ihnen. Statt dessen wollten sie ihm ein goldenes verschaffen. Aber er meinte, Anlaß zur Hoffnung zu haben.

Auch von ersten Ansätzen zu einer Zusammenarbeit und von Taktik ist die Rede. Der Dompropst und die Domherren wollten, daß Stodewescher die aus der Ritterschaft stammenden Amtleute absetze. Stodewescher folgte dem nicht, weil er die Ritterschaft nicht verärgern wollte. So versprach er dieser, lieber Leute von ihr im Dienst zu behalten als „Ausländer", von denen er fünfzig aus Pommern, aus der Mark Brandenburg und aus Sachsen entließ. Den Satz, daß ein Regent vor allem am Anfang Härte zu zeigen habe, hätte Stodewescher, falls er seine Entschlossenheit nicht übertreibt, nicht erst von einem Machiavelli zu lernen brauchen.

Aber vielleicht übertreibt er tatsächlich. Denn sein Brief ist ja ein Rechenschaftsbericht an seinen Herrn, und der wollte Erfolge sehen. Oder war er angesichts der Dimension dieses Briefes längst ermüdet? Stodewescher fürchtete das, und so entschuldigt er sich wegen der Länge seiner Epistel, in Erinnerung vielleicht an manchen Fluch, an manche Unmutsäußerung, die der Hochmeister getan haben mochte, wenn ihm sein gelehrter Kanzler die einlaufende Korrespondenz vorlas. „Ich hätte Eurer Gnade noch viel zu schreiben, aber ich weiß wohl, Eure Herrlichkeit hört nicht gerne lange Briefe." Ganz anders umgekehrt: Die Briefe seines Herrn lassen dem Erzbischof dessen Person gegenwärtig werden: *Alle tage lesze ich euwer gnoden briffe, denne, so ich den lesze, so beduncket mich, das mir euwer gnode czuspreche*. Und dann noch einmal die vorausgesetzte Perspektive des Hochmeisters: *Veel welde ich gerne nach euwern gnoden schreiben, ich besurge mich, euwer gnode sey unde werde vordrossen in meyner so langen schrifft*. Hier schreibt noch einmal weniger der erwählte Erzbischof als vielmehr der Hochmeisterkaplan und „Sohn" des Deutschen Ordens, als den der Schreiber sich am Ende des Briefes bezeichnet. Doch dabei sollte es nicht bleiben. Sylvester Stodewescher wurde tatsächlich Erzbischof, und so mußte er, wie seine Vorgänger, mit dem Orden zusammenstoßen. Es kam zum Krieg, und der 1449 so furchtsame Kirchenfürst sollte sich an bloße Schwerter gewöhnen, selbst den Harnisch tragen – und dann doch unterliegen. Im Jahre 1479, dreißig Jahre nach seinem Einritt in die Domstadt, ist er als Gefangener des Deutschen Ordens gestorben.

Ritterliche Abenteuer – adlige Erziehung

In den Jahren 1507 bis 1512 hat Ludwig von Eyb der Jüngere, Angehöriger einer der bekannten fränkischen reichsritterlichen Familien, die Lebensbeschreibung des Wilwolt von Schaumberg niedergeschrieben, eines Standesgenossen und Verwandten. Der Lebenslauf des Autors und der seines Helden waren einander ähnlich. Sie repräsentierten beide die Traditionen und Lebensformen des spätmittelalterlichen reichsunmittelbaren Rittertums, aber sie standen auch im Fürstendienst. Ludwig von Eyb scheint der wirtschaftlich erfolgreichere von beiden gewesen zu sein, während Wilwolt von Schaumberg nicht zuletzt als Turnierheld und Landsknechtsführer hervorgetreten ist. Ludwig von Eyb dagegen hatte zwar, anders als einige seiner Verwandten, nicht studiert, aber er war ein gebildeter und literarisch versierter Mann. Er hat eine Reihe von Büchern verfaßt, in denen die typischen Lebensfelder der Angehörigen seines Standes beschrieben werden: einen Bericht über seine Pilgerreise ins Heilige Land 1476, ein Kriegsbuch, ein Turnierbuch, ein – nicht erhaltenes – „Kunstbuch", also offensichtlich eine Darstellung von nicht im Krieg eingesetzter Technik, ferner ein Wappenbuch sowie eine Anweisung, wie man ein Schloß zu bauen und zu verwalten habe.

Auch die „Geschichten und Taten" des Wilwolt von Schaumberg gehören in diesen Umkreis von Lehr- und Nachschlagewerken für den Adel. Ludwig von Eyb will einen exemplarischen Lebensbericht geben, um auf diese Weise die jüngere Generation zu rechter adliger Lebensweise zu erziehen. Ein solches Vorhaben stand in einer langen Tradition – die ritterliche Kultur war ja nichts anderes als das Resultat eines großen Erziehungsprojekts. Ludwig von Eyb war sich dieser Tradition bewußt, wollte sich auf der einen Seite an sie anschließen, setzte sich aber auch von ihr ab. So kunstreich wie Wolfram von Eschenbach könne er nicht schreiben, heißt es bescheiden im Vorwort. Doch dann fügt der Verfasser hinzu, die reine Wahrheit bedürfe auch nicht so vieler Kunst wie „gefärbte Lügen". Die junge Ritterschaft solle, so schreibt er an anderer Stelle, in dem exemplarischen Lebenslauf, den er nun ausbreitet, einen Spiegel männlicher Tugend und Tapferkeit sehen und auf diese Weise die lange Zeit versäumte Chance nutzen, die ritterlichen Lebensformen zu erlernen.

Wie alle Bildungsreformer übertreibt Ludwig von Eyb den Bildungsnotstand, dem er abhelfen will. Lange Zeit habe der Adel die Kenntnis der Vergangenheit verachtet und sich weder um ein Universitätsstudium bemüht noch um andere Wissenschaften, die doch nicht für die Bauern geschaffen worden seien. Und diejenigen, die sich dennoch darum bemüht hätten, seien verspottet und Schreiber genannt worden. So sei es dazu gekommen, daß Bauernsöhne es gewagt hätten, zu studieren, und in den Besitz von Bistümern und hohen Ämtern bei Kaisern, Königen, Kurfürsten und anderen Fürsten gekommen seien. Doch will Ludwig von Eyb diesem – ungeachtet der übertriebenen Chancen von Bauernsöhnen bis zu einem gewissen Grade tatsächlich gegebenen – sozialen Wandel nicht etwa dergestalt abhelfen, daß er den eigenen Stammesgenossen ein radikal modernes Bildungsprogramm empfiehlt. Sie sollen vielmehr „aus allen Wissenschaften die lateinischen und deutschen Ritterbücher, Historien und Chroniken" studieren, um sich auf den Wandel der Dinge, mit dem man rechnen müsse, einzustellen.

Was Ludwig von Eyb dann vom Leben des Wilwolt von Schaumberg erzählt, scheint noch schlechter zu dem Bildungsprogramm zu passen, das er einleitend entwirft. Denn man liest in aller Ausführlichkeit von ritterlichen Abenteuern und von Turnieren. War es das, was diejenigen lernen mußten, die sich dem von Ludwig von Eyb angesprochenen Wandel anpassen wollten? Modernen Lesern fällt es leicht, diese Frage zu verneinen und das Bildungsprogramm, das Ludwig von Eyb in seinem biographischen Bericht tatsächlich ausbreitet, für anachronistisch zu halten. Ging im 15. Jahrhundert die Zeit des Adels und der adligen Kultur nicht zu Ende? Das ist bis zum Überdruß immer wieder behauptet worden, obwohl doch nicht verkannt werden kann, daß der Adel in den auf das Mittelalter folgenden Jahrhunderten führende Positionen eingenommen und sich auch in dem durch die französische Revolution von 1789 eröffneten Zeitalter bürgerlicher Gleichheit nicht schlecht gehalten hat. Man sollte also ernst nehmen, daß hier ein kluger und außerordentlich erfolgreicher Angehöriger des reichsunmittelbaren Adels der Meinung ist, daß ritterliche Abenteuer und Turniere weiterhin die Ausbildung eines jungen Adligen bestimmen sollten.

Doch ist das Buch Ludwigs von Eyb über Leben und Taten Wilwolts von Schaumberg nicht nur ein pädagogischer Traktat. Zunächst hat man in ihm eine höchst realistische Beschreibung von Lebenssituationen. Ob Wilwolt von Schaumberg diese Situationen so, wie Ludwig von Eyb sie beschreibt, tatsächlich erlebt hat, läßt sich selbstverständlich nicht sagen. Immerhin sind sich alle, die sich mit dieser Lebensbeschreibung beschäftigt haben, darin einig, daß der Autor von seinem Helden unterstützt worden sei, daß ihm jener authentisches Material geliefert haben muß, so daß man es in diesem Buch am Ende fast mit einer Autobiographie zu tun hat, ganz ähnlich wie in den von Kaiser Maximilian zur selben Zeit in Auftrag gegebenen Werken über sein eigenes Leben.

Ob Ludwig von Eyb Wilwolt von Schaumberg veranlaßt hat, ihm durch die Lieferung von Nachrichten bei der Abfassung eines exemplarischen Lebenslaufes behilflich zu sein, ob Wilwolt von Schaumberg selbst, der literarische Talente offensichtlich nicht hatte, Ludwig von Eyb dazu gebracht hat, über ihn zu schreiben, oder ob sich die eine Möglichkeit mit der anderen verknüpfte, das braucht hier nicht zu interessieren. Und die Antwort auf die Frage, ob jedes erzählte Detail der biographischen Wahrheit entspricht, kann ebenfalls beiseite bleiben. Immerhin erweist sich der Autor dort, wo man ihn mit Hilfe anderer Quellen kontrollieren kann, als zuverlässig. Ein Phantast ist er nicht gewesen. Ob man daraus ableiten kann, auch der Frauendienst, den Ludwig von Eyb dem jungen Wilwolt von Schaumberg zuschreibt, sei tatsächlich so praktiziert worden, wie er ihn darstellt, steht dahin. Hier hat man die Möglichkeit der Kontrolle mit Hilfe anderer Quellen selbstverständlich nicht. Doch auch dann, wenn man Grund zu der Annahme hätte, Ludwig von Eyb hätte hier alles erfunden, wäre man doch nicht genötigt, das ganze als ein Märchen anzusehen und für eine Antwort auf die Frage nach der Wirklichkeit des 15. Jahrhunderts für unerheblich zu halten. Denn Ludwig von Eyb wollte ja, daß seine Leser diese Liebesabenteuer für realistisch hielten, und so war er genötigt, sie so darzustellen, daß sie in der Weise, wie er sie erzählte, hätten stattfinden können.

Ludwig von Eyb beginnt die Erzählung über den Frauendienst seines Helden mit einer Sentenz, die an ein Ideal der klassischen Ritter-Ethik anknüpft. Was mußte ein Ritter jedenfalls vermeiden? Die Untätigkeit, das „Verliegen". Darauf spielt das Sprichwort an, mit dem die Geschichte beginnt: „Wer nicht gern feiert, hat sich bald eine Arbeit ausgedacht." Die bürgerliche Version des ritterlichen Ideals ist das nicht. Denn „Arbeit" meint nicht die Tätigkeit am Amboß oder am Webstuhl, sondern die Anstrengung, die nicht nur auf eine Sache zielt, sondern auch auf die Vervollkommnung dessen, der sich ihr unterzieht.

Doch konnte den Sieg über die Untätigkeit nicht irgendeine „Arbeit" erbringen. Der Adlige war auf die seinem Stande angemessenen Tätigkeiten verwiesen. Und das Hauptfeld adliger Betätigung war, jedenfalls der pädagogischen Erzählung zufolge, der Krieg. Der junge Wilwolt, so schreibt Ludwig von Eyb, sei beschäftigungslos gewesen, weil überall Friede geherrscht habe. Da habe es sich ergeben, daß einer seiner Vettern einen Anspruch an Herzog Otto von Bayern gehabt und diesen mit einer Fehde verfolgt habe. Was das hieß, wird mit Nüchternheit vermerkt: Die Fehdeführer machten Gefangene, verbrannten die Dörfer und die Felder der Gegner, raubten Kühe und Pferde und verschanzten sich auf einer Burg. Obwohl sich dieser Krieg lange hinzog, fand er schließlich doch ein Ende, und so stand Wilwolt wiederum vor der Situation, nichts zu tun zu haben, obwohl doch die „Zeit der kleinen Reiterei" in Franken damals durchaus noch anhielt. Was darunter zu verstehen war, sagt der Verfasser ebenfalls ganz nüchtern. Man nahm sich Burgen ab, plünderte und verbrannte die Dörfer und raubte das Vieh. Wilwolt von Schaumberg bewährte sich dabei und machte sich einen Namen. Alles sollte das, jedenfalls nach der Meinung Ludwigs von Eyb, jedoch nicht sein.

Im unmittelbaren Anschluß an die realistische Beschreibung dessen, was spätmittelalterliche Fehdeführung war, bezieht er sich auf Ovid, der davon gesprochen habe, ehrbare Frauen schätzten die Tapferkeit von Männern und deren Einsatz für sich selbst. Daran habe sich Wilwolt von Schaumberg gehalten, indem er sich in einer Art Vertrag mit einer „edlen tugendhaften" Frau verbunden habe. Was bei den entsprechenden Verhältnissen, wie sie in der klassischen ritterlichen Literatur beschrieben werden, in aller Regel im Ungewissen bleibt, nämlich die Antwort auf die Frage nach dem sexuellen Lohn, den die Minnedienst leistenden Männer schließlich erhalten oder nicht, ist im Falle der Geschichte Wilwolts von Schaumberg keine Frage. Zu der „Buhlschaft" gehört, daß der Ritter seine Vertragspartnerin insgeheim besucht und sehr wohl weiß, daß ihm diese Besuche, sollten sie nicht geheim bleiben, gefährlich werden würden, weil die Verwandten seiner Partnerin deren Ehre, auf welche diese selbst offensichtlich keinen Wert legte, rächen würden.

So verkleidete sich Wilwolt von Schaumberg, wenn er jene Dame aufsuchte. Zuweilen ritt er im Kleid eines Kaufmanns oder eines Deutschordensritters zu ihr, das andere Mal ging er als Franziskanermönch oder auch als Aussätziger kostümiert zu Fuß. So erreichte er zwar noch nicht die Dame, wohl aber die Burg, auf der sie wohnte. Hier war der Burggraben zu überwinden, danach der Felsen und schließlich eine siebzehn Klafter – also mehr als dreißig Meter –

hohe Mauer. Doch was dann? In der Manesse-Handschrift sieht man ein Bild, auf dem eine Burgdame ihren in einer Holzbütte sitzenden Anbeter mit Hilfe einer Winde nach oben zieht. Das Ende dieser Aktion kennt man aus der Sage vom Zauberer Vergil. Der wurde nur halb in die Höhe gezogen und am anderen Morgen von allen, die ihn da schweben sahen, verspottet. Das Motiv gehörte im Mittelalter in die Reihe der „Weiberlisten" und war allgemein bekannt. Im Falle Wilwolts wurde es jedoch nicht benutzt. Denn seine Dame ließ ein Seil herunter, das sie noch mit einem Klumpen Wachs beschwert hatte, damit der unten stehende Ritter es im Dunkeln auch sehen konnte. Der ergriff das Seil und ließ sich teils heraufziehen, teils stützte er sich auf sein Steigzeug.

So geschah es immer wieder, berichtet der Erzähler, doch einmal vergaßen sie angesichts der „großen Freude" des Zusammenseins das im Fenster hängende Steigzeug, so daß der Wind es erfassen und hinunterwehen konnte. So saß der Ritter drei Tage und drei Nächte fest, wenn auch nicht in Not. Denn die, wie der Autor an dieser Stelle sagt, „tugendreiche" Frau zweigte von ihrem Tisch ab, was zu seiner Ernährung nötig war, und auch an Rheinwein, Malvasier und Konfekt – also jenen ebenso teuren wie übersüßen Leckerbissen, die zu jedem Luxusmahl gehörten (siehe S. 141) – herrschte kein Mangel. Nur die Entsorgung machte, wie der Autor nicht verschweigt, Schwierigkeiten. Hätte Wilwolt „den Stuhlgang" aus dem Fenster geworfen, so hätte man es gesehen. So habe er einen Ziegelstein aus der Mauer gebrochen, die Exkremente hineingeschoben und den Stein wieder vorgesetzt. Nicht zuletzt aus diesem Grunde versteht man, daß der Ritter „nicht länger bleiben konnte oder wollte". Die Dame besorgte zwei Stück Leinwand und zwei Handschuhe, mit deren Hilfe sich Wilwolt abseilte. Zwar verwundete er sich die Hände, aber schließlich landete er auf einem Misthaufen, so daß er in der Lage war, die Flucht zu ergreifen. „Wie ein Wolf, der ein Dorf beraubt hat, sah er sich oft um, ob ihm jemand folge." Das war nicht der Fall, und so hatte er die

Möglichkeit, das Bündel zu öffnen, das ihm seine Dame auf den Rücken geschnallt hatte. Es zeigte sich, daß es Hemden von vortrefflicher Qualität enthielt, ferner eine golddurchwirkte Haube, eine Perlenschnur und eine goldene Kette mit einem Kreuz, das fünf Diamanten trug.

Solche luxuriösen Gaben hatte Wilwolt von seiner Dame schon öfter erhalten und auch erhalten müssen, da diese den Ritter ja nicht nur für die Liebesstunden in ihrer Burg engagiert hatte. Vor allem sollte er als ihr Turnierheld auftreten, und dafür hatte sie ihn ausgestattet.

„Er richtete sich nach ihrem Wunsch, suchte, wovon es damals viele gab, Rennhöfe auf, veranstaltete solche selbst und ritt mit kostbarer Waffenkleidung, seidener Decke und dem, was sonst dazu gehörte, ins Stechen, meistens in guter Seide und mit kostbarem Schmuck am Hut und mit guten goldenen Ketten um die Arme und anderen dazu passenden Kleinodien. Er hatte stets auch vier oder sechs Fußknechte, die ihm in Seidenkleidern seiner Farbe auf der Kampfbahn dienten, und er war für solche Kampfspiele gut ausgerüstet, immer auch hinreichend mit Pferden ausgestattet und nach dem Geschmack seiner Dame Sommers wie Winters mit seinen Knechten standesgemäß und gut gekleidet, worüber sich viele Leute, die seine Lebensverhältnisse und Einkünfte kannten, mächtig wunderten und einige, wie es denn der Welt Lauf ist, geradezu weinten." Man fragte, wer den so offensichtlich weit über seine Verhältnisse lebenden Wilwolt denn ausgestattet habe. Man vermutete ein Verhältnis von der Art, wie es damals bestand, wußte zwar nicht, wer die vermögende Dame war, warnte den Ritter aber, daß die Verwandten der einstweilen unbekannten Dame ihn umbringen könnten.

Und wie wurden diese kostbaren Ausstattungen vorgeführt? Einerseits gab es die etablierten Gattungen des Schaukampfes, das Rennen in leichter und das Stechen in schwerer Bewaffnung. Wilwolt nahm daran teil, wie aus dem zitierten Text hervorgeht. Auf der anderen Seite waren jedoch Novitäten gefragt. Niemand anders als Kaiser Maximilian selbst tat sich gerade auf diesem Felde hervor, und auch Wilwolt von Schaumberg unternahm den Versuch, seiner Dame mit einer originellen Erfindung zu dienen. Ein leichtes Lanzen-Stechen sollte nicht einfach auf den Zusammenstoß der beiden Reiter zielen. Diese hatten vielmehr die Aufgabe, einen kleinen Spiegel zu treffen, der auf dem Schild des Gegners befestigt war. Und damit das ganze auch den Kitzel des Risikos hatte, verführte Wilwolt seinen Partner, einen älteren Ritter, nicht nur dazu, statt des Helms einen Kranz zu tragen, sondern er fand ihn auch bereit, mit ihm zusammen die Turnierveranstalter, die solch leichtsinnigen Sport nicht dulden wollten, zu überlisten. Das Ende des sonst so gelungenen Stücks ist dann aber prosaisch. Die beiden Helden streiten sich um den Kampfpreis, und der hat nur einen mäßigen Wert.

Ludwig von Eyb schreibt: „Zu Anfang dieses Buches wird gesagt, daß die Jungen, die es lesen werden, sich ein Beispiel daran nehmen sollen, und man hat gehört, wie sich der Held dieser Geschichte zuvor in bloßer Hoffnung auch einer verschleierten Dame zuliebe auf Kampfspiele und Kämpfe eingelassen hat. Um so mehr gedachte er nun, da er in einer wirklichen Verpflichtung sie vor Augen sah, die ihn so vielfältig erfreut hatte und ihm am Herzen lag, ein ausgesucht originelles Ritterspiel zu beginnen. Er verabredete mit Eberhard von Brandenstein, der in seiner Jugend ebenfalls ein Freund der lustigen Geselligkeit und ein unerschrockener Mann gewesen war, ein Rennen, bei dem jeder auf seiner Tartsche", also seinem kleinen Schild, „einen Spiegel und keinen Rennhelm tragen sollte, sondern toupiertes und geschmücktes Haar und ein schönes Kränzlein, und wer den Spiegel auf der Tartsche am nächsten treffe, der sollte den Preis, der zehn Gulden wert war, gewonnen haben. So kamen sie in ihrem Schmuck auf die Kampfbahn, und mein Wilwolt war so richtig reiterlich herausgeputzt. Sie berieten den Kampf. Da ließen ihnen Herzog Ernst und Herzog Albrecht, beides Fürsten von Sachsen, durch Herrn Haubold von Schleinitz, Obersten Hofmarschall, und Herrn Heinrich von Einsiedel sagen, wenn sie sich in ein Rennen begeben wollten, dann sollten sie sich mit Helmen und allem, was zu einem Rennen gehört, schützen wie andere Angehörige der Ritterschaft. Sie antworteten: Wenn es der Fürsten Wille nicht anders sei, wollten sie noch ein- oder zweimal herumreiten und dann abziehen. Da sie vorher wohl bedacht hatten, daß man ein solches Rennen nicht gern zulassen werde, besprachen sie sich nun und stießen zusammen, und Herr Eberhard von Brandenstein traf das Brettchen, in das der Spiegel gefaßt war, an einer Ecke, aber Wilwolt das Spiegelglas auf Herrn Eberhards Tartsche. Da entstand ein Streit zwischen ihnen, und Wilwolt meinte, Herr Eberhard habe den Preis verloren. Da sagte Herr Eberhard, die Bedingung, den Spiegel am nächsten zu treffen, sei erfüllt. Er habe das Brett, das mit dem Spiegel verbunden sei, getroffen und ein vollkommener Spiegel könne nur ein solcher genannt werden, der gefaßt sei. Also hätten sie beide den Spiegel getroffen, und es sei nicht ausgemacht gewesen, daß man ihn am besten in der Mitte oder am Rande treffe. Auf ihrer beider Bitte, eine Entscheidung herbeizuführen, wurde ein Rittergericht gebildet, und mit Wilwolt wurde so lange gesprochen, bis er seinen Anspruch fallenließ."

Dieser Bericht ist geeignet, den Eindruck zu bestärken, diese spätmittelalterlichen Schaugefechte seien nur Spiele gewesen, späte Nachklänge von etwas, was seit langem keine ernste Bedeutung mehr besaß. Nimmt man den Kontext ernst, in den diese Erzählung gehört, nämlich die Absicht des Autors, erzieherisch auf den Adel einzuwirken, so muß man immerhin damit rechnen, daß diese Kampfspiele als Gelegenheiten adliger Bildung noch etwas anderes waren als Zeitvertreib.

Und es kommt hinzu, wie man gerade aus diesem Buch erfährt, daß diese Schaukämpfe so ungefährlich nicht waren. Obwohl ihr Ablauf in einer Weise reguliert war, die den Vergleich mit heutigen Fußballspielen erlaubt, konnte aus dem Sport doch Ernst werden. Die Kampfrichter gestatteten mehr als Schiedsrichter heute und mußten das auch tun, da schließlich Waffen im Spiel waren. Und die Kämpfer konnten den Schaukampf nutzen, einen alten Streit auszutragen. So geschah es bei einem großen Mainzer Turnier im Jahre 1480. Die Führer der streitenden Parteien versuchten, ihre Sache durch das Turniergericht beilegen zu lassen, doch das führte zu keinem Erfolg. Die Beleidigungen, die bei dem Schlichtungsversuch fielen, waren geeignet, die Ehre der Beleidigten – und damit ihre Turnierfähigkeit – zu schädigen. So wurde das Turnier genutzt, die gefährdete Ehre wiederherzustellen. Was war geschehen? Und was geschah?

Einem fränkischen Ritter, Martin Zöllner, wurde vorgeworfen, sich in einem Erbfall unrechtmäßig verhalten zu haben. Zu den Geschädigten gehörte ein Vetter Wilwolts, dieser nahm sich des Verwandten an, stieß mit Martin Zöllner zusammen und wurde von diesem der Lüge bezichtigt. Wilwolt antwortete Martin Zöllner, er wolle ihm die Lüge ins Maul stoßen, der sagte darauf, er wolle zurückschlagen. So ging es eine Weile hin und her. Da die Auseinandersetzung öffentlich geschehen war und Martin Zöllner in großem Ansehen stand, fürchtete Wilwolt, seine Ehre werde Schaden nehmen, wenn er sich nicht zur Wehr setze. Dazu aber wollte er das Mainzer Turnier benutzen. Er zog einige bayerische Standesgenossen und die anwesenden Mitglieder der Rittergesellschaft vom Esel auf seine Seite. Aber auch sein Gegner bemühte sich um Verbündete.

„Als aber Wilwolt die Dinge sorgfältig bedacht, was er und wie er es am besten unternehmen könnte, schlief er nachts wenig und sagte seinen Verbündeten am Morgen, sie sollten ihn aufmerksam beobachten. Und als man in die Schranken gezogen war und an den Seilen“, die das Kampffeld umgrenzten, „hielt, rückte Wilwolt von Schaumberg dem oft erwähnten Herrn Martin an die Seite, und als das Seil zerhauen und durchbrochen war“, der Kampf also begonnen hatte, „nahm Wilwolts Knecht, der bei den Schranken auf ihn wartete, sein Pferd beim Zügel, brachte ihn gleich zu Herrn Martin, den er sogleich mit dem Zaum band, ohne darauf zu achten, daß der auf ihn einschlug, und er hielt ihn so lange fest, bis seine Verbündeten kamen. Die umzingelten ihn und schlugen ihn maßlos. Nun kamen Herrn Martins Verbündete und fragten, was der Grund dieser Schlägerei sei. Sie erhielten die Antwort, er habe jetzt keine Zeit. Doch würden sie es auf dem Tanzhaus erfahren" – also nach dem Ende des Kampfes. „Da mußten Martins Verbündete abziehen und die anderen mit ihm gewähren lassen. Darauf rissen sie ihn bis zu den Sporen aus dem Turniersattel, legten ihn seinem Pferd auf den Rücken und schlugen ihn so lange auf den Bauch, bis er das Pferd hergab. Darauf setzten sie ihn wieder aufrecht und ließen ihm durch die Kampfrichter die Gurte zerschneiden und ihn wie einen Mann, der die Turnierstrafe verdient hat, in seinem Sattel auf die Schranke setzen."

Der Leser Ludwigs von Eyb konnte aus solchen Geschichten lernen, wie man seine Ehre bewahrte. Der aber bedurfte man nicht nur, um am Turnier teilnehmen zu können, sondern auch sonst, und schon daran sieht man, daß das Turnier etwas anderes war als eine sportliche Veranstaltung.

Aus einer anderen Geschichte geht hervor, daß auch der Söldner dieser Ehre bedurfte, und man erfährt aus ihr zugleich, daß ein Mann wie Wilwolt von Schaumberg nicht nur beim Turnier und nicht nur im Krieg Waffen trug. Ludwig von Eyb schildert ein Reiseabenteuer seines Helden, das, wie er ausdrücklich sagt, an die alten Tafelrunde-Gefährten erinnere. Wiederum verknüpft der Autor Leben und Taten seines spätmittelalterlichen Helden mit der klassischen Tradition, in diesem Falle also mit den Erzählungen über König Artus und seinen Kreis. Was geschah? Wilwolt von Schaumberg hatte einen Bruder besucht und ritt – und zwar allein – nach Ansbach zurück. In der Nähe des Schlosses Sommersdorf bemerkte er im Tannenwald, daß ihn ein aus der Schweiz stammender Söldner mit auf der Armbrust angelegtem Pfeil verfolgte. Auch Wilwolt legte daraufhin die Armbrust an, doch so, daß der andere das nicht sehen konnte. Der stürmte nun auf Wilwolt los und bedrohte ihn – offensichtlich um ihn auszuplündern. Wilwolt, dank seiner Vorbereitung nicht wehrlos, lachte den anderen an und fragte ihn: „Wie kommst du so frisch daher? Kennst du mich nicht?"

Der Ritter wie der – wohl ebenfalls aus adliger Familie stammende – Söldner sind also, wie man sieht, bewaffnet unterwegs. Aus dem folgenden geht hervor, daß sie auch ein Schwert führen und einen Helm tragen. Obwohl es sich auf der einen Seite um einen – schließlich vereitelten – Raubüberfall handelt, muß sich auch der Räuber an einem Verhaltenskodex orientieren. Was der im einzelnen vorschreibt, erfährt man nicht. Offensichtlich spielt die Namensnennung eine Rolle. Man darf sich auch angreifen, aber nicht jeder Angriff ist erlaubt. Wilwolt, der hier wie auch sonst beispielhaftes adliges Verhalten sichtbar machen soll, ist dem Soldknecht überlegen, er verhält sich richtig, doch stellt der Autor nicht einfach schwarz und weiß gegeneinander. Wilwolt erweist sich zwar als der Überlegene, aber er muß auf die Ehre des anderen Rücksicht nehmen.

Zunächst freilich liest man, daß der Ausgang der Sache keineswegs gewiß war. Wilwolt will dem anderen ins Gesicht schießen, trifft aber zu hoch. Doch hat auch der andere kein Glück. Sein Pferd stößt mit dem Kopf an die Armbrust, so daß der Pfeil herunterfällt. Nun verlangt der andere, Wilwolt solle ihm sagen, wer er sei – vielleicht, um ihn abzulenken, da er zugleich nach einem weiteren Pfeil im Köcher greift. Wilwolt aber läßt sich nicht täuschen und greift mit dem Schwert an, so daß sein Gegner die Armbrust hinwerfen muß. Doch greift der nun ebenfalls zum Schwert. Da Wilwolt das seine bereits in der Hand hat, ist er schneller und trifft den anderen unter dem Arm, der darauf das Schwert fallenläßt. Auf diese Weise wehrlos gemacht, gibt er sich zu erkennen, und auch Wilwolt nennt seinen Namen, und da sich die Gegner nun namentlich bekannt sind, kann Wilwolt den anderen zu einem Friedensschwur nötigen.

Diese Urfehde bedrückt den Söldner jedoch. Stets habe er als ein „redlicher Soldknecht" gegolten. Fortan werde man ihn als „heillosen Mann" ansehen. Der Söldner fürchtete, berufsunfähig zu sein, falls seine Entwaffnung bekannt würde, und so bat er Wilwolt, ihm Schwert und Armbrust zu reichen, weil ihn sein Pferd, falls er absteige und sich die verlorenen Waffen suchen würde, nicht aufsitzen lassen würde. Eine List? Wilwolt fürchtete, der andere würde ihn für furchtsam halten, wenn er seine Bitte nicht erfülle. So befahl er dem Soldknecht, beiseite zu rücken, ließ sich von ihm die Armbrustwinde geben, um die noch gespannte Armbrust zu lösen – und dem Gegner damit die Möglichkeit zu nehmen, sogleich zu schießen. Außer der Armbrust und der Winde reichte Wilwolt dem anderen auch das Schwert, und dann ritten sie weiter, bis sie sich einem Wald näherten. Der Soldknecht gab nun vor, sich auf eine Jagd vorbereiten zu wollen. Er spannte die Armbrust, legte den Pfeil an, und auch Wilwolt tat das, aber mehr geschah nicht. Und nachdem sie den Wald passiert hatten, sagte der Söldner: „Nun ist es nicht mehr nötig". Der Autor erklärt die dunkle Szene so, daß der Söldner Wilwolt nervös machen und dazu bringen wollte, auf ihn zu schießen, woraus sich dann ein Kampf hätte entwikkeln können, der ungeachtet der Urfehde erlaubt gewesen wäre. Wilwolt erkannte das jedoch, und so scheiterte der Plan des anderen.

So kamen die beiden schließlich nach Ansbach, wo sie im Wirtshaus beim Essen in Gegenwart von Grafen, Herren und Adligen zusammentrafen. Wilwolts Gegner sah hierin eine Möglichkeit, sich öffentlich aus der für seine Ehre mißlichen Situation zu befreien. Er berichtete den Vorgang und stellte insbesondere dar, daß er bereit gewesen sei, die Schande zu rächen, die ihm zuteil geworden war. Darauf fällten die anwesenden Grafen, Herren und Adligen eine Art Schiedsurteil. Wilwolt sollte die Unterkunft und das Essen des Soldknechtes bezahlen, und damit sollte der Fall erledigt sein und der Söldner von Wilwolt als Ehrenmann betrachtet werden.

In einem anderen Falle wird man über einen Konflikt zwischen einem Adligen und einem Fürsten unterrichtet. Diesmal ist der Schauplatz wiederum ein Turnier. Markgraf Friedrich von Brandenburg, damals vierundzwanzig Jahre alt, war 1484 zusammen mit einhundertfünfundzwanzig Kämpfern auf dem Stuttgarter Turnier mit der Absicht erschienen, diese Macht gegen Georg von Rosenberg einzusetzen. Der wußte, was ihm drohte, und brachte die Mitglieder der Rittergesellschaft vom Einhorn auf seine Seite. Das waren zwar nur fünfunddreißig Mann, doch gelang es ihnen, den Markgrafen auszumanövrieren. Zunächst kam es zu einem wilden, von Ludwig von Eyb drastisch beschriebenen Reitergetümmel. Der Markgraf rückte mit den Seinen rasch vor, aber die Einhorn-Ritter zogen sich in eine Ecke zurück, so daß niemand in ihre Formation einbrechen konnte. Der Markgraf versuchte es mehrere Male. Dabei, so schreibt Ludwig von Eyb, grunzten die Pferde wie die Schweine, und es stieg ein solcher Dampf hoch, daß die Frauen und Jungfrauen von ihren Fenstern aus das Turnier kaum noch sehen konnten. Wilwolt und zwei seiner Mitkämpfer geraten unter die Pferde, einer kommt wieder hoch, aber den anderen werden die Turnierhelme zertrümmert und sie selbst werden fast totgetrampelt.

Danach formieren sich die beiden Verbände neu, wobei die Einhorn-Ritter damit rechnen, daß der Markgraf sich als ein junger Fürst den Frauen und Jungfrauen werde präsentieren wollen. So gelang es, ihn, der sich zu diesem Zweck von den Seinen getrennt hatte, in ihre Formation einzuschließen und vom Pferd zu bringen. Darauf erlaubten die Einhorn-Ritter den Markgräflichen, den Fürsten wieder aufs Pferd zu bringen, was jedoch mißlang. So sattelten sie das Pferd ab, zogen es aus der Kampfordnung, während der Markgraf sich auf die Schranke setzte, um von hier aus die Gegner im Rücken anzugreifen. Auf der Schranke pflegten aber die Geschlagenen oder diejenigen zu sitzen, die durch die Schiedsrichter aus dem Kampf genommen worden waren, und so brachte einer der gegnerischen Ritter den Markgrafen laut schreiend von seinem Vorhaben ab. Er bot ihm an, sich hinter ihm aufs Pferd zu setzen, doch das ließ den Markgrafen fürchten, man würde ihn verspotten, und so bat er, man möge seinen Vetter, einen Hohenzollern, hineinlassen, damit dieser mit ihm wegreiten könne, wie es auch geschah.

Die Geschichte ist damit nicht zu Ende. Der Markgraf versuchte noch einen anderen Trick, doch hatte er auch damit keinen Erfolg. Dem Fürsten war also sein Racheplan mißlungen, aber das hieß doch nicht, daß sich da zwei feindliche Lager unversöhnlich gegenübergestanden hätten. Das ganze endete in einem prächtigen Bankett.

Hätte Ludwig von Eyb seine biographisch-autobiographische Erzählung ein paar Jahre später zu Papier gebracht, so hätte er vom Ende des listigen Markgrafen berichten können. Als dieser im Jahre 1515, einunddreißig Jahre nach jenem Stuttgarter Turnier, zur Fastenzeit so betrunken war, daß er sich nicht wehren konnte, überwältigte ihn sein Sohn Kasimir und zwang ihm eine Abdankungserklärung ab. Zwölf Jahre lang wurde der einstige Turnierheld und fürstliche Verschwender nun gefangengehalten, bis er 1527 nach dem Tode seines gewalttätigen Sohnes freikam und fortan als eine Art von fürstlichem Rentner leben konnte. 963 Gulden wurden ihm für seinen bescheidenen Hofstaat jährlich zur Verfügung gestellt, ein nicht einmal kläglicher Betrag, mit dem man einen fürstlichen Turnierreiter und sein Gefolge allerdings nicht hätte ausstatten können. Wilwolt von Schaumberg dagegen war durch seinen Dienst als hochgestellter Landsknechtsführer bei Kaiser Maximilian zu soviel Wohlstand gekommen, daß er die ererbte Burg wiederherstellen und im Alter von sechsundfünfzig Jahren eine standesgemäße Ehe eingehen konnte.

Wilwolt von Schaumberg war zeitweise auch am Hofe des Kaisers erzogen worden. Adlige, deren Existenz nicht gänzlich auf die Heimatregion beschränkt war, mußten Wert darauf legen, daß ihre Söhne am Hof eines Mächtigen die traditionellen Lebensformen erlernten. Wie das geschah, erfährt man aus den Erinnerungen Georgs von Ehingen, eines Mannes, der aus dem gleichen sozialen Milieu stammte wie Wilwolt von Schaumberg. Auch Georg von Ehingen gehörte zum reichsritterschaftlichen Adel, und auch seine Familie hatte sich fest mit der eines Landesfürsten verbunden, in diesem Falle mit den Herzögen von Württemberg, und das hatte zu einer besseren Position geführt als zu jener, in die Wilwolt von Schaumberg hineinwuchs. Der eigene Besitz, die Tätigkeit für den Landesherrn und Kriegsgewinne hatten den Vater, Burkhard von Ehingen, zu einem der reichsten Männer am oberen Neckar gemacht. Georg von Ehingen hat sich offensichtlich in einer zu diesem Reichtum passenden Weise verheiratet. Seine Ehefrau entstammte dem reichen Reutlinger Stadtbürgertum. Auf der anderen Seite legte der Vater aber Wert darauf, daß der Sohn ganz in den Normen des eigenen ständischen Herkommens erzogen wurde, und dieser hat sich dem nicht nur gefügt, sondern im Alter diese Erziehung dokumentiert, indem er in seinen Erinnerungen nur von dieser traditionellen Erziehung spricht, von seiner Ausbildung an Fürstenhöfen und von seiner Teilnahme an ritterlichen Kämpfen gegen die Heiden, nicht dagegen von dem, was das wirtschaftliche Fundament seiner Existenz ausmachte. Ist das Buch des alten Ritters und Fürstendieners demzufolge nichts als ein Zeugnis von Illusionen? Das sollte man nicht leichthin behaupten. Man sollte einfach zur Kenntnis nehmen, was dem alten Ritter an seiner Jugend wichtig und darstellenswert war.

Auch bei diesem Text erübrigt sich die kritische Frage danach, wie sich denn Realität, harmonisierende Erinnerung und Fiktion zueinander verhalten mögen. Was Georg von Ehingen im Alter über seine Jugend und Erziehung aufschrieb, war ernst gemeint. Der Autor wollte, daß man es für wahr hielt, und so mußte er sich zwar nicht im Rahmen dessen bewegen, was tatsächlich geschehen war, wohl aber innerhalb dessen, was damals möglich gewesen ist. Und das ist viel interessanter, als es tatsächliche Ereignisse sein könnten. Dessen ungeachtet kann man aber vielfach feststellen, daß Georg von Ehingen von anderweitig verbürgten Geschehnissen berichtet.

Der Autor erzählt, er sei im Knabenalter an den Hof Herzog Siegmunds in Innsbruck gegeben worden. Dort habe er zum Hofstaat der Herzogin gehört, einer geborenen Königin von Schottland, und das war eine ansehnliche Position. Doch auf Dauer, so behauptete jedenfalls Georg von Ehingen später, habe ihn die Zugehörigkeit zum Hofpersonal der Herzogin nicht voranbringen können. Zu ritterlichen Taten und zum Erlernen der Turniertechnik habe er in Innsbruck keine Gelegenheit gefunden. So bemühte sich Georg von Ehingen um eine Veränderung und wechselte an den Hof von Herzog Siegmunds Vetter, Albrechts VI. von Österreich, des Bruders von Kaiser Friedrich III., zu dessen Herrschaftsgebieten die oberrheinischen Besitzungen der Habsburger gehörten. Der Hof Albrechts VI. hatte seinen Ort in Rottenburg – wenige Kilometer südlich von Tübingen und noch weniger von Kilchberg entfernt, dem Hauptsitz der Herren von Ehingen. Wollte Georg von Ehingen tatsächlich nach Rottenburg gehen, um dort an einem repräsentativeren Hof zu leben? Oder erschien ihm und dem Vater die Ausbildung an einem so nahe gelegenen Hofe als praktischer? Das kann man selbstverständlich nicht sagen.

In der Rückschau behauptet Georg von Ehingen, er habe in Rottenburg den ritterlicheren Hof aufsuchen wollen und sich darum bemüht, von den weiterreichenden Möglichkeiten dieses Hofes für seine Ausbildung zu profitieren. Zunächst kam er allerdings nicht so weit voran, wie er wollte. In Innsbruck war er Vorschneider und Tischdiener der Herzogin gewesen. In Rottenburg gehörte er nun zwar, wie er schreibt, einem aufwendigen, fürstlichen, ja geradezu königlichen Hof an, aber er war diesem Hof doch nur als Teil des adligen Hofgesindes zugeordnet – eine Art Praktikant, wie man heute sagen könnte, und das überdies mit nicht unbeträchtlichem Einsatz eigener Mittel. Der Vater hatte ihm drei Pferde – und gewiß den dazugehörigen Pferdeknecht – zur Verfügung gestellt, das mindeste, was ein Adliger in solcher Stellung brauchte.

Georg von Ehingen jedoch wollte mehr, zumal ein Besuch seines früheren Herrn, Herzog Siegmunds, in Rottenburg bevorstand. Er befürchtete, die Angehörigen des Hofes, an dem er bisher tätig gewesen war, würden ihn geringschätzen, wenn sie nun sähen, daß er es in Rottenburg nicht eben weit gebracht hatte. Was tun? Er beriet sich mit seinem Vater, einem erfahrenen Hofmann, wie er schreibt. Und der Vater, Burkhard von Ehingen „mit dem Zopf", benannt nach einer habsburgischen Rittergesellschaft, die er als deren Mitglied in Schwaben bekannt gemacht hatte, erwies sich tatsächlich als ein erfahrener Mann. Er riet seinem Sohn, sich um ein Amt in der Nähe des Fürsten zu bemühen. Auch wenn es ein niedriges – selbstverständlich, so muß man hinzufügen, immer noch einem Adligen angemessenes – Amt sei, habe er in einem solchen Amt doch die Möglichkeit voranzukommen, und er sei in Gesellschaft angesehener Leute.

Doch wie sollte Georg von Ehingen zu diesem Amt kommen? Der Vater riet ihm, den Herzog in einem Augenblick anzusprechen, da dieser gut gelaunt sei, und ihm die eigene Situation wahrheitsgemäß vor Augen zu stellen. Er solle sagen, wenn sein früherer Herr, Herzog Siegmund, in Rottenburg sähe, daß er, Georg von Ehingen, kein Amt am neuen Hofe erlangt habe, werde ihn das in ein Ansehen bringen, das ihm auch an diesem Hof und vor dem Herzog peinlich sein müßte.

Im folgenden berichtet Georg von Ehingen, daß es ihm tatsächlich gelang, den Herzog in einem günstigen Augenblick anzusprechen und um ein Hofamt zu bitten. Wie verkehrte ein solcher junger Adliger mit dem Fürsten, an dessen Hof er lebte? Ein strenges Protokoll gab es nicht, aber so einfach mit dem Fürsten zu reden, empfahl sich ebensowenig. Hatte man Glück, dann gab es keine Schwierigkeiten. So geschah es hier. Der Fürst habe ihn ganz freundlich angesehen, schreibt Georg von Ehingen, dann gelacht und mit wenigen schnellen Worten sprichwörtlich zugestimmt: „Bei Gottes hängender Gans, so soll es sein!" Und dann habe er einen seiner adligen Kämmerer gerufen und ihm befohlen, die Schlüssel zu seinem Zimmer dem Georg von Ehingen zu geben, der nun also herzoglicher Kämmerer war, sich als solcher eifrig betätigte, beim Besuch Herzog Siegmunds und seines Hofgesindes nicht in die befürchtete peinliche Lage geriet, bei seinem nunmehrigen Herren allerdings Spott wegen des Übereifers erntete, den er an den Tag legte. Nun fielen spaßhafte „Hofworte" und Redensarten, die allerdings nicht böse gemeint waren. Denn Georg von Ehingen hoffte nun, er würde unter den Kämmerern des Herzogs der erste werden.

Gelegenheit zur Bewährung bot ein Besuch des Rottenburger Hofes in Prag, wo 1453 Ladislaus, der nachgeborene Sohn König Albrechts II., zum König des ererbten Böhmen gekrönt wurde. Das Gefolge Herzog Albrechts betrug fünfhundert Pferde, das des brandenburgischen Markgrafen Albrecht, der den Herzog begleitete, dreihundert. Doch was bedeuteten solche Zahlen? Mit einer großen Anzahl von Reitern allein war noch nicht jenes fürstliche Ansehen zu gewinnen, auf das es bei solchen Gelegenheiten ankam. Möglichst viele Angehörige des Hofes mußten sich ihrerseits um ein repräsentatives Auftreten bemühen, und das heißt zugleich, sie mußten bereit sein, Kosten auf sich zu nehmen. So kam es nun wiederum auf den Rat – und auf die Unterstützung – des älteren Ehingen an.

Der Vater war zufrieden, daß der Sohn die von ihm entworfene Stufe inzwischen bestiegen hatte, und er meinte, daß nun die Gelegenheit zur nächsten sein werde. Er riet dem Sohn, an Turnieren teilzunehmen und den Ritterschlag zu empfangen, wenn sich dazu Gelegenheit ergeben würde –

was zu erwarten war, da der Ritterschlag gerade bei solchen Anlässen erteilt wurde. So rüstete der Vater den Sohn mit einem ganzen Harnisch aus, also einem – außerordentlich kostspieligen – den ganzen Körper deckenden Plattenpanzer, auch mit den nötigen Pferden, Knechten, Kleidern und anderen ritterlichen Ausrüstungsstücken, was wiederum dem Herzog, dessen Hof auf diese Weise ansehnlicher wurde, gefiel. Damit aber wuchs die Chance des Ritterschlags.

In Prag wurden aus der Begleitung Herzog Albrechts fünf Adlige zum Ritter geschlagen, unter ihnen Georg von Ehingen, und dieser gehörte auch zu jenen vier Rittern, die den goldenen Wagen begleiten durften, mit dem die Königin in Prag einfuhr. Von dem Stechen, das anschließend stattfand, bemerkt Georg von Ehingen, daß es überaus hart dabei zuging, und das ist durchaus glaubhaft angesichts dessen, was man von solchen Turnieren weiß und zum Beispiel bei Wilwolt von Schaumberg liest (siehe S. 120).

In Rottenburg, wohin der Hof zurückkehrte, begrüßte Burkhard von Ehingen den zum Ritter geweihten Sohn nun in aller Form. Doch meinte er, dessen Erziehung sei noch nicht abgeschlossen. So befahl er ihn nach Kilchberg in sein Stübchen über dem Burgtor, wo er dem Sohn eine „schöne lange" Rede über den Sinn dessen hielt, was Rittertum sei, und darüber, wie sich der Sohn verhalten solle. Doch begnügte sich der Vater nicht mit Worten. Er hatte nämlich neben sich ein zugedecktes Becken stehen, in dem sich 400 Gulden befanden, die er dem Sohn nun zur weiteren Ausbildung schenkte. Es handelte sich um einen Betrag, der zum Beispiel das Zehnfache dessen ausmachte, was im damaligen Nürnberg ein gutsituierter Weltgeistlicher jährlich aus seiner Pfründe einnahm. Burkhard von Ehingen wollte, daß sein Sohn sich mit Hilfe dieses Geldes auf die Reise zu den klassischen Orten ritterlicher Bewährung begeben sollte.

Der Kampf gegen die heidnischen Litauer, in den Georg von Ehingen jetzt hätte reiten sollen, wenn er zwei Generationen früher gelebt hätte, war nun nicht mehr möglich.

Doch die anderen Kampfgelegenheiten gab es weiterhin. Für das Frühjahr hatten die Johanniter einen Kriegszug nach Rhodos angekündigt, und an dem teilzunehmen riet der Vater seinem Sohn. Wenn dieser den Kreuzzug überstehen sollte, würde er Gelegenheit haben, auch etwas für das Seelenheil des Vaters zu tun. Denn der hatte sich den Wunsch, zum Grab Christi zu ziehen, nicht erfüllen können, und so sollte nun der Sohn dieses Ziel stellvertretend für den Vater erreichen.

Georg von Ehingen erreichte nicht nur das gewünschte Ziel, sondern weit mehr. So wurde er 1454 von seinem Vater dankbar empfangen – und neu eingekleidet –, und auch der Herzog begrüßte den nun so ansehnlichen Ritter in Rottenburg, nahm ihn in den – offensichtlich von ihm besonders geförderten, wohl auf diesen Hof konzentrierten – Ritterorden zum Salamander auf und beförderte ihn zum obersten Kämmerer. Immer wieder, so erzählt Georg von Ehingen, habe ihn der Herzog nach seiner „Meerfahrt" gefragt, also nach den Reiseerlebnissen im östlichen Mittelmeer, und damit wird sichtbar, daß diese so typischen adlig-fürstlichen Pilgerfahrten und Kreuzzüge am Ende auch den Sinn hatten, erinnert zu werden und als Medizin gegen die Langeweile zu dienen, die sich an den Höfen ausbreitete, wenn die großen Ereignisse auf sich warten ließen – wenn niemand zu Besuch kam, kein Turnier oder keine große Jagd angesagt war und keine Hochzeit stattfand.

Stille Tage in Rottenburg: Georg von Ehingen berichtete seinem Herrn nicht nur über die bestandenen Abenteuer, sondern er sprach auch von seinem Wunsch, abermals an einer ehrenvollen Ritterfahrt teilzunehmen, und der Herzog stimmte ihm zu. Doch war es damals still nicht nur in Rottenburg, sondern überall. In jenen Jahren, die von den späteren Historikern gern als eine Zeit verstanden werden, in der fast jedermann gegen jeden kämpfte, gab es, wie sich Georg von Ehingen später erinnerte, bei keinem König oder Fürsten, so weit seine Erfahrung reichte, Krieg. „Es war auch guter Frieden in allen Reichen der Christenheit." Wiederum drohte das dem jungen Ritter so verderbliche Sichverliegen, und dagegen half auch nicht, daß an den habsburgischen Höfen in Rottenburg oder Freiburg immerhin mit „Rennen, Stechen, Tanzen und dergleichen" allerlei „in Fröhlichkeit" geschah. Auch Burkhard von Ehingen meinte, daß die Teilnahme an solchen ritterlichen Übungen nicht hinreichend vom Müßiggang entfernt sei.

Zusammen mit einem Salzburger Standesgenossen begann Georg von Ehingen darum nun eine zweite große Ritterreise nach Frankreich, Spanien, Portugal und damit zugleich an die Front des Kampfes gegen die Mauren. Anders als die bewaffnete Pilgerschaft in den Vorderen Orient war diese Reise keineswegs üblich, und so macht sie den Hauptteil dessen aus, was Georg von Ehingen in seinen Erinnerungen berichtet.

Damit aber war seine Ausbildung beendet, und das „Leben" konnte beginnen. War er auf das, was er nun tat, eigentlich vorbereitet? Auf die Hauptmannschaft in der großen Adelsgesellschaft mit St. Jörgenschild und auf eine Führungsaufgabe im Schwäbischen Bund sicherlich, denn hier kam es darauf an, unter den Standesgenossen als erfahren im übertragenen wie im wörtlichen Sinne des Wortes zu gelten. Doch was hatten die Ritterreisen mit den landesherrlichen Ämtern zu tun, die Georg von Ehingen nun für Herzog Eberhard im Bart wahrnahm, was mit der Gründung der Universität Tübingen, an der der Ritter wesentlich beteiligt war? Hatten sein Vater und er nicht das falsche Curriculum gewählt? Der Meinung waren sie nicht, und damit hatten sie recht. Daß man in seiner Jugend genau das üben, was man ein Leben lang tun müsse, ist erst ein jüngerer Irrtum.

Ein alter Fürst
und ein neues Land:
Albrecht Achilles in der Mark Brandenburg

Die frühe Zeit der Hohenzollern als Markgrafen und Kurfürsten der Mark Brandenburg erschien in späterer Zeit als der Beginn eines sich mit Konsequenz entwickelnden Hergangs, an dessen Ende die Einigung Deutschlands durch die Hohenzollern stand. Tatsächlich wurde die Mark Brandenburg, nachdem sie in den Jahren 1411 bis 1417 an die Hohenzollern gekommen war, keineswegs sogleich deren wichtigstes Territorium. Doch übernahm nach dem Tode des ersten hohenzollernschen Kurfürsten dessen ältester Sohn Friedrich die Kurwürde und die Mark, während der jüngere Albrecht die Fürstentümer Ansbach und Bayreuth erhielt. Obwohl es Friedrich II. durchaus gelang, die fürstliche Stellung gegenüber den Selbständigkeitsansprüchen der Untertanen auszubauen, hat er nach dreißig Jahren doch resigniert. Er übergab die Mark und die Kurwürde seinem Bruder Albrecht, der sich nun, bis zu seinem Tode im Jahre 1486, alle Mühe gab, das unsichere Erbe, das ihm sein Bruder hinterlassen hatte, zu behaupten und zu festigen. Adel und Städte waren nicht weniger selbständig als in den Jahrzehnten zuvor, die landesherrlichen Schulden waren beträchtlich, im einzelnen auch schwer zu überblicken, und die Verwaltungsverhältnisse ließen zu wünschen übrig. Albrecht und seine Helfer hatten den Eindruck, ein zurückgebliebenes Land wirtschaftlich, administrativ und auch kulturell voranbringen zu müssen.

Man weiß von den Eindrücken, die der süddeutsche Fürst und seine aus der Heimat in den Norden entsandten Beamten von dem in ihren Augen so unzulänglichen Land hatten, viel, weil Albrecht selbst die Mark nur dreimal besucht hat, sich aber gleichwohl um viele Einzelheiten in eigener Person bemühte. Das führte zu einer für die Zeit ungemein ausführlichen Korrespondenz. Diese in dichter Folge gewechselten Briefe berichten von den Zuständen in der Mark, von dem, was dagegen getan werden soll, doch wird all das nicht im Stile eines Behörden-Briefwechsels dargeboten, sondern in einer Korrespondenz, welche die daran beteiligten Personen, vor allem die Fürsten, in ihren Vorstellungen und Erwartungen sichtbar werden läßt – direkt dort, wo der Fürst selbst Briefe diktiert oder schreibt, vor allem diejenigen, die er mit der – dann nicht verwirklichten – Aufforderung versieht, man solle sie sofort zerreißen, während man Albrecht indirekt dort kennenlernt, wo ihm aus der Mark von seinen Vertrauten berichtet wird.

Schon im Sommer 1470 erhielt Albrecht von zwei fränkischen Räten, die sich in Berlin insbesondere über die finanziellen Verhältnisse unterrichtet hatten, einen einigermaßen niederschmetternden – aber vielleicht zu einem nicht unbeträchtlichen Teil auch die Fremdheit und das Unverständnis der beiden süddeutschen Räte gegenüber den norddeutschen Verhältnissen spiegelnden – Bericht, der den Kurfürsten daran hätte zweifeln lassen können, ob denn nun zusammenwachsen werde, was offensichtlich gar nicht zusammengehörte.

Der Brief beginnt mit der pauschalen Bemerkung, daß die beiden Vertreter des neuen Fürsten bei der Verwaltung der Hoffinanzen keinerlei Ordnung gefunden hätten. Jedermann lebe nach seinem Willen, und dieser alten Gewohnheit folge man gern. Diese alten und offensichtlich gut eingespielten Verfahrensweisen erschienen den Vertretern des neuen Fürsten als Mißstände. Sie bemühten sich um einen raschen Wandel. Doch wie sollte der vonstatten gehen? Schriftlichkeit, so hieß die Parole, und zwar nicht einfach so, daß aufgeschrieben werden sollte, was an Geldern einkam und ausgegeben wurde. Die Abgesandten des neuen Kurfürsten bemühten sich darum, „Gegenschreiber“ einzusetzen, also zu erreichen, daß Einnahmen und Ausgaben an zwei Stellen notiert wurden, so daß sich eine Möglichkeit der Kontrolle ergab. Und sie strengten sich an, eine gewisse Zentralisierung der Finanzen des fürstlichen Hofes zu erreichen.

Bisher, so liest man, habe niemand eine Rechnung gelegt, der man entnehmen könne, was jeweils einkomme oder ausgegeben werde. Es sei vielmehr so gewesen, daß man eingenommen habe, was gerade einkam, ohne weiter nachzufragen oder Rechnung abzulegen, und ebenso sei es beim Einnehmer der Zölle gewesen, beim Vorsteher der Mühle, bei den Mühlknechten der Walkmühle, bei der Lohmühle, der Sägemühle, beim Bäcker, Bierbrauer und Fleischer. Man lernt bei dieser Gelegenheit die Umrisse des Hofes kennen. Dieser versorgte sich zu einem nicht unbeträchtlichen Teil selbst, doch das geschah nicht so, daß die Werkstätten und Mühlen einem für ihre Finanzen zuständigen Hofbeamten unterstanden hätten, sie tätigten ihre Einnahmen und Ausgaben unabhängig voneinander, und das erscheint den beiden Abgesandten aus dem moderneren Süden nicht nur als chaotisch, sondern auch als gefährlich, weil es die Möglichkeit zur Unterschlagung bietet. Sie illustrieren das am Beispiel des Schweineknechtes, der unter dem Berliner Hofpersonal der Geringsten einer sei und trotzdem in eigener Regie eine große Menge an Staubmehl und Kleie – also Schweinefutter – verwalte, ohne daß er darüber Rechenschaft geben müsse.

Wie sollte dem nun abgeholfen werden? Die Klagen der beiden Räte zielen auf den Wunsch, Kurfürst Albrecht möge den schon erwähnten „Gegenschreiber", und zwar eine ganz bestimmte Person, die sie benennen, den alten Ansbacher „Küchenschreiber", nach Berlin senden, und das noch in der Zeit, da sie ihn selbst einweisen könnten. Und die Kosten? In heutigen Begriffen gesagt, forderten die beiden von ihrem Fürsten ja nichts anderes als die Einrichtung einer neuen Planstelle, und dergleichen verlangte auch damals eine Erwägung des Verhältnisses von Kosten und Nutzen. Die zwanzig oder dreißig Gulden, die dieser Schreiber bekommen sollte – und die ein recht ordentliches Einkommen dargestellt hätten –, würden von diesem selbst ohne weiteres erwirtschaftet werden, zumal das neue System, so fahren die Räte fort, dazu führen würde, daß dieser oberste Kontrolleur keineswegs in die eigene Tasche würde wirtschaften können, da er selbst gar nichts einzunehmen und auszugeben habe, wohl aber von allen Geldbewegungen am Hofe Kenntnis haben werde. Die Einnahmen und Ausgaben, so fahren sie fort, sollten von einer ihnen als geeignet erscheinenden Person getätigt werden, also einem Kämmerer, den sie allerdings nicht benennen und offensichtlich unter dem heimischen Personal auszusuchen beabsichtigten.

Daß die Abgesandten des neuen Kurfürsten sich zunächst um die fürstliche Haushaltung in Berlin kümmerten, war nur sachgemäß. Auch am Ende des Mittelalters hat man es bei einem solchen Landesfürstentum mit einem politischen Gebilde zu tun, das auf jener Skala, die von einer fürstlichen Haushaltung bis zu einem Staat reicht, noch ganz in der ersten Hälfte angesiedelt ist. Der Fürst und seine Haushaltung unterscheiden sich von anderen Haushaltungen nur graduell. Ebenso wie ein Adliger lebt auch ein Fürst ganz wesentlich aus den eigenen Besitzungen. Daneben verfügt er über Einnahmerechte wie zum Beispiel die erwähnten Zölle. Doch schon bei deren Einzug oder gar Erhöhung bedarf es der Zustimmung derer, die sie leisten sollen, also der Repräsentanten der Untertanen, der „Stände“, und das gilt vollends dann, wenn der Fürst außerordentliche Aufwendungen, Kriegskosten etwa, auf die Untertanen umlegen wollte. In diesem Falle mußte er bitten und verhandeln, und so heißen derartige Abgaben denn auch Bede – oder sie werden Steuer genannt. Das läßt ebenfalls den besonderen Charakter einer solchen Abgabe erkennen, denn das Wort „Steuern“ bedeutet im alten Deutsch nicht Staatsabgaben, sondern bezeichnet vielmehr die Abhilfe in einer Notlage.

Von einer solchen Notlage ist in dem schon zitierten Bericht der beiden kurfürstlichen Räte gleichfalls die Rede. Sie berichten von der militärischen Situation der ungefähr zwanzig Kilometer südlich von Stettin an der Oder gelegenen Stadt Gartz, die von den pommerschen Herzögen beansprucht wurde. So mußte Gartz gesichert und mit einer Garnison versehen werden, und damit waren außerordentliche Einkünfte gefordert, da ein Fürst dieser Zeit über ein stehendes Heer – und wäre es nur eine bescheidene Truppe zur

Sicherung einer Grenze gewesen – nicht verfügte. Um für moderne Verhältnisse bescheidene Zahlen ging es auch hier. Die benachbarten Städte hatten Gartz zwei Jahre lang durch die Bezahlung von einhundertdreißig zu Fuß kämpfenden Söldnern gesichert, doch das weiterhin zu tun, waren sie nur unter der Bedingung bereit, daß sich auch die Städte der Altmark beteiligten. Auf deren Einverständnis hofften die beiden Abgesandten des Kurfürsten nicht. Die Städte in der Altmark waren reich und mächtig; mit ihnen zu verhandeln kostete Mühe und Zeit. So versuchten die beiden Räte, Albrecht begreiflich zu machen, daß er ein politisches Interesse haben müsse, aus eigenen Mitteln etwas für die gefährdete Stadt zu tun. Er führe doch den Titel eines Herzogs von Stettin und Pommern, so schrieben sie ihm. Wenn er nun die Stadt Gartz verliere, so würde er einen bloßen Fürstentitel ohne Land und Leute benutzen.

Dann aber erfährt man, daß die beiden Räte schon in eigener Verantwortung gehandelt hatten. Hundert von den erwähnten Fußknechten hätten sie gegen ein Soldversprechen eingestellt. Dieses Versprechen mußte Albrecht erfüllen, und so teilten ihm seine beiden Vertrauten auch mit, was ihn das kosten würde, nämlich für jeden Söldner siebenundzwanzigeinhalb Gulden im Jahr, also etwa soviel, wie der eine „Gegenschreiber“ an Lohn empfangen sollte. Doch standen nun nicht nur jene hundert Fußknechte zur Verfügung, sondern auch berittene Kämpfer, meistens Angehörige des Hofpersonals, insgesamt allerdings nur fünfundzwanzig Mann. Im Kriegsfalle, so fahren die Räte fort, müsse man beide Kämpfergruppen vermehren. Komme es zu einem Ausgleich, so müsse man die Stadt aber trotzdem ein oder zwei Jahre lang mit einer Garnison versehen, bis die Gegenseite sich an die neuen Verhältnisse gewöhnt habe. Und dann kommt wieder ein Satz, von dem man nicht recht weiß, ob er damalige politische Verhältnisse beschreibt oder nur die Vorurteile der in den Norden versetzten fränkischen Räte wiedergibt. Sie meinen jedenfalls, es hier mit einer „politischen Kultur“ zu tun zu haben, die dem fränkischen Fürsten erst bekanntgemacht werden müsse. Zur Begründung ihrer Meinung, auch nach einem Friedensschluß bedürfe es noch eine Weile der Garnison, schreiben die beiden nämlich, in der Gegend, in der sie nun tätig sind, dürfe man niemandem etwas glauben, gleichgültig ob es sich um adlige Herren oder Städte handle. Auch im Friedenszustand müsse man wenigstens sechzig Fußknechte haben, die man besolde, und dann müsse die Stadt zwanzig Bürger aufbieten, die die Mauern und die Tore bewachten, und überdies seien noch zwanzig Berittene nötig. Die kosteten beträchtlich mehr als die Fußkämpfer, nämlich vierzig Gulden.

Was sollte geschehen, falls keine Einigung zustande kam und die bescheidene Garnison, die schon teuer genug war, nicht ausreichen würde? Die Chancen des Kurfürsten in einem offenen Krieg waren seinen Räten zufolge nicht groß. Er habe hier keine Burg, so schrieben sie ihm, in der er hundert Pferde eine Nacht lang füttern und Bier oder Brot ausgeben könne, und er verfüge nicht einmal über Pulver und Armbrustpfeile für zwei Tage. Aufrüstung war also nötig. Die beiden Gesandten raten dem Kurfürsten, Kriegsvorräte zu kaufen, und zwar gleich, weil sie jetzt billig seien. Zu Kreditkäufen raten sie ihm nicht, da sein Vorgänger den fürstlichen Kredit allzusehr strapaziert habe.

Diese Vorschläge legen die Schreiber in Gestalt eines besonderen Zettels bei, und andere solche Beilagen folgen. Man wird auf diese Weise der hektischen Situation gewahr. Die beiden Gesandten prüfen die Lage, beraten sich, schreiben ihrem Herrn, doch dann kommen neue Informationen, und ein Nachtrag wird nötig. So lassen sie auf jenen Rat, doch möglichst rasch Waffen zu kaufen, einen anderen folgen, der günstiger für die fürstlichen Finanzen, auf der anderen Seite aber für die Stellung des Fürsten – so schreiben sie zwar nicht, aber so dürfte Albrecht gewußt haben – bedenklich gewesen wäre. Falls es zum Krieg komme, so schreiben die beiden jetzt, hielten sie es für angebracht, Fußknechte und vielleicht auch berittene Söldner einzustellen, die auf eigene Kosten und auf eigenes Risiko, jedoch gegen das Recht, Beute zu machen, kämpfen würden. Ob das ein Mittel gewesen wäre, die Landesherrschaft zu festigen? Oder hätten die Untertanen auf solche Weise lernen sollen, daß es besser sei, Steuern zu zahlen, als sich von den Söldnern des eigenen Landesherrn ausplündern zu lassen? Und was wäre denn geschehen, falls die Söldner eine Burg oder eine ganze Stadt eroberten? Sollten sie die künftig selbst besitzen? Dem Rechtsverhältnis zufolge, das die beiden Räte hier entwarfen, sollte das nicht der Fall sein. Alles, was die Kriegsknechte solcherart eroberten, sollten sie sich aneignen dürfen – jedoch mit Ausnahme der gefangenen Söldner, deren Lösegeld der Landesherr also selbst einnehmen sollte, sowie auch der Städte und Schlösser, es sei denn, daß man ihnen eine bei der Erstürmung niedergebrannte Stadt oder eine solche Burg übereigne, und zwar wiederum auf ihr eigenes Risiko, also so, daß sie in dem Augenblick der Übereignung noch gar nicht genau abschätzen konnten, ob es in den rauchenden Trümmern viel zu erbeuten geben würde oder nicht. Und dann folgt eine Bitte um Rüstungsgüter. Handwerker, die Pfeile für die Armbrüste herstellten, gab es im Land, doch das Eisen für die Pfeilspitzen erbaten die beiden Räte von ihrem Herrn aus dem Süden.

Der letzte Teil der Briefsendung verknüpft die heikle Sicherheitssituation mit den Huldigungen. Die Vertreter des neuen Fürsten zogen durch das Land und ließen sich von den Vertretern der Städte und den Angehörigen des Adels die Untertanen- beziehungsweise Lehnseide schwören. Das war die Gelegenheit, den Eid mit Forderungen an den Landesherrn zu verknüpfen, und diese Forderungen waren angesichts der Zerstörungen, die der Krieg in den letzten Jahren hinterlassen hatte, in den Augen der Vertreter des Kurfürsten offensichtlich berechtigt. So schreiben sie, daß vom Landesherrn Hilfe erbeten werde. Die Städte verlangten, nicht wie bisher im Stich gelassen zu werden, also die Verteidigung der

Landesgrenze selbst gewährleisten zu müssen. Vier Städte seien ausgebrannt, die man, wenn der Landesherr geholfen hätte, wohl hätte halten können. Die Vertreter der Städte meinten, diese Städte sollten wieder in Verteidigungsbereitschaft gesetzt werden – und zwar offensichtlich mit Hilfe des Landesherrn –, denn zur Begründung wird gesagt, sie stellten so etwas dar wie die allgemeinen Zugänge in das Land. Auch die Adligen erbaten Schadenersatz.

Man hat den Eindruck, die Vertreter des neuen Kurfürsten seien sich mit den Repräsentanten der Untertanen im Hinblick auf den Zustand des Landes und das, was getan werden müsse, an dieser Stelle einigermaßen einig gewesen. Doch schließen die beiden fränkischen Räte mit einer Zusammenfassung, die wiederum die Fremdheit zwischen den Untertanen im Norden und der neuen aus dem Süden kommenden Herrschaft markiert. Die Märker seien Sanftmut und Lässigkeit gewöhnt, große Worte und geringe Taten. So seien sie noch etwas halsstarrig, obwohl es ihnen vor einem „anderen Wesen“ graue: also vor dem, wie man heute sagen würde, Modernisierungs- und Bürokratisierungsschub, der ihnen tatsächlich bevorstand. Markgraf Albrecht war nicht nur einer jener Fürsten, deren Ritterlichkeit und eigene Neigung zum Kampf von den Zeitgenossen gepriesen wurde – bis hin zu dem Beinamen Achilles, den ihm der Humanist Enea Silvio Piccolomini, der spätere Papst Pius II., gab –, er war nicht nur ein geradezu ideologisch argumentierender Städtefeind und Repräsentant adlig-fürstlichen Denkens, sondern auf der anderen Seite auch ein kalter Rechner, der seine Einkünfte zu steigern wußte und Adlige in seiner Umgebung hatte, die in jener nüchternen Effektivität für ihn arbeiteten, die man leicht für bürgerlich zu halten geneigt ist. Ludwig von Eyb, der eine der beiden Räte, welche die eben erwähnten Berichte verfaßten, war ein solcher Adliger, und aus einem memoirenhaften Text, den er hinterlassen hat, lernt man, daß es solche tüchtigen Rechner schon in der vorigen Generation seiner Familie gegeben hat. Er berichtet von seinem Onkel Martin von Eyb, einem kleinen Männlein von scharfem Verstand, wie er schreibt, der es mit großem Geschick vermocht habe, eine Mitgift, die sich Albrecht Achilles erheiratet hatte, dazu zu nutzen, bei den Gläubigern des Fürsten eine Verminderung der von ihnen zu empfangenen Kreditzinsen zu erreichen.

Von ähnlichen Operationen liest man in einer Aufzeichnung aus der altmärkischen Stadt Salzwedel. 1472 hatte sich Kurfürst Albrecht endlich selbst in die Mark aufgemacht – natürlich in Begleitung, aber doch nicht mit so vielen Pferden und Reitern, daß er Unmutsgefühle bei seinen neuen Untertanen ausgelöst hätte. Ihn begleiteten seine Gemahlin, seine Kinder und sein gewöhnlicher Hof. Insgesamt schätzte er das auf dreihundert Pferde, wobei die Wagenpferde schon eingeschlossen waren. Die sächsischen Verwandten leisteten dem Kurfürsten Reisehilfe, indem sie ihm in Leipzig, Torgau und Wittenberg Unterkunft gewährten. Doch mußte er auf der Reise von der sächsischen Grenze nach Berlin auch im eigenen Land übernachten. Da hatten die Städte Gelegenheit, sich ihrem Landesherrn gegenüber als freundlich oder als reserviert zu erweisen. Die Städte Beelitz und Treuenbrietzen waren freundlich und übernahmen die Beherbergungskosten. Doch blieb der Kurfürst nicht in seinem Berliner Schloß, das in den letzten Jahren zur Hauptresidenz der Markgrafen ausgebaut worden war. Er wollte es vermeiden, die Untertanen zur Huldigung nach Berlin zu ziehen, denn das wäre ein allgemeiner Landtag gewesen. Statt dessen nahm er Teilhuldigungen vor, und so reiste er auch nach Salzwedel.

In dem schon erwähnten Bericht liest man zunächst vom Empfang des Fürsten – einem feierlichen Zeremoniell, das auf den Einzug hellenistischer Herrscher in ihre Hauptstädte zurückgeht. So wurden der Kurfürst und seine Begleitung südöstlich vor der Stadt, wo das Augustinerstift zum Heiligen Geist lag, von einer städtischen Prozession mit Kreuzen und Fahnen empfangen, die ähnlich aufgebaut war wie alle derartigen Prozessionen. An der Spitze schritten die Geistlichen und die Schüler, die damals längst nicht mehr nur den geistlichen Nachwuchs darstellten, aber ihren Platz in der Prozession aus der Zeit ererbt hatten, da es andere Schüler als künftige Geistliche nur selten gab. Dann folgten die Bürgermeister, die Ratleute, die Gildemeister, die Bürger, die Einwohner ohne Bürgerrecht sowie schließlich, getrennt davon, die Frauen und die Jungfrauen, alle mit Geschmeide und kostbarer Kleidung geschmückt, als feiere man, so sagt der Bericht, zu Ehren der Stadt ein großes Fest. Diese Prozession geleitete den Fürsten in die Marienkirche, in deren Chor nun – gleichfalls wie üblich – das Te Deum erklang. Am Abend vor dem Festmahl folgte der nächste Akt: Die Stadt – oder beide Städte, wie es hier heißt, nämlich Altstadt und Neustadt – sandte dem Fürsten ihre Geschenke in seine Herberge, und die hatten eine höchst konkrete Gestalt, waren weder Ehrengaben noch bestanden sie aus barem Geld. Der Kurfürst erhielt vielmehr Hafer, Fische, vier Hammel und zwei Last Salzwedler Bier. Die beiden Städte wollten also zum Unterhalt des kurfürstlichen Hofes während der Reise beitragen, doch fand der Kurfürst diese Art von Geschenken nicht angemessen. Man weiß nicht, ob er die Kostbarkeiten vermißte, die Städte von dieser Größe durchaus hätten überreichen können, oder ob er es kränkend fand, daß man ihm am Orte hergestelltes Bier überreichte und nicht wenigstens das berühmte Einbecker Gebräu. Jedenfalls wollte er, so fährt der Bericht fort, diese Gaben nicht annehmen, und deshalb erhielten die städtischen Diener, die sie überbracht hatten, auch kein Trinkgeld.

Die Zeremonien gingen allerdings weiter. Man traf sich am Abend des nächsten Tages im Gewandhaus, also im Gildehaus des angesehensten städtischen Verbandes, der Tuchhändler, wo die Ratleute und die Bürger aus der Altstadt versammelt waren. Von ihnen verlangte der Kurfürst nun die Erbhuldigung, und die Bürgermeister antworteten, falls er sie und alle Bürger bei ihrer alten Gewohnheit und ihren Privilegien belassen und ihnen das auch schriftlich bestätigen wolle, so würden sie ihm gerne schwören. Darauf antwortete der Kurfürst in eigener Person, er wolle tun, wozu er verpflichtet sei, und darauf leisteten die Bürgermeister – ein wenig voreilig, wie sich bald zeigen sollte – den Eid. Einstweilen sah aber alles nach Harmonie aus. Alle gingen auf das Rathaus zum Festmahl, wo die Gestühle und Bänke mit Kissen, kostbaren Wandbehängen und dem Baldachin der Tuchhändler geschmückt waren. Es folgten Reden, und dann wurde aufgetragen. Von Fleisch und Fisch hört man nichts. Der Bericht konzentriert sich auf den Höhepunkt des Mahls, weil der zu einer weiteren Mißhelligkeit führte. Es heißt, daß zwei große Mulden mit Apotheker-„Kraut“ hineingetragen wurden. Dazu wurden der gewürzte Wein, der bei solchen Gelegenheiten gereicht wurde, und Bier ausgeschenkt, und zwar nicht das heimische, mit dem man den Kurfürsten hatte erfreuen wollen, sondern das aus Einbeck importierte Getränk. Doch worum handelte es sich bei dem Apotheker-Kraut? Bei anderer Gelegenheit wird es Konfekt genannt, und gelegentlich erfährt man auch, woraus es bestand und was es kostete. Man muß sich unter diesem Konfekt eine Art von Gelee-Bonbon vorstellen, kleine Brocken aus eingedicktem Fruchtsirup, so süß, wie es nur anging, und zudem mit teuren ausländischen Gewürzen versetzt. Dort, wo reiche Gastmähler gegeben wurden, durfte dieses Konfekt nicht fehlen, und so gehörten zu den städtischen Kostbarkeiten, die im Rathaus verwahrt wurden, auch Konfektschüsseln, -löffel und vor allem -gabeln. Im allgemeinen führte man feste Nahrung damals mit der Hand zum Munde, aber diese Konfekthappen müssen sehr klebrig gewesen sein. Während der Zucker heutzutage als Feind der Figur und der Zähne gilt, nahm man damals Süßigkeiten, wenn man sie bei solcher Gelegenheit angeboten bekam, unbedenklich in Mengen zu sich, und so geschah es hier, und zwar in einer Weise, die Verärgerung in der Stadt erzeugte und die Fremden aus Süddeutschland als unhöflich erscheinen ließ.

Oder war es nur eine Reaktion auf den Hochmut derer,

die sich da in ein Entwicklungsland versetzt sahen, die dazu führte, daß ihnen nun in diesem städtischen Aktenstück schlechtes Benehmen attestiert wurde? Was war geschehen oder was sollte diesem Bericht zufolge geschehen sein? Das Apotheker-Kraut konnte von den auf das Rathaus geladenen Adligen nicht, so wie es gemeint gewesen war, zum Nutzen und zur Ehre der Stadt verzehrt werden. Denn nachdem der Kurfürst und diejenigen, die ihm zunächst saßen, davon genommen hatten, nahmen die Angehörigen seines Hofes und „die verhungerten Franken das Kraut aus dem Faß und veranstalteten ein wildes Ansichraffen. Alles wurde weggenommen, und der Fürst sah alle an und schwieg.“ Doch damit war der arrogante Hunger der Franken, diesem Bericht zufolge, noch nicht gestillt. Sie nahmen alles an sich, was sie auf dem Rathaus zu fassen bekamen, heißt es weiter, nämlich Äpfel, Birnen, Mispeln und was überhaupt in Körben und Mulden beiseite gesetzt worden war. So gingen die märkischen Adligen, die Schulenburg, Bardeleben, Alvensleben und die Angehörigen der anderen – später so berühmten – Familien, leer aus. Der Rat versuchte, den Skandal dadurch auszugleichen, daß er ihnen jenen Mischwein, der auch sonst bei derartigen Gelegenheiten ausgeschenkt wurde, und das einbeckische Bier in großen Krügen reichen ließ und sie in ihrer Herberge, wo die vorsichtshalber mitgebrachten eigenen Köche wohnten, mit einem Faß Fisch versah.

Nach diesem mißglückten Festmahl stand die seitens des Kurfürsten zugesagte Bestätigung der städtischen Privilegien auf der Tagesordnung. Doch nun stellte sich heraus, daß der Rat unvorsichtig gewesen war, denn er mußte erfahren, daß das Privileg eine Kanzleigebühr kosten würde, und die war hoch. Sie sollte einhundert rheinische Gulden betragen. Das wären beinahe vier Jahresgehälter jenes zu Anfang dieses Kapitels erwähnten „Gegenschreibers“ gewesen.

Im Grundsatz forderte der Kurfürst nichts Ungewöhnliches. Der fürstliche „Apparat“ lebte von solchen Gebühren, die etwas völlig anderes waren als jene kleinen Beträge, die man heute bei der Ausfertigung eines Passes oder für andere staatliche Leistungen zahlt. Überdies gab es keine Gebührenordnung. Der Fürst oder sein Kanzler setzten die geforderten Beträge nach Einschätzung der Leistungsfähigkeit des Empfängers der jeweiligen Urkunde fest. Das aber heißt auch, man konnte handeln – unter Umständen über lange Zeit, während derer die Urkunde dann in der Kanzlei liegenblieb. So war es auch hier. Die Salzwedler behaupteten zunächst, daß sie eine solche Gebühr niemals gezahlt hätten. Mit zwei Gulden Trinkgeld für den Kanzler sei alles getan gewesen. Auch in Stendal kam es, wie unser Bericht weiß, zu einem solchen Konflikt, wenn auch etwas anderer Art, weil Bürgermeister und Rat dieser Stadt die Huldigung verweigerten, solange sie die Bestätigung nicht in der Hand hatten. Daß die Stendaler, solange sie nicht zahlten, die Bestätigungsurkunde nicht erhielten, brauchte sie für den Augenblick nicht besorgt zu machen. So wartete denn der Kurfürst nicht ab, sondern schickte seine Räte zu Verhandlungen und bedrohte die Stadt am Ende mit dem Entzug seiner Gnade.

In Salzwedel gab es auch wegen der Aufenthaltskosten unangenehme Auseinandersetzungen, und zwar überdies zwischen der Altstadt und der Neustadt. Die Bestätigung der Salzwedler Privilegien wurde dann schließlich in Berlin, wo der Kurfürst am Ende doch einen Landtag hatte zusammentreten lassen, ausgefertigt. Die Hartnäckigkeit der Bürger hat sich bewährt. Die Gebühr betrug einundfünfzig Gulden, also einen mehr als die Hälfte des ursprünglich geforderten Betrages. Zwei Gulden mußten an Busso von Alvensleben gezahlt werden, der als Vermittler tätig gewesen war. Am Ende heißt es, daß man in den städtischen Registern keinerlei Notiz über einen ähnlichen Vorgang in früherer Zeit habe finden können. Vielleicht ist damals nicht gründlich genug gesucht worden. Und ob die hier benutzte Aufzeichnung bei der nächsten Huldigung zur Hand war, so daß man in Salzwedel schon innerlich auf die zu erwartende Gebühr vorbereitet war, steht dahin.

Doch schwieriger als die Erneuerung der Verwaltung war es, den kulturellen Standard beim märkischen Adel einzuführen, den der fränkische Fürst hier vermißte. Ein Jahr vor seinem Tode, 1485, korrespondierte er mit seinem Sohn, der als sein Statthalter in der Mark regierte, wegen eines Turniers im Südwesten, an dem der Markgraf teilnehmen wollte. So etwas war durchaus heikel, denn die großen Turniere wurden von Adelsvereinigungen veranstaltet, die streng darauf achteten, daß diejenigen, die zum Turnier zugelassen wurden, die Regeln einzuhalten versprachen. Wenn hier jemand aus der Begleitung eines Fürsten oder dieser gar selbst zurückgewiesen wurde, so kam er in eine peinliche Lage. Albrecht wollte das seinem Sohn ersparen, und so riet er ihm, keine Turnierteilnehmer aus der Mark mitzubringen oder sich nachfolgen zu lassen. Wer in den letzten fünfzig Jahren nicht selbst am Turnier teilgenommen habe oder von Eltern stamme, die das getan hätten, werde nicht zugelassen. Darum, so schreibt der besorgte Vater, hütet euch und euer Land vor Schande!

Immerhin bedenkt Albrecht hier nicht allein die Ehre seines Nachfolgers, sondern auch die der Mark. Aber es ist nicht nur diese Stelle, die darauf hindeutet, daß Albrecht durchaus zu würdigen wußte, daß er hier ein großes Territorium mit vielen Möglichkeiten besaß.

Als Markgraf Johann, der als Stellvertreter seines Vaters in der Mark einerseits von diesem abhängig war, andererseits aber doch immer wieder zu selbständigem Handeln genötigt wurde, in dieser schwierigen Situation den Wunsch geäußert hatte, einen anderen Teil der hohenzollernschen Territorien zu übernehmen, las ihm sein Vater nicht nur die Leviten, sondern er stellte ihm auch vor Augen, daß es sich bei der Mark, im Gegensatz zu allen anderen Ländern, über welche das Geschlecht herrschte, um ein wirkliches Territorium handle. Diese Argumente waren gewiß situationsbedingt, aber sie lassen dennoch erkennen, daß die modernen verfassungsgeschichtlichen Überlegungen, die die Herausbildung des frühmodernen Staates aus der Summe fürstlicher Rechte und Ansprüche destillieren, nicht auf Sachverhalte zielen, die denjenigen, welche diese Prozesse vorantrieben, völlig unbewußt gewesen wären. Die Kriterien, an denen das Fortschreiten moderner Staatlichkeit heute gemessen wird, waren gar nicht so weit von den Argumenten entfernt, welche der Kurfürst nun gebrauchte. Zunächst argumentierte Albrecht allerdings ganz traditionell damit, daß fürstliche Territorien die Aufgabe hätten, die fürstliche Lebenshaltung zu ermöglichen. Seine Lebenshaltung beruhte auf den Fürstentümern in Franken, und davon wollte er nichts abgeben. Er habe, worüber er nun verfüge, mit dem Steigbügel und den Händen zusammengekratzt, und so genieße er es billigerweise auf seine alten Tage. So möge der Sohn sich anstrengen, zu behalten, was er jetzt habe.

Doch dann kommen die „verfassungsgeschichtlichen" Argumente. Johann mußte sich sagen lassen, daß die Mark der beste Teil von dem sei, was die Familie besitze. Denn es handle sich dabei um ein Land, während man in Franken mit jedermann gemeinsame Grenzen habe – mit Herren und Städten, geistlichen und weltlichen Fürsten. Was von späterer verfassungsgeschichtlicher Forschung fast bis zum Überdruß herausgearbeitet worden ist – der Kontrast zwischen dem kleinteiligen „Flickenteppich", wie er weite Teile des alten Reichs kennzeichnete, und der Großräumigkeit der Territorien in den jüngeren nordöstlichen Reichsteilen – und was in der allerneuesten Forschung bis zu einem gewissen Grade als ein modernistisches Mißverständnis zurückgenommen wurde, war Kurfürst Albrecht als Argument also vertraut. Und jedenfalls seinem Sohn gegenüber behauptete er, daß sein Herz und sein Verstand den moderneren Verhältnissen gehören würden, wenn er nur etwas jünger wäre. Falls er zwanzig Jahre zählte und die Wahl hätte, dann würde er die Mark wählen, die zweihunderttausend Gulden mehr wert sei als die fränkischen Besitzungen der Hohenzollern, ungeachtet allen Ranges, der diesen zukomme. Und selbst wenn jemand dort in der Mark nur Berlin, Spandau, Köpenick, Oderberg,

Saarmund und Potsdam habe und das von diesen Städten umschlossene Gebiet mit Land und Leuten und wenn er das alles seinen Söhnen gebe, damit sie ihn schützten und er dort seine alten Tage mit Jagden der verschiedenen Art verbringen könnte und sich einen Tanz mit den schönen Frauen von Berlin vorführen lassen würde, sobald er Lust dazu hatte: wäre das nicht ein herrliches Leben für Leib und Seele? Der Fürst stellt seinem damals noch sehr jungen Sohn also den fürstlichen Ruhestand vor die Augen, den er in der Mark würde haben können. Und dann als Kontrast die fürstliche Altersversorgung in den fränkischen Territorien der Hohenzollern, um die Plassenburg und Bayreuth, um die Kadolzburg und Ansbach: viertausend Gulden kämen bei der Kadolzburg ein und je dreitausend an den anderen Orten, doch von den Einkünften der nördlichen und der südlichen Besitzungen gingen wenigstens tausend Gulden an die Amtleute. Und dann folgt ein etwas dunkler Satz, der wohl andeuten soll, daß ein Kurfürst noch andere politische Möglichkeiten habe als ein Markgraf, weil er an der Wahl des Königs beteiligt sei und dabei die Möglichkeit habe, Gegenleistungen für seine Stimme zu erwerben. Die Voraussetzung für die Nutzung solcher Möglichkeiten sei allerdings, daß der Fürst sich seiner Vernunft bediene und Mühe und Arbeit nicht scheue. Wiederum erweist sich der alte Kurfürst als ein Repräsentant jenes Geistes, den man den bürgerlichen zu nennen pflegt.

Albrechts Sohn blieb in der Mark, regierte sie selbständig, wurde von seinem Vater aber immer wieder zurechtgewiesen, ja abgekanzelt. Insbesondere jene Briefe, die der Kurfürst nach Lektüre zu zerreißen befahl, lassen erkennen, wie man in einer solchen fürstlichen Familie im Konfliktfalle miteinander sprach oder jedenfalls dann sprechen konnte, wenn einem die Sprache so zu Gebote stand wie Albrecht.

Ein Beispiel dafür sind Briefe, die Albrecht nach dem Tode des Bischofs Friedrich von Lebus im Jahre 1483 schrieb, der eine der festesten Stützen seines Regiments in der Mark gewesen war.

Albrechts Vorgänger hatte ein päpstliches Privileg erworben, das ihm die Benennung der brandenburgischen Bischöfe erlaubte. Doch war nicht sicher, ob dieses Privileg auch für seinen Nachfolger gelten würde. Albrecht legte dem Domkapitel die Wahl eines Verwandten nahe, des Straßburger Domdekans Friedrich von Zollern, doch das Kapitel wählte eines seiner Mitglieder, Liborius von Schlieben. In seinem offiziellen Schreiben an den Sohn machte Albrecht gute Miene zum bösen Spiel. Er erörtert das Für und Wider. Die Benennung des neuen Bischofs durch den Papst wäre jedenfalls schlimmer gewesen, schreibt der Kurfürst. Und am Ende liest man, es sei im Grunde gleichgültig, wer Bischof von Lebus sei, wenn es sich nur um einen ehrlichen Mann handle, der der Herrschaft und dem Land nütze. Er müsse ja doch tun, was der Markgraf von Brandenburg wolle, soweit dieser im Rahmen seiner Rechte bleibe.

Ganz war das die Meinung Albrechts aber nicht, denn zuvor hatte er dem Sohn vorgehalten, was dieser nach dem Tode des Bischofs versäumt habe. Sofort nach Empfang der Todesnachricht oder besser noch ein oder zwei Tage zuvor, nachdem der Tod des Bischofs abzusehen gewesen sei, hätte sich der Markgraf aufmachen und Tag und Nacht zum Schloß des Bischofs reisen müssen – nicht, um dieses militärisch zu sichern, wohl aber, um sich zugleich mit dem Domkapitel zu unterreden und dieses dahin zu bringen, daß es den Kandidaten des Fürsten mit Mehrheit wählte.

Und dann die Anlage: „Zettel in meines Herrn Markgrafen eigene Hand, sonst durch niemanden aufzubrechen oder zu lesen." Darauf folgen geradezu hämmernde Sätze: „Weiß Du nicht, wer der Bischof von Magdeburg ist, der Erzbischof?" Der Erzbischof war ein Angehöriger des sächsischen Herzogshauses. Und so fragt der erzürnte Vater weiter: „Weißt Du nicht, daß die von Schlieben den Herren von Sachsen zugewandt sind und wie nahe die Herren von Sachsen mit ihren Besitzungen an uns heranreichen? Weißt Du nicht, daß viele bischöfliche Güter in Polen liegen?" Und dann wird der Tadel redensartlich-sprichwörtlich: „Laß Dir gute gesmeichelte Worte geben, damit Du in Dein Bad kommst, das man mit hundert Gulden kaum bezahlen kann, und trotzdem würde niemand wissen, wie es dazu kam. Du wirst wohl nur so klug werden, wie Du von Leuten bespritzt wirst, die jetzt Dein Unterhemd sind – zwei – drei oder vier. Und was Du, Dein Land und Deine Leute davon Nutzen haben, da schmier Dir die Schuhe mit, wenn Du es richtig bedenkst. Du verstehst wohl, wen ich meine, nämlich die, die sich um die eigene Küche bemühen, ob es der Herrschaft nun nutzt oder nicht, und was der Herrschaft zukommt, davon denken sie, es sollte das Ihre sein und sie brauchten es. Die Mark ist jetzt in gutem Frieden und gut angebaut. In dem Zustand bewahre sie, Gott gebe es, für lange Zeit. Das ist unser Rat und Befehl. Und zerreiß diesen Zettel und laß ihn keinen Menschen lesen!"

So staatlich sich die hohenzollernschen Territorien in manchen dieser Briefe ausnehmen – in anderen erscheinen sie einfach als Familienbesitz, als die materielle Grundlage des fürstlichen Hauses.

Ein Brief, den Albrecht 1480 an eine seiner Töchter aus der ersten Ehe schrieb, läßt ahnen, daß der Unterhalt der fürstlichen Familie damals tatsächlich im Mittelpunkt dessen stand, was sich aus den regelmäßigen Einnahmen bezahlen ließ. Die Tochter hatte sich über ihre schlechte Verheiratung beklagt und damit offensichtlich nicht nur ihre materielle Lage gemeint. Der Vater riet ihr, von ihrem Ehemann nur zu verlangen, was er zu leisten vermöge – dann habe sie einen tüchtigen, klugen, schönen Fürsten und zudem einen Königssohn. Es sei töricht, ihm zu schreiben, er habe sie ins Elend gegeben, denn der Brief könne veruntreut werden. Dann aber die materielle Seite der Ehe: Die zwanzigtausend Gulden, die sie als Mitgift erhalten habe, seien das Doppelte von dem gewesen, was er ihr hätte geben müssen, und ihre Schwester habe er ebenso ausgestattet. Eine weitere Tochter habe er in einem Kloster in Hof zu unterhalten. Ursprünglich habe er deren Verheiratung nach dem Tode ihrer Mutter versprochen, doch dann sei sie unheilbar erkrankt, und so habe er eine andere Tochter an ihrer Stelle verheiratet und sie im Kloster gelassen, wo sie nun Äbtissin sei, ein standesgemäßes Leben führe und zusammen mit dem, was er ihr jährlich zukommen lasse, ausreichend versorgt sei. Die Kinder aus seiner ersten Ehe seien also gut bedacht worden, fährt der Kurfürst fort, aber die Tochter müsse auch bedenken, er habe insgesamt zwölf lebende Kinder, unter denen sich vier nicht für den geistlichen Stand bestimmte unversorgte, also noch zu verheiratende und mit Mitgift auszustattende Töchter befänden, und er habe zweihunderttausend Gulden Schulden, und weitere Belastungen, die er nennt, kämen hinzu.

Er und seine beiden Söhne hätten drei Ehefrauen, die auch versorgt werden müßten und täglich mehr Kinder gebären könnten. Und dann die Bitte, den Brief zu vernichten, so wie er den ihren vernichtet hatte. Denn es sei, so schreibt der Kurfürst, nicht gut, wenn auf beiden Seiten jedermann die Familienangelegenheiten kennen würde.

Viel dürfte sich aber von den Familienangelegenheiten in der Enge des Zusammenlebens am Hofe nicht haben verbergen lassen. Eine Anweisung an Ludwig von Eyb, Albrechts Vertrauten, über die Einrichtung der fürstlichen Wohnung in Berlin im oberen Stockwerk des Schlosses nennt als Vorbild die Wohnverhältnisse in Ansbach, und so lernt man diese – oder jedenfalls den Frauenzimmer genannten Teil des Schlosses – kennen: eine „heizbare" Stube und eine Kammer für die Kurfürstin, eine Jungfrauenstube, einen heizbaren Raum also, für die unverheirateten Töchter des Kurfürsten – und eine Kammer und eine große Stube, in der man esse, und das ganze solle mit einer verschließbaren Tür versehen sein. Für sich wünschte der Kurfürst in Berlin einen gewissen Komfort, nämlich ein Bad und einen Schießstand, wie er beides in Ansbach hatte. Wie dort sollte beides im Schloßgarten errichtet werden, doch rechnete der Kurfürst damit, daß das der Bäume wegen nicht möglich sein werde, und so ordnete er für diesen Fall die Errichtung des Badehauses und der Sportstätte auf einer der Spreeinseln an, doch sollte das so geschehen, daß er „ebenen“ Fußes dorthin gelangen könne, also offensichtlich ohne durchs Tiefe waten zu müssen.

Ein skeptischer Stadtbürger beschreibt Umsturzversuche

Nachdem sich die Stadtgemeinden im hohen Mittelalter gebildet und unter der Führung derer, die reich und mächtig waren, von den Stadtherren befreit hatten, wurde das so geschaffene oligarchische Stadtregiment nicht selten durch Versuche erschüttert, es zu stürzen. Solange man zu wissen glaubte, die städtische Bevölkerung sei in fest voneinander abgegrenzte Klassen geschieden gewesen, meinte man, in solchen Kämpfen um die Macht in der Stadt hätten sich Kaufleute und Handwerker gegenübergestanden. So sprach man von Zunftkämpfen. Inzwischen weiß man, daß der Kreis der Ratsfamilien nicht nur aus Kaufleuten bestand und die Aufstände nicht einfach von Handwerkern getragen wurden. Es gab unter den Aufständischen auch Kaufleute, zumal die Grenze zwischen Handel und Handwerk nicht festlag. Städtisches Vermögen wurde auch in ländlichem Grundbesitz angelegt. Nicht nur aus diesem Grunde gehörten Ratsfamilien zum Adel oder gingen in ihn über.

So standen sich in den innerstädtischen Kämpfen nicht fest abgegrenzte soziale Gruppen gegenüber und auch nicht Arm und Reich. Getragen wurden die Aufstände häufig von Stadtbürgern, die reich geworden waren, aber noch nicht zum Kreis der ratsfähigen Familien gehörten. Auch Angehörige von Ratsfamilien findet man nicht selten unter den Aufständischen. Im ersten Falle erkennt man als Grund des Konflikts also ein nicht hinreichend rasches Aufrücken der zu Reichtum Gekommenen in den Kreis derer, die politische Macht ausübten. Im zweiten Falle verbanden sich Parteibildungen innerhalb des Rates mit der Unzufriedenheit Außenstehender. Und in beiden Fällen hatten die Aufständischen noch andere Teile der städtischen Bevölkerung auf ihrer Seite, Handwerker und Krämer vor allem, so daß deren Organisationen im Falle eines gelungenen Aufstandes häufig in die Stadtverfassung eingebaut wurden und der Rat nun teilweise oder ganz von Zünften und Gilden beschickt wurde. Doch auch das war, anders als man im 19. Jahrhundert meinte, kein Sieg der Demokratie. Gewiß stand das Ratsregiment in einem solchen Falle nun auf einem breiteren sozialen Fundament. Doch blieb die Stadtverfassung dennoch oligarchisch, oder sie wurde es wieder. Es waren meistens bestimmte Zünfte oder Gilden, die den Rat trugen, und es waren nur wenige Familien innerhalb dieser Bruderschaften, aus denen die Ratsherren wirklich kamen.

Die allgemeine Einordnung solcher innerstädtischen Aufstände und Umsturzversuche macht heute keine Schwierigkeiten. Weniger weiß man aber davon, wie so etwas im einzelnen vor sich ging, wie die zum Aufstand Bereiten viele Leute hinter sich brachten und was umgekehrt diejenigen taten, die die alte Ordnung erhalten und Aufstandsbereitschaft rechtzeitig unterdrücken wollten.

Derjenige, der sich mit solchen Ereignissen beschäftigt hat, würde, falls ihn die bekannte Zeitmaschine in eine spätmittelalterliche Stadt versetzte und er sich dort verständlich zu machen wüßte, schon feststellen, ob die Situation aufstandsträchtig war und wer die Neigung haben würde, sich an einem Aufstand zu beteiligen. Er wäre vortrefflich in der Lage, den Aufständischen die allgemeinen und vielleicht auch die konkreten Gründe ihres Tuns zu erklären. Falls die mittelalterlichen Stadtbürger dem durch die Zeitmaschine unter sie Katapultierten jedoch in dem Maße vertrauen würden, daß sie ihn zu ihrem Anführer machten, so würden die Grenzen seines Wissens rasch zutage treten – es sei denn, er hätte das Schichtbuch des Braunschweigers Hermann Bote gelesen.

Wie gewann man Verbündete, wie erzeugte man Aufstandsbereitschaft, wie beseitigte man Unentschlossenheit? Und umgekehrt: Wie wendete man eine aufstandsträchtige Situation, wie trieb man einen Keil unter die Unruhigen, wie arbeitete man zugleich mit Repressalien und Kompromißbereitschaft? Auf solche Fragen geben die Quellen, die uns über die spätmittelalterlichen Stadtaufstände belehren, eine hinreichende Antwort in aller Regel nicht, und so wüßte man vom unmittelbaren Ablauf solcher Hergänge wenig – wenn nicht Hermann Bote sein Schichtbuch geschrieben hätte.

Der Braunschweiger Stadtschreiber, der von etwa 1450 bis gegen 1520 lebte, hat eine ganze Reihe von chronikalischen und politisch aktuellen Werken hinterlassen. Das Schichtbuch gehört zur einen wie zur anderen Gattung. Denn Bote zählt einerseits auf, was ihm aus der Braunschweiger Geschichte und Gegenwart an „Schichten" bekannt geworden ist, also an Versuchen, die städtische Verfassung zu stürzen. Andererseits gibt Bote aber nicht einfach eine historische Darstellung. Der Autor schreibt durchaus *cum ira et studio*. Er hat eine ausgeprägte Meinung, hält Stadtaufstände für ein Verhängnis und für das Ergebnis von moralischem Verfall und stellt die Ereignisse im Licht solcher generellen Urteile dar.

Heißt das, daß Bote uns als ein schlechter Zeitzeuge gelten muß, da er, wie man heute gern zu sagen pflegt, unausgewogen berichtet? Wenn es nur um das ginge, was in den Braunschweiger Aufstandsjahren tatsächlich geschehen ist, so wäre diese Frage zu bejahen. Fragt man jedoch nicht danach, was denn – zum Beispiel 1445 und 1446 – wirklich in Braunschweig vorgegangen sein mag, sondern vielmehr nach dem, was Bote erzählt, wie er wertet und was sich dahinter an allgemeineren Vorstellungen erkennen läßt, so verwandelt sich der schlechte Zeitzeuge unversehens in einen Mann, dem man vertrauen darf. Man muß ihm nur die richtigen Fragen stellen. Man muß ihn vor allem fragen, welche Gestalt das Zusammenleben in einer spätmittelalterlichen Stadt in seinen Augen hatte, wodurch es gefährdet werden konnte und was sich gegen solche Gefährdungen tun ließ. Davon wollte Bote in seinem Schichtbuch berichten, davon berichtet er auch, und dafür hätte er kein besseres Sujet wählen können als die Abfolge der Umsturzaktionen und Umsturzversuche in Braunschweig.

Denn wenn es in einer mittelalterlichen Stadt zum Aufstand kam oder ein Aufstand drohte, ging es tatsächlich um den Kern dessen, was die Ordnung und das Zusammenleben in der Stadt ausmachte. Die Stadtaufstände waren keine

Revolutionen in jenem modernen Sinne, den man seit der Französischen Revolution von 1789 kennt. Die Aufständischen wollten keine neue Ordnung schaffen. Trotzdem war in dem Augenblick, da ein solcher Aufstand drohte oder zu drohen schien, die Friedensordnung aufgekündigt, die das Leben in der Stadt so drastisch von dem unterschied, was vor der Stadtmauer üblich war. Das Zusammenleben in der Stadt schlechthin stand auf dem Spiel. Das aber erfährt man von niemandem besser als von Hermann Bote, und der wiederum macht das, worauf es ihm ankommt, besonders mit dem deutlich, was er über die Braunschweiger Ereignisse von 1445 und 1446 erzählt.

Doch warum soll man die Erzählungen gerade dieses Mannes interessant finden? Und könnte er nicht alles frei erfunden haben? Die erste Frage kann nur pragmatisch beantwortet werden. Kein anderer mittelalterlicher Autor hat sich so ausführlich mit den städtischen Umsturzversuchen befaßt; kein anderer Autor hat versucht, das Zusammenleben in der Stadt in Krisensituationen so sichtbar zu machen, wie das Bote gelungen ist. Doch um welchen Preis ist ihm das gelungen? Erzählt er uns denn wirklich Geschichte und nicht vielmehr moralische Exempel? Selbst wenn das der Fall wäre, würde sein Text nicht uninteressant, denn Bote wollte ja, daß seine Leser für wahr ansahen, was er berichtete. Um das zu erreichen, brauchte er sich nicht auf sicher Verbürgtes zu beschränken. Er durfte kombinieren, vermuten und im Einzelfall vielleicht auch fingieren. Nicht alles, was er erzählte, mußte wahr sein. Aber es mußte in den Augen derer, die solche Ereignisse kannten und mit den Braunschweiger Verhältnissen vertraut waren, doch glaubwürdig sein. Es mußte für wahr gehalten werden können. Das jedoch macht Botes Erzählung nicht weniger wertvoll, als wenn es sich dabei um eine Chronik handelte, die in jedem Detail objektiv und nicht von den Darstellungsabsichten ihres Autors geprägt wäre – soweit es eine solche Erzählung überhaupt geben könnte. Denn den späteren Leser interessieren ja weniger die Ereignisse im einzelnen als das Zusammenleben in einer solchen Stadt im ganzen. Interessanter als ein ausführlicher Bericht über einen bestimmten Stadtaufstand wäre der Text eines Zeitgenossen, dem man entnehmen könnte, wie solche Krisen des Zusammenlebens in der Stadt im allgemeinen abliefen, und am besten wäre, wenn ein solcher Autor das nicht abstrakt darstellte, sondern am Beispiel konkreter Hergänge, und genau das tut Hermann Bote.

Angesichts der so trümmerhaften Überlieferung aus dem Mittelalter möchte man sich zuweilen Wunschträume gestatten. Welche Gestalt müßten die idealen Quellen haben, die wir aus dem Mittelalter meistens nicht haben? Frühere Historiker haben auf diese Frage gelegentlich produktiv geantwortet und die Quellen selbst geschrieben, und wenn sie ihren Gegenstand beherrschten, konnte es lange dauern, bis solche Fälschungen als Fälschungen erkannt wurden. Wenn heute ein sehr guter Historiker über hinreichende Kenntnisse von den spätmittelalterlichen Stadtaufständen verfügte, wenn er auch in der Geschichte des damaligen Braunschweig zu Hause wäre, das Niederdeutsch der Zeit um 1500 sicher beherrschte und zudem kreativer wäre, als Historiker im allgemeinen sind, und wenn er schließlich diese Gaben, Kenntnisse und Fähigkeiten darauf konzentrierte, den idealen zeitgenössischen Bericht über einen spätmittelalterlichen Stadtaufstand zu erfinden, so könnte er im glücklichen, wenngleich völlig unwahrscheinlichen Falle vielleicht eine solche ideale „Quelle“ zustande bringen – nur daß in diesem Falle alle Mühen umsonst wären, da Bote diesen idealen Text glücklicherweise geschrieben und dieser sich uns erhalten hat.

Der Autor beginnt seine Erzählung über das Braunschweig des Jahres 1445 mit einem Streit unter den regierenden Familien im Hagen, also einer der braunschweigischen Teil-Städte, der am Ende einige Bürger veranlaßt habe, in die Altstadt zu ziehen. Doch damit war der Frieden nicht wiederhergestellt. Einige Emigranten hätten sich vielmehr Verbündete unter den Gilden im Hagen gesucht, vor allem unter den Wollwebern, Kürschnern und Beckenschlägern, aber auch unter einzelnen Angehörigen anderer Gilden, und sie hätten diese Verbindungen aufrechterhalten, so daß der Haß unter den Parteien immer größer geworden und unter den Bürgern Ungehorsam aufgekommen sei.

Die Stadt stellt sich also ein dichotomisches Gebilde aus Rat und Volk dar, obwohl es sich bei dem Rat seit mehr als einem halben Jahrhundert, seit der „großen Schicht", nicht mehr um den traditionellen Geschlechter-Rat handelte, obwohl der Rat zum größeren Teil von den Gilden beschickt wurde. Dennoch ist in Botes Augen das angemessene Verhalten des Volkes, der Bürger, dem Rat gegenüber der Gehorsam, und so wird der Gehorsam in dem Augenblick gestört, da der Rat in sich uneinig ist, da es dort zu Parteiungen kommt und diese Parteiungen nicht auf den Rat beschränkt bleiben, sondern sich in die Bürgerschaft hinein fortsetzen.

Wie aber geschieht das? Wie macht sich eine Ratspartei außerhalb des Rates sichtbar? Bote nennt zwei Wege. Er berichtet von „Schinkengelagen", also einem gemeinsamen Essen mit einem Schinkengang als Mittelpunkt, und vom Schauteufel-Laufen. Die Schinkengelage stellen Beispiele für einen elementaren sozialgeschichtlichen Sachverhalt dar. Politische Gruppen konstituierten sich im Mittelalter immer wieder mit Hilfe von Mahlzeiten. Gemeinsame Mähler und gemeinsame Gebete waren das Medium aller Zusammenschlüsse. Etwas anderes gab es nicht – wenn man von besonderen Gelegenheiten absieht, und mit denen hat man es beim Schauteufel-Laufen zu tun. Damit ist das öffentliche Tragen von Masken gemeint, das rituelle Durchbrechen der öffentlichen Ordnung an besonderen Tagen, zumal während der Fastenzeit. Doch konnten diese rituellen Überschreitungen des üblichen Verhaltens über ihre gewöhnliche Funktion hinaus eine besondere Bedeutung annehmen. Sie konnten mehrdeutig und im besonderen Falle noch etwas anderes sein als ein durch Gewohnheit legitimiertes Ventil. So war es, berichtet Bote, hier. Aber ein Aufstand war das noch nicht. Der bedurfte, wie meistens, einer von außen her verursachten besonderen Situation, und von der erzählt Bote im folgenden.

Die Stadt sei von einer benachbarten adligen Familie durch Überfälle auf ihre reisenden Bürger drangsaliert worden. So habe Braunschweig im Bündnis mit dem Herzog die Burg der Adligen belagert, doch sei die Belagerung gescheitert. Um die dennoch beträchtlichen Kriegskosten bezahlen zu können, hätten Rat und Gildemeister den Zoll erhöht und beschlossen, daß der Schoß, also die städtische Basis-Steuer, bis zur Abtragung der Kosten zweimal statt einmal im Jahr gezahlt, der Schoß also bis auf weiteres verdoppelt werden sollte.

Damit war eine Situation gegeben, wie sie den meisten Stadtaufständen vorauszugehen pflegte. Die Außenpolitik der Städte war schon in Friedenszeiten außerordentlich teuer. Gesandtschaften verursachten relativ höhere Kosten als heute. Vollends bedrohlich aber wurde die Sache im Kriegsfall, und das erst recht dann, wenn die Stadt nicht verteidigt wurde, sondern städtische Kontingente außerhalb der Stadtmauer tätig wurden. Die städtischen Haushalte waren auf derartige Kosten nicht eingerichtet. Die Verwalter der städtischen Kassen wirtschafteten von der Hand in den Mund, und so zogen militärische Aktivitäten unweigerlich Kreditaufnahmen und Abgabenerhöhungen nach sich. Das aber führte zu Unruhe in der Stadt auch dann, wenn Erfolge die Ursache des jäh gestiegenen Geldbedürfnisses waren. Je stärker die Stadträte als Obrigkeiten verstanden wurden, desto leichter konnte unter der Masse der Zoll- und Schoßzahler der Eindruck entstehen, für ihnen fremde Zwecke zur Kasse gezwungen zu werden. Außen- und Militärpolitik waren der städtischen Bevölkerung, wie man heute sagen würde, auch dann schwer zu vermitteln, wenn es einem modernen Betrachter ohne weiteres einleuchtet, daß eine Fernhandelsstadt gut daran tat, die Straßen wenigstens in ihrer näheren Umgebung zu sichern und Raubschlösser abzubrechen oder in städtischen Besitz zu nehmen. Erst recht gefährlich wurde die Situation für die Stadtregierungen jedoch dann, wenn es Mißerfolge waren, welche die außerordentlichen Kosten verursachten. Dann stellte sich die Vermutung, der Rat habe leichtfertig gehandelt und in die eigene Tasche gewirtschaftet, und mit dieser Vermutung der Wunsch, den Rat zu stürzen, sehr leicht ein, und das war vollends dann zu erwarten, wenn es ohnehin schon eine Gruppe Unzufriedener gab, wenn Mißmut, wie in Braunschweig, schon seit längerem bei Schinkengelagen und in Schauteufel-Läufen zum Ausdruck gekommen war.

Nun verdichteten sich die bisher noch nicht eindeutig politischen Formen der Gruppenbildung. Bote markiert das mit drei Worten. Er spricht von *stemperie*, was kurzfristige, diffuse Zusammenrottungen bedeutet, ferner von einem Bündnis, also einem ausdrücklichen, sicherlich eidbefestigten Zusammenschluß, also einer Verschwörung. Dieses Wort macht deutlich, daß mit einem solchen Bündnis die Stadtverfassung angegriffen war. Denn die Stadt selbst war ja nichts anderes als eine Verschwörung, ein durch den Bürgereid zusammengefügtes Bündnis. Ein Bündnis innerhalb des Bündnisses konnte nicht geduldet werden, zumal ein solches partielles Bündnis ja Folgen haben mußte. Von denen spricht Botes drittes Wort. Die Verschwörer trafen sich in vielen geheimen Zusammenkünften, so schreibt er, und aus dem folgenden geht hervor, daß es dabei nicht blieb. Es kam vielmehr, was kommen mußte, wenn aus der Unzufriedenheit einer Parteiung ein Aufstand werden sollte. Die Unzufriedenen mußten versuchen, möglichst viele Bürger auf ihre Seite zu bringen, sie mußten die heikle finanzielle Situation nutzen, um die Bürger, wie man heute sagen würde, zu politisieren. Wie so etwas derzeit geschieht, weiß man, und daß in einem solchen Falle propagandistische Argumente benutzt werden, die der gegebenen Situation nicht entsprechen und vorhandene Mißstände grotesk überzeichnen, bedarf einer genaueren Ausführung ebenfalls nicht. Im Vergleich zu dem, was vor fünf Jahrhunderten in einer ähnlichen Situation geschah, sind heutige politische Diskurse, so kläglich sie in der Regel auch anmuten mögen, einigermaßen differenziert. Denn damals konnte die Forderung, sobald die Unzufriedenheit sich öffentlich artikulierte, nur wenig anders lauten, als sie nun, Bote zufolge, in Braunschweig lautete. Am Ende wurde auf dem Markt, so schreibt er, öffentlich gesagt, man müsse die Bürgermeister köpfen, denn die verzehrten die Mittel der Stadt.

Was tut eine Regierung in einem derartigen Fall? Diese Frage war ungeachtet der simpleren Strukturen des politischen Diskurses damals nicht viel anders als heute zu beantworten. Durchgreifen oder zurückweichen, das war und ist die Frage. Der Braunschweiger Rat nahm die Schoßerhöhung zurück, und so beruhigte sich die Bevölkerung. Doch die Aufrührer blieben bei ihrem Aufstandswillen, begreiflicherweise, wie man beinahe sagen könnte, denn die Kriegskosten mußten ja doch bezahlt werden. In Botes Augen lag die Ursache für das Ausbleiben des inneren Friedens aber nicht hier. Er spricht von der Unversöhnlichkeit der gehässigen Parteibrüder. Sieht er damit die Ursache der Unruhe in einem moralischen Defekt derer, die die Unruhe schürten, gibt er, um das hier einschlägige abwertende Prädikat einer sich auf Strukturen konzentrierenden Geschichtswissenschaft zu gebrauchen, nur eine personalistische Erklärung? Vielleicht darf man sagen, daß seine Erklärung vom Charakter der Beteiligten und zugleich von der Verfassungsordnung handelt. Wer sich in der Stadt aus der Rechtsordnung löste, mußte, da diese Rechtsordnung so umfassend, fast möchte man sagen: so totalitär war, unter einem moralischen Defekt leiden. Sollte ein solcher Defekt in Politik umgesetzt werden, so bedurfte es aber des Anlasses. Die Finanzfrage war gelöst – jedenfalls in dem Maße, daß sie nun zur Mobilisierung der städtischen Bevölkerung einstweilen nicht taugte. So suchten die „Parteibrüder“ einen anderen Stein des Anstoßes.

Sie agitierten, wie Bote berichtet, damit, daß in Braunschweig niemand zu Gericht und Gerichtsverfahren komme, weil es nicht selten Brüder waren, die als Bürgermeister oder als Ratsherren und Bürgermeister fungierten. So geschah es in vielen Städten. Wo es nur wenige Familien waren, welche die Ratsherren stellten, und die Ratszugehörigkeit ein Leben lang währte, konnte es gar nicht ausbleiben, daß nahe verwandte Personen dem Rat angehörten – falls dem nicht durch Ausschlußbestimmungen ein Riegel vorgeschoben wurde. Solche Verbote konnten aus dem Kreis der Ratsfamilien selbst kommen, wenn unter ihnen die Befürchtung laut wurde, daß die Egalität innerhalb der oligarchisch regierenden Schicht gefährdet sei. Häufiger wurde der Vorwurf der Familienwirtschaft aber wohl von außen erhoben, und so geschah es hier. Wiederum wurde seitens der Unzufriedenen gleich mit dem Abschlagen der regierenden Köpfe gedroht, und wiederum gab der Rat nach. Die Ratsverfassung wurde umgebildet. Fortan sollten nicht mehr zwei Brüder gleichzeitig Bürgermeister oder Angehörige des Küchenrates sein, also eines Ausschusses des gemeinsamen Rates aller Braunschweiger Teilstädte.

Bote nennt unter den Bestimmungen, die diese sogenannte Große Urkunde vom 12. Juli 1445 weiterhin enthält, noch jene eine, der zufolge in den Teilstädten Hauptleute der Burschaften aufgestellt werden sollten, deren Sache dann die Wahl jener Ratsmitglieder sein würde, die aus den Teilstädten kamen. In den Augen des modernen Historikers würde die entscheidende Verfassungsänderung hier liegen, und so möchte man Bote tadeln, weil er den neuen Sachverhalt nur allzu kurz darstellt. Daß das neue Verfassungsorgan Hauptleute bei dieser Gelegenheit überhaupt erst geschaffen wurde, kann man Botes Text nicht entnehmen. Und erst recht ahnt man angesichts seiner lakonischen Mitteilungen nicht, daß die neue Regelung das alte Kooptationsprinzip, soweit es in Braunschweig noch bestanden hatte, endgültig zugunsten eines Wahlprinzips beseitigte. Aus einem Datierungsfehler kann man entnehmen, daß Bote der Wortlaut der erwähnten Urkunde bekannt war. Es war also nicht Unkenntnis, die sein

Referat geformt hat. Man erfaßt bei einer solchen Gelegenheit vielmehr die Maßstäbe seiner Urteilsbildung. Für Bote scheint am wichtigsten die schon erwähnte Bestimmung über den Ausschluß nahe verwandter Personen von bestimmten Ämtern gewesen zu sein. Alles andere interessiert ihn wenig. Er wiederholt diese Bestimmung, nennt weitere Details und berichtet, was die Folge der neuen Norm war. Wer mußte nun zurücktreten? Der Chronist nennt hier einen Bürger der Altstadt, des Hagen, und er fügt hinzu, daß die weiteren Amtsträger, die aufgrund der neuen Norm ihr Amt hätten aufgeben müssen, auf Lebenszeit in diesem belassen wurden – um des Besten der Stadt willen, wie Bote schreibt.

Wurde also nur zu einem Teil in die Wirklichkeit umgesetzt, was soeben unter dem Druck der Unzufriedenen zugestanden worden war? Klebten die politisch führenden Braunschweiger, wiederum in der Sprache unserer Zeit gesagt, allzu fest an ihren Ratsbänken? Die erste Frage wird man bejahen müssen, aber ein Ja auf die zweite würde verkennen, worum es hier ging. Das aber läßt Bote im folgenden sichtbar werden, wenn er sagt, daß man die abgesetzten Amtsträger nicht habe verachten sollen und ihre Verwandten auch nicht. Man sieht, wie tief eine solche neue Regelung in uralte Verhaltens- und Denkgewohnheiten einschnitt. Da städtische Ämter auf Lebenszeit bekleidet wurden, mußte derjenige, der vorzeitig ausschied, in den Verdacht kommen, etwas Unrechtes getan zu haben, und damit geriet nicht nur seine eigene Ehre in Gefahr, sondern auch die seiner Familie. Kein Wunder also, daß Bote sich auf diese Bestimmung der Großen Urkunde konzentriert, daß er von ihrer Durchsetzung spricht und berichten kann, daß mit diesem so weitgehenden Entgegenkommen die Kompromißbereitschaft der Stadtregierung erschöpft war. Wer nach diesem Kompromiß noch den Aufruhr vorbereitete, über dessen Leben und Vermögen sollte, Bote zufolge, der Rat entscheiden können, ihm drohten also Todesstrafe und Enteignung.

Legitime Gründe gegen die Politik des Rates konnten die

Unzufriedenen, wie Bote meint, jedenfalls nicht mehr namhaft machen. Aber die Unzufriedenheit blieb. Da der Rat jedoch zu einer Verfassungsreform bereit gewesen war, waren die Unzufriedenen wiederum auf gewissermaßen vorpolitische Formen, ihre Unzufriedenheit zu artikulieren, verwiesen. Also fanden wiederum oppositionelle Gastmähler und das Laufen mit Teufelsmasken statt, und es blieb nicht dabei. Bote erwähnt auch demonstrative Normüberschreitungen, die man aus anderen Aufständen kennt, zum Beispiel aus dem Bauernkrieg von 1525. Sie fischten in den städtischen Gewässern, so schreibt er. Ein wirksameres solidarisierendes Übertreten von Normen gab es nicht. Naturrechtliche Vorstellungen, Erinnerungen womöglich an den Wortlaut der biblischen Schöpfungsgeschichte wehrten sich dagegen, daß das Wild in den Wäldern und der Fisch in den Gewässern nicht frei, sondern bestimmten Berechtigten vorbehalten sein sollten. Komplizierte Ausnahmegenehmigungen zugunsten derer, die über Fisch- und Jagdrechte verfügten, waren dazu angetan, solche naturrechtlich fundierten Meinungen über Jagd und Fischfang für jedermann am Leben zu erhalten. Doch all das bezog sich auf das natürliche Lebensgebiet von Wild und Fisch. Der Hirsch in einem Gehege wurde davon ebensowenig berührt wie der Fisch in einem Teich. Um so wirkungsvoller war es, in einer kritischen Situation Unzufriedene soweit zu bringen, daß die Grenze zwischen dem natürlichen und dem künstlichen Wasser nicht mehr beachtet wurde und der sich im illegalen Befischen von Teichen äußernde Ungehorsam um so demonstrativer und solidarisierender war.

Ob dieser Ungehorsam nur einmal praktiziert wurde? Öfter dürfte vorgefallen sein, was Bote dann berichtet. Die Unzufriedenen tanzten in Laken-Gespannen und schnarrten mit den Wollbogen, und die Beckenschläger lärmten mit den Becken. Arbeitsstätten und Arbeitsvorgänge wurden also zu lauten Demonstrationen der Unzufriedenheit und der Aufstandsbereitschaft genutzt. Die Gestelle, in denen die gewebten Tuche zur weiteren Bearbeitung hingen, dienten zu Tanz und Lärm, wobei man wissen muß, daß die Wollbogen, mit denen hier geschnarrt wurde, über einen Meter lang waren. Das Geräusch, welches das Zurückschnellenlassen der gespannten Sehne verursachte, dürfte beträchtlich gewesen sein, aber noch lauter waren gewiß die Beckenschläger, wenn sie mit ihren – in der Regel wohl knapp einen halben Meter im Durchmesser großen – Becken lärmten.

Solche Verrichtungen des Alltags benutzende Formen des Protestes sind, wie man auch aus der Gegenwart weiß, nicht ohne weiteres zu ahnden. So berichtet Bote denn von keinen Reaktionen der Obrigkeit. Aber er hebt hervor, daß das alles als Frevel geschah, und er macht auch denjenigen namhaft, der diesen Protest organisierte, nämlich Eilert Borcholt. Sein Haus in der Fallersleber Straße beim Graben in der Nähe des Tores war die Quelle der Unruhe.

Die im weiteren berichteten Protesthandlungen haben eine spezifischere Gestalt und eine soziale Komponente. Viele der zur Unruhe Bereiten, besonders Beckenschläger, seien mit Harken und Gabeln, Arbeitsgeräten also, die sich als primitive Waffen anboten, mit der Forderung auf die Straße gelaufen, daß Krapp- und Hopfenranken ausgerissen und durch billig zu verkaufenden Kohl ersetzt werden sollten. Wieder in unsere Sprache übersetzt bedeutet das, daß hier mit innovationsfeindlichen Parolen Stimmung gemacht wurde. Hopfen ermöglichte das Brauen von länger halt- und exportierbarem Bier. Krapp diente zum Färben von Tuchen. In beiden Fällen zielte der Protest also auf höherwertige Produkte und überdies auf Pflanzen, die auch in Braunschweig infolge des säkularen Rückgangs der Getreidepreise in den Jahrzehnten vor dem Aufstand verstärkt angebaut worden sein dürften. Doch vermeiden die Parolen in solchen Situationen Widersprüche nicht, und auch davon berichtet Bote. Auf der Straße sei auch gegen den hohen Preis des Einbecker Biers protestiert worden. Die Armen sollten es ebenso trinken wie die Reichen – unter der Voraussetzung, so möchte man hinzufügen, daß jedenfalls in Einbeck die Hopfenranken nicht ausgerissen wurden. Auf solche für die Situation charakteristische Widersprüche macht Bote aber nicht aufmerksam. Er nennt nur die Parolen.

Immerhin erfahren wir nun, daß der Rat punktuell einschritt und sich einige der Handwerkerorganisationen gegen die Unruhestifter stellten, nämlich Schmiede, Schuhmacher, Knochenhauer und Bäcker. Doch blieb die Situation in der Schwebe. Die Maßnahmen des Rates konnten die Lage nicht beruhigen. Die Unzufriedenen demonstrierten mit Parolen, die sie auf Papier geschrieben an ihre Kopfbedeckungen hefteten. Da hieß es: „So ist das nun – wir sind einig" und ferner: „Was wir wollen, das geschieht".

Diese Parolen waren ein ernsteres Zeichen, als es der Lärm der Handwerker gewesen war, und so klingt es glaubwürdig, daß die Aufständischen jetzt eine Fahne machen ließen. Symbol des Bündnisses war ein Hase, und die Parole ein Jagdruf: „Hu, Hase, hu". Der Hase war der Rat, und der Aufstand wurde als Jagd verstanden.

Hätte der Rat nicht jetzt endlich eingreifen müssen? Und hätte ihn Bote nicht tadeln sollen, da er das nicht tat? Offensichtlich hält es Bote für selbstverständlich, daß der Rat in einer solchen Situation nicht ohne weiteres tun konnte, was ihm vielleicht richtig erschien. So berichtet Bote einfach, daß sich die Bürgermeister einerseits persönlich gegen einen Überfall sicherten, indem sie auf außerstädtischem Gelände übernachteten, daß sie auf der anderen Seite aber durch eine Überwachung der des Aufstandes Verdächtigen die Situation zu erfassen versuchten. Die personellen Möglichkeiten dazu standen ihnen zur Verfügung. Unsicher aber war offensichtlich, ob der Rat damals die Möglichkeit hatte, mit Gewalt gegen die Aufrührer vorzugehen. Er hatte schließlich nur eine sehr bescheidene Polizei zur Verfügung, und an Hilfe von außen war nicht zu denken. Ein Vorgehen gegen die Verdächtigen mit Gewalt hätte vorausgesetzt, daß die Bürgerschaft in ihrer Mehrheit auf seiten des Rates stand, und ob das der Fall war, war ungewiß. Konnte der Rat in einer solchen Situation Gewißheit gewinnen?

Bote zufolge brachten die folgenden Ereignisse eine Klärung. Die Aggressionen, die bei den Festen der jungen Handwerker immer wieder zum Ausdruck kamen, wandten sich jetzt nicht gegen den Rat, sondern machten Brüche und alte Animositäten unter den Gilden sichtbar. Als die Gesellen der Beckenschläger und der Kürschner mit den Mägden feierten und tanzten, trugen auch sie geschriebene Parolen auf der Stirn. Ein gezeichnetes Beil und die Worte „Ich haue, ich haue": das konnte als Fortsetzung von „Hu, Hase, hu" gemeint sein, aber es wurde anders aufgefaßt. Die Knechte aus der Schmiedegilde, von der sich die Beckenschläger einst mit der Folge einer Rivalität zwischen den beiden nun selbständigen Gilden getrennt hatten, fühlten sich verhöhnt. Zusammen mit den Knechten der Schuhmacher, die Bote zufolge ebenso wie die Schmiede ohnehin zu den Gegnern der Aufständischen zählten, bewaffneten sie sich insgeheim, um das Fest der Beckenschläger- und Kürschnerknechte in eine bewaffnete Rauferei zu verwandeln. Die Vorbereitungen dazu blieben den Meistern nicht verborgen, und da deren Knechte immerhin im Begriff waren, sich mit ihrer Bewaffnung schwer gegen den Stadtfrieden zu vergehen, vergewisserten sich die Meister beim Rat, ob die geplante Gewaltsamkeit in dessen Sinne sei. Der Rat lehnte ab, und so verzichteten die Gesellen und setzten nun ihrerseits den Kampf der sich zum Teil dem Reim nähernden, zum Teil aber sehr schlichten Papier-Parolen fort: „Jetzt tragt ihr Verse, bald hütet ihr Schweine", „Wie juckt die Jacke?", „Steh auf dem Mist!", „Das wird anders", „Ich puste, ich blase". Wie mag der Rat sich nun verhalten haben? Oder hat Bote die Parolen aufgrund einer entsprechenden Nachricht neu erfunden? Jedenfalls setzt er voraus, daß ein nicht unbeträchtlicher Teil der Handwerker lesen konnte, denn sonst hätten diese Parolen ja ohne Wirkung bleiben müssen.

Wie ging es weiter? Bote zufolge verhielten sich die Aufrührer nicht unklug. Angesichts des Abgleitens der von ihnen geschürten Unruhe in die Bahnen herkömmlicher Rivalitäten unter den Gilden versuchten sie, die Unruhe nicht zu vermehren. Doch nun blieb die andere Seite aktiv. Die Gesellen der Schmiede und Schuhmacher hatten von der Fahne der Aufständischen gehört und wollten eine Gegenparole tragen. Die Schmiedeknechte sollten ihre Kleidung mit einem silbernen Balken besetzen, die Schuhknechte mit einem silbernen Hufeisen, und darüber sollte die Parole „Blute, Hase“ zu lesen sein, und zwar bei dem herbstlichen Essen der Gemeinschaft und dem Schwertertanz. Auch diesmal hat der Rat Bote zufolge eingegriffen. Der Schwertertanz unterblieb.

War damit die Gefahr beseitigt? Bote nennt eine Gruppe zum Aufstand Entschlossener, aber er macht auch die Grenzen sichtbar, die einer solchen Bereitschaft entgegenstanden. Dem Rat war es gelungen, durch Verfassungs-Kompromisse der Unzufriedenheit die Spitze zu nehmen, die sich nun nur noch diffus und nicht mehr in politischen Formen äußernde Unruhe war in herkömmliche Rivalitäten eingemündet, und so hatte sie sich totgelaufen, zumal auch den zum Aufstand Bereiten offensichtlich das Risiko einer solchen Verbindung zu groß war. So blieben die Unruhe und Aufstandsbereitschaft nun, Bote zufolge, solange verdeckt, bis ihnen wiederum Ereignisse zu Hilfe kamen. Doch das geschah sehr bald.

Ein Kleinhändler wurde des Gebrauchs falscher Gewichte überführt. Da der Delinquent zugleich als Bote der Bäckergilde tätig war, fürchtete der Rat, daß dessen Verurteilung einen großen Teil der Bevölkerung provozieren würde. Drohende Worte machten schon die Runde, und so setzte der Rat seine Politik fort. Er akzeptierte die Bitten der Bäcker um das Leben des Verurteilten. „Und der Rat fand unter den Bäckern zuverlässige Leute“ – das ist wohl nicht ironisch gemeint, sondern soll nur sagen, daß der Rat mit diesem Gnadenerweis die Bäcker weiterhin von den unruhigen Gruppen separiert hatte.

Das nächste Ereignis, das dann auch die Wende bringen sollte, kam von der Seite des Rates oder vielleicht sogar von außen, wenn der Büchsenmeister des Rates, der nun tätig wurde, tatsächlich ohne Wissen des Rates gehandelt haben sollte, wie Bote glauben machen will. Der Kriegsingenieur, damals ein hochbezahlter Spezialist, war, laut Bote, ein „toller, leichtsinniger Kerl“, der allmählich die Geduld mit der Kompromißbereitschaft des Rates verlor und das, was er vorhatte, in eine sprichwörtlich klingende Rede zu kleiden wußte: „Wollen sie den Löwen nicht für ihren Herrn ansehen und wilde Hasen auf ihren Fahnen führen, so sollst du ihnen einen Hasen machen, von dem man sich in Braunschweig noch in hundert Jahren erzählen wird.“

Nimmt man an, daß der folgende Hergang tatsächlich stattgefunden hat, die eben zitierten Worte aber von Bote erdacht worden sind, so wäre Bote zu bescheinigen, daß er gerade dem modernen Leser mit diesen Worten hilft. Denn ohne sie könnte, was nun geschah, als ein lustiges Ereignis mißverstanden werden und unverständlich bleiben, warum dieses ja tatsächlich mit komischen Zügen behaftete Ereignis den Umschlag brachte.

Bote erzählt, der Büchsenmeister habe einer Katze ein Hasenfell übergezogen und den vermeintlichen Hasen den Bohlweg hinauf bis zu der auf der Höhe des Doms gelegenen Matthäi-Kapelle laufen lassen, der gegenüber die Kürschner, also eine der aufstandsbereiten Gilden, gerade ihre Morgensprache hielten. Die Kürschner sahen den Hasen und unterbrachen ihre ernste Sache, verfolgten das Tier, und als das Redelinger Tor zugeschlagen wurde, kletterte der vermeintliche Hase hinauf und miaute, und so kam seine wahre Natur zutage. Die Kürschner aber waren blamiert. Sie waren auch wütend und versuchten, ihren Zorn in den längst geplanten Aufstand umzusetzen, doch damit kamen sie zu keinem Erfolg. Bote schließt: „Aber sie wagten ja nicht, vor den anderen Gilden anzufangen.“

Waren die Kürschner das Opfer eines „üblen Scherzes“

geworden, wie ein moderner Historiker meinte? Oder waren sie nicht vielmehr einer überlegenen Strategie zum Opfer gefallen? Nachdem der Rat schon die Annäherung der Bäcker an die gefährliche Koalition seiner Gegner verhindert hatte, trennte er nun die Kürschner von den anderen unruhigen Gilden ab. Jedenfalls Botes Darstellung muß wohl so verstanden werden. Von einem Scherz konnte gewiß nicht die Rede sein. Streit wurde im 15. Jahrhundert anders in Worte gefaßt als heute. Da der einzelne ebenso wie die Gemeinschaft über eine kränkbare Ehre verfügte, konnte man ihn ausmanövrieren, wenn man diese Ehre – und sei es auch auf eine scherzhaft wirkende Weise – traf, und das war hier, jedenfalls in Botes Bericht, geschehen. Daß die Kürschner ihre Morgensprache just zur Jagd auf eine Katze unterbrachen, war tödlich, da ihnen ja am liebsten die Verarbeitung von Katzenfellen vorgeworfen wurde, wenn man meinte, daß sie ihre Kunden betrögen. Wer hätte sich jetzt einem von den Kürschnern angezettelten Aufstand anschließen mögen, ohne sich lächerlich zu machen und seine Ehre zu gefährden?

Die Aufstandsbereitschaft aber bestand weiterhin, und sie konnte sich an einem geringfügigen Fall entzünden. Fast wäre es dazu gekommen. Es ging um die Sache eines Schmiedes. Doch diesmal hatte der Rat die besseren Karten, und es mag sein, daß ihn die Blamage der Kürschner stärkte. Der Rechtsfall war zwar schon ein paar Tage vor der Hasenjagd vor sich gegangen, doch die Zuspitzung der Ereignisse fand erst eine Woche nach dem Debakel der Kürschner statt.

Auch hier geht es nicht um greifbare Ereignisse, sondern um das, was Bote berichtet. Dem Chronisten zufolge war der Fall eindeutig. Der Schmied, dessen Fall hier politisch zu werden drohte, war im Unrecht, aber er versuchte, sich dem Gericht zu entziehen. Als man ihn nun mit entehrender Haft bedrohte, behauptete er, Leute zu kennen, die ihm aus solcher Haft heraushelfen würden, und er nannte auf Nachfrage die Wollweber, Kürschner und Beckenschläger. Mußte der Rat nun wiederum so zurückweichen wie im Falle des

Bäckerboten? Offenbar war die Sache jetzt so eindeutig, war der Rechtsungehorsam des Schmiedes so eklatant, daß er sich nicht mehr zu einer Solidarisierung eignete. So konnte der Rat eine Kraftprobe wagen, und er hatte Erfolg. Der Schmied wurde für ein Jahr und hundert Tage aus der Stadt verbannt, und die Parteibrüder, wie Bote schreibt, diejenigen also, die, wie wir sagen würden, dem Schmied politisch nahestanden, wagten nicht, sich gegen dieses Urteil zu stellen – jedenfalls scheuten sie einstweilen davor zurück. Was nämlich in diesem Falle nicht durchzuführen war, mochte bei nächster Gelegenheit bessere Aussichten haben. Diese Gelegenheit folgte sogleich.

Diesmal ging es um den Fall eines Beckenschlägers und damit, anders als eben noch bei dem Schmied, eines Handwerkers, dessen Gilde zu den unruhigen gehörte. Was der Gegenstand des Rechtsstreits war, erfahren wir nicht. Bote berichtet nur, die Sache sei von dem neustädtischen an den gesamtstädtischen Rat gegeben worden und einige von den aufstandsbereiten Bürgern hätten durch öffentliche Auftritte auf den Straßen das Urteil zu beeinflussen gesucht. Wiederum möchte man, zumal es ja dergleichen auch heute gibt, gerne wissen, wie so etwas im 15. Jahrhundert vor sich ging. Wiederum gibt Bote eine anschauliche Antwort. Einige von den Unruhestiftern gingen auf den Straßen mit umgedrehten, also das Fell nach außen gewendeten Pelzen umher und hängten sich Krallenschnüre um den Hals. Sie maskierten sich also als wilde Tiere, während zur selben Zeit auf dem Rathaus der Fall des Beckenmachers verhandelt wurde. Das Urteil fiel gegen ihn aus, und er antwortete mit Beschuldigungen gegen das Gericht: „So wurde er mit Worten unverschämt und sagte, sie urteilten unrechtmäßig aufgrund von Bestechungen als unehrenhafte Leute."

Man hat es hier wiederum mit Worten zu tun, deren Ernst sich angesichts der gegenwärtigen politischen Sprache leicht verkennen läßt. Wir sind daran gewöhnt, daß alles, was eine größere Bedeutung haben soll, mehrmals gesagt wird. Im

Mittelalter konnten wenige Worte, die in unseren, an Gröberes gewöhnten Ohren gar nicht verfänglich klingen, die Situation von Grund auf ändern. Auch hier hat man es damit zu tun, daß der einzelne und daß die Gruppe eine kränkbare Ehre hatten. So ging nun alles sehr schnell.

Der Beckenmacher hatte das Rathaus noch nicht verlassen und stand noch unter den Leuten, die dort angesichts der Gerichtsverhandlung anwesend waren, da hatte der Rat schon sein Urteil gefällt. Man werde ihn vorladen und ihm sagen, was er tun müsse. Wer sich so über den Rat äußere, habe Leben und Vermögen verwirkt. Damit war der Strafrahmen bestimmt, und nun kam es auf das Verhalten des Verurteilten an. Der jedoch glaubte, stark genug zu sein, dem Rat widerstehen zu können. Der Rat stellte ihn daraufhin für die Zeit bis zur Verkündung des Urteils vor die Wahl: Er möge sich unter Hausarrest stellen oder zehn Meilen von der Stadt entfernen. Der Beckenmacher wählte den Hausarrest und fügte hinzu, er wisse schon, wo man ihm gegen den Rat helfen werde.

Dieser beantwortete die Ankündigung des Aufstandes mit einer Art von Mobilmachung. Er ließ Gildemeister und Hauptleute, also die Führer der bewaffneten Bürger-Kontingente, aufbieten. Der Beckenmacher hielt sich nicht an den ihm auferlegten Hausarrest, sondern besuchte seine Gesinnungsgenossen und zog sich, deren Empfehlung folgend, auf den Cyriacus-Berg zurück, also in den Bezirk des gleichnamigen Stifts, in den die Gewalt des Rates nicht reichte. Währenddessen fiel das Urteil, von je zwei Vertretern jedes Weichbildes, also feierlich-gesamtstädtisch gefällt. Es war angesichts des erwähnten Strafrahmens milde. Dennoch wurde das Urteil von denen, die noch an Aufruhr dachten, als Provokation oder jedenfalls als Gelegenheit empfunden, die eigene Gesinnung zu demonstrieren. Es kam zu einem Auflauf, und einige der daran Beteiligten vermummten sich, wie wir heute zu sagen pflegen. Vielleicht ist das alte Wort aber hier gar nicht so fehl am Platze, denn der Sachverhalt ist, wie

Botes Erzählung lehrt, gleichfalls alt. Der Chronist schreibt von den Demonstranten: „Und die Parteibrüder kamen auch und hatten sich teils beschmiert, teils hatten sie sich mit Ringen auf den Wangen gekennzeichnet."

Wie geht so etwas weiter? Die Demonstranten treten denen gegenüber, gegen deren Entscheidung sie protestieren. Und nun muß sich zeigen, ob sie – soweit sie zur Argumentation bereit und in der Lage sind – im gegebenen Rahmen argumentieren oder diesen in Frage stellen. Im 15. Jahrhundert jedoch war das eine Frage nicht. Die Stadtaufstände sind ja eben, wie schon gesagt, Revolutionen im modernen Sinne gerade deshalb nicht gewesen, weil die Aufständischen sich in der Regel nicht gegen die Rechtsordnung wandten, sondern dieser vielmehr zur besseren Geltung verhelfen wollten. Das aber machte sie angreifbar. Wenn sie zwar im Rahmen der Rechtsordnung bleiben wollten, diese aber nicht richtig verstanden, konnte man sie leicht ausmanövrieren, und so geschah es hier.

Die Wortführer der Vermummten wollten für den Bekkenmacher bürgen, aber der Gerichtsvorsitzende konnte ohne Mühe sichtbar machen, daß sie nicht hinreichend rechtskundig waren. So zogen die Demonstranten zornig ab, blamiert, jedoch nicht resigniert. Was blieb ihnen? Entsprechend den schon erwähnten geringen Möglichkeiten des politischen Diskurses nur eines. Sie schüttelten trotzig die Köpfe und drohten: „Da sollen noch einigen die Köpfe herunterfallen."

Der Rat richtete sich nun auf einen Aufstand ein und ließ die Häuser der Verdächtigen, die man ja inzwischen kennen konnte, überwachen. Vor Weihnachten sollte es losgehen, und zwar gegen die Reichen. In Botes Geschichte wird nun zum zweiten Mal das Haus des Eilert Borcholt zum Ort des Geschehens. Einer jener Bürger, die im Auftrage des Rates die Verdächtigen beobachteten, folgte einem Beckenschläger, als dieser trunken jenes Haus verließ, und vernahm, was der alkoholisierte Unruhestifter vor der Tür seines Hauses in der

Beckenwerkerstraße seiner Ehefrau offenbarte: „Frau, ich muß eine kleine Weile schlafen. Weck mich dann auf. Dann wollen wir den Harnisch anlegen. Du sollst noch vor Weihnachten Spangen tragen. Das wird nun kommen, worauf wir lange gewartet haben. Wir sollen jetzt den Reichen die Truhen plündern und für immer reich werden. Sie sollen jetzt alle unter unseren Händen sterben."

Was ist von einem solchen Dialog zu halten? Greift der moralisierende politische Autor nicht zu einem durchsichtigen Trick, indem er die Repräsentanten dessen, was ihm nicht gefällt, als Pantoffelhelden stilisiert, die dem Nudelholz der Ehefrau nur dadurch entgehen, daß sie ihre politischen Ziele durch die Versprechung von Kostbarkeiten aus den Schätzen der Besserverdienenden verhüllen? Auch hier läßt sich aus Botes Erzählung nicht mit Sicherheit herauslesen, was denn damals in Braunschweig wirklich geschehen ist. Wenn man jedoch bedenkt, daß die spätmittelalterlichen Stadtaufstände fast immer dadurch charakterisiert waren, daß breitere Bevölkerungsschichten an dem mitwirkten, was am Ende nur einer kleinen Gruppe nützlich war, so möchte man diese Szene für so irreal nicht halten. Der Rat jedenfalls war alarmiert, zumal allenthalben heimlich Bewaffnete zu sehen waren, und veranlaßte nun tatsächlich das, was man Mobilmachung nennen könnte. Es zeigte sich, daß die wichtigsten Gilden auf seiten des Rates standen, und so konnte es sich dieser erlauben, die Bürger der Altstadt, der Neustadt, der Alten Wiek und des Sack aufzubieten, nicht jedoch die des Hagens, von dem die Unruhe ausgegangen war.

Würde es nun zu einem Krieg zwischen dem Hagen und den anderen Teilstädten kommen? Die Situation blieb offen. Ein Bürgermeister und ein Kämmerer aus dem Hagen kamen in das Rathaus des Sack, und sie sprachen für den Frieden. Da wurde ihnen vorgeworfen, selbst zu den Aufrührern zu gehören. So verschwanden die beiden schnell. Einer ging auf die Burg, also ein außerstädtisches Gelände mitten zwischen den Teilstädten, in das die Gewalt des Rates ebensowenig reichte wie in das Gebiet des Cyriacus-Stifts. Doch war die Burg keineswegs einfach nur ein außerstädtischer Bezirk wie viele andere, sondern vielmehr der Ort des Stadtherrn, also dessen, der die städtische Freiheit bedrohte und damit gegen etwas stand, was Rat und Aufrührer hätte verbinden müssen. So ist es nicht unverständlich, daß die Aufrührer, wie Bote schreibt, nun bleich und rot wurden, während der Rat die abermalige Desavouierung der zum Aufstand Bereiten nutzen konnte, die Sache endgültig niederzuschlagen – obwohl sich kurz zuvor auch die den Aufstand fürchtenden Bürgermeister in dieses außerstädtische Gelände zurückgezogen hatten.

Die Mitglieder des Rates, die Vertreter der Gilden und die Hauptleute wurden jetzt bei ihrem Eid verpflichtet, die Namen der ihnen bekannten Aufrührer zu nennen, und diese wurden geladen, unbewaffnet auf dem Rathaus zu erscheinen. Das taten sie. Einer sprang im letzten Moment aus dem Fenster und lief in die Burg, suchte also jenes Asyl auf, das schon der eine Hagen-Bürgermeister benutzt hatte. Die anderen wurden vor die Wahl gestellt, die Verbannung aus der Stadt auf sich zu nehmen oder sich dem Urteil des Rates zu unterwerfen. Im ersten Falle sollte der Besitz nicht konfisziert werden. Darauf wählten die Aufrührer die Verbannung und verließen tatsächlich die Stadt. Doch drohte der Auszug der 28 Bürger zu einer politischen Demonstration zu werden, bis der Rat anderen Bürgern verbot, die Exilierten zu begleiten.

War damit der Frieden wiederhergestellt? Das war so sicher nicht, da ja die einzige bewaffnete Macht die Bürger selbst waren, und deren Stimmung konnte umschlagen. So versicherte sich der Rat der Zustimmung der Bürger, bedankte sich bei ihnen und nahm sie zugleich auf strenge Weise in die Pflicht. Alle mußten in der Art von Bürgereiden schwören, eventuelle Anzeichen eines Aufruhrs dem Rat zur Kenntnis zu bringen. Wenn man Bote folgt, war die Harmonie damit wiederhergestellt. Die unschuldigen Bürger dankten Gott, daß die Gefahr des Aufruhrs beseitigt war, die Schuldigen schämten sich, und alle feierten die neue Einheit, indem sie dem Stadtheiligen, dem hl. Auctor, einen neuen Schrein widmeten.

Liest man Botes Text einfach als eine Erzählung von Ereignissen, so könnte man einwenden, der Autor schildere nur ein Geschehnis nach dem anderen, gebunden an das, was geschehen ist, so daß er gar nicht in die Lage kommt, sichtbar zu machen, was ihm das Leben in der Stadt bedeutete. Dieser Eindruck dürfte nicht zuletzt eine Folge der literarischen Talente Botes sein. Es gelingt dem Verfasser in der Tat, einen geschlossenen Text zu verfassen, dem man nicht mehr entnehmen kann, wie er zustandegekommen ist und wie sich das, was Bote schriftlich vorlag, zu dem verhalten könnte, was er erfunden oder aufgrund allgemeiner Annahmen überbrückend dem ihm Überlieferten hinzugefügt hat.

Ebensowenig wie eine immanente Interpretation führt der Vergleich mit anderen Quellen, die Bote vielleicht benutzt haben könnte, weiter. Das meiste, was er berichtet, wird nur von ihm erwähnt. Wer wissen will, was damals in Braunschweig tatsächlich geschehen ist, befindet sich in einer mißlichen Lage.

Ganz anders sieht die Sache aber aus, wenn man, wie schon gesagt, Botes Text nutzt, seine Vorstellungen von dem zu erkennen, was das Leben in einer Stadt ausmachte.

Einen ersten Blick darauf eröffnet der Autor mit seinen einleitenden Zeilen. Das Schichtbuch beginnt mit einem Hinweis darauf, daß die Städte von den Fürsten mit Freiheit ausgestattet und privilegiert worden seien. Doch gerate das in Vergessenheit, da die Oberen in den Städten uneinig würden, so daß in regelmäßiger Folge – in zehn, zwanzig oder dreißig Jahren – Unruhen aufkämen und die Städte oft in deren Folge in die Gewalt der Fürsten gerieten.

Das ist eine Sicht, die sich von dem unterscheidet, was man damals in den Städten für richtig hielt, soweit man dort historische Vorstellungen hatte. Bei Bote ist – anders als bei anderen Autoren der Zeit – keine Rede davon, daß die städtische Freiheit schon von den Römern komme oder von Karl dem Großen begründet worden sei. Vielmehr sind in seinen Augen die Privilegien der Stadtherren die Quelle der städtischen Freiheit, was sie ja in der Tat auch waren, und so bestand, meint er, die Gefahr, daß diese nicht aus uralter, sondern vielmehr aus geschichtlicher Zeit stammende Freiheit durch die Uneinigkeit der Privilegien-Inhaber verlorengehe. Auch das war nicht die Angstvision eines Gegners von Stadtaufständen, sondern die schlichte Wahrheit, die man um 1500 an nicht wenigen Orten feststellen konnte und für die sich in der folgenden Zeit die Beispiele mehren sollten – nicht zuletzt infolge der Reformation, die in Botes Augen als eine Form von innerstädtischer Uneinigkeit gewiß verhängnisvoll gewesen wäre.

Was folgt aus dieser generellen Sicht auf die Situation der Städte? Botes Antwort ist offensichtlich das Schichtbuch, die Erzählung von den Aufständen in Braunschweig. Doch was lehrt diese Erzählung? Aufstände gefährden die städtische Freiheit, und Einigkeit tut not. Doch begnügt sich Bote mit einer so einfachen politischen Moral nicht. Er fragt danach, wer die Freiheit gefährde. Obwohl Bote scharf zwischen der regierenden Obrigkeit in der Stadt und der Masse der Bürger und Einwohner, die in seinen Augen ohne politischen Verstand sind, unterscheidet, führt ihn diese schon erwähnte dichotomische Vorstellung doch nicht etwa zu der Ansicht, die Quelle der Uneinigkeit habe im Ungehorsam der Untertanen gelegen. Der Ungehorsam kommt vielmehr aus den regierenden Familien selbst, wie Bote am Anfang seiner Erzählung über die Schicht von 1445 und 1446 ja ausdrücklich sagt und wie er auch in der Einleitung seines Buches schreibt. Die „Obersten“ in den Städten vergessen, daß ihre Aufgabe in der Wahrung des „gemeinen Guts“, also des *bonum commune* liege.

Wer aber sind diese „Obersten“? In der Einleitung ist gleich darauf von den Geschlechtern die Rede, von den alten

Ratsfamilien. Der Braunschweiger Rat, mit dem es die Aufständischen von 1445 und 1446 zu tun hatten, bestand aber nicht nur aus Angehörigen dieser Familien. Er war ja durch die von Bote früher beschriebene Schicht, die im Jahre 1374 begonnen hatte, verändert worden, und der eben schon einmal erwähnte Große Brief von 1445 brachte eine weitere Reduzierung des Anteils der alten Familien am Rat. Doch hier macht Bote keinen Unterschied. Rat ist Rat, ist Obrigkeit, und Bote führt die von ihm beklagten Ereignisse auch nicht, wie man bei einem doktrinären Autor erwarten könnte, darauf zurück, daß der Rat in Braunschweig damals kein reiner Geschlechterfamilien-Rat mehr war. Bote denkt, so möchte man fast sagen, funktional: Die Ratsherrschaft bleibt Ratsherrschaft, auch wenn sich die Zusammensetzung des Rates ändert. Auch wenn der Rat anders als früher zusammengesetzt ist, bleibt doch die Gefahr, daß es zu Parteiungen innerhalb des Rates kommt, die sich dann unter den Bürgern fortsetzen. Aus diesem funktionalen Denken erklärt sich auch, daß jene verfassungsrechtlichen Änderungen, die dem modernen Betrachter der Dinge so wichtig sind, bei Bote in den Hintergrund treten. Was er über den Großen Brief von 1445 sagt, ist nur ein Beispiel. Daß man seine Chronik so lesen kann, als sei der 1374 so gewaltsam veränderte Rat 1145/1446 noch der alte gewesen, weist in die gleiche Richtung. So hat man denn gemeint, Bote habe die Demokratisierung der Stadtverfassung in Braunschweig verkannt.

Tatsächlich aber war der Eindruck, hier habe eine Demokratisierung stattgefunden, ein von den Hoffnungen des 19. Jahrhunderts genährter Irrtum. Die heutige Sicht der Dinge gibt Bote recht. Von einer Demokratisierung konnte die Rede nicht sein, sondern nur von einer Modifizierung der oligarchischen Verfassung. Es waren auch weiterhin nur wenige, welche die Stadt regierten. Das dichotomische Bild der politischen Verfassung einer Stadt, das Bote gibt, trifft die damalige Wirklichkeit nicht schlecht.

Auf der einen Seite stehen die wenigen, welche die Stadt

zu regieren imstande sind und ihre Aufgabe doch immer wieder zu verfehlen drohen. Auf der anderen Seite hat man die Masse der politisch unverständigen Stadtbevölkerung, die ein leicht verführbares Unruhepotential darstellt. Schreckensbilder eines reaktionären politischen Denkers? Wer dergleichen vermutete, müßte sich fragen lassen, ob er nicht das frühe 19. ins 15. Jahrhundert verlege. Macht man sich dagegen von späteren Wünschbarkeiten frei, so legt sich die Frage nahe, ob Bote nicht vielleicht recht hatte, ob es nicht fundamentale Sachverhalte des damaligen städtischen Lebens gibt, die ihn bestätigen. Mußte nicht das dichte Zusammenleben in der Stadt, das Austauschen von Meinungen und Nachrichten in einem Kreis nicht von dreißig Männern, sondern von dreihundert oder dreitausend oder einer noch größeren Zahl zu mehr Unruhe führen, als sie in den entsprechenden Situationen der kleinen ländlichen Siedlungen üblich war? Und mußte die Möglichkeit und Wahrscheinlichkeit der Unruhe nicht um so größer sein, je drastischer der enge Lebenskreis, der für die Mehrzahl der Stadtbewohner charakteristisch war, mit der Weiträumigkeit der Bedingungen auch ihres Lebens zusammenstieß? Hier liegt die Ursache dafür, daß die durch „Außenpolitik" verursachte Finanznot von Städten fast immer die Ursache von Aufständen gegen den Rat wurde.

Was aber geschah, wenn Uneinigkeit der regierenden Eliten und Verführbarkeit der Bürger am Ende zu einem Aufstand führten? Darauf gibt Bote keine programmatische, wohl aber eine pragmatische Antwort, denn davon handelt ja seine Chronik der Aufstände und nicht zuletzt der Bericht über die Ereignisse von 1445 und 1446. Exemplifiziert er, was er generell für richtig hält, illustriert er also eine Art von Politologie, oder erzählt er einfach, was geschehen ist? Der literarische Duktus seiner Erzählung deutet auf das zweite, aber das macht eben die Qualität dessen aus, was Bote schreibt. Als ganz so unschuldig, wie sich sein Text als schlichte Folge der Begebenheiten darbietet, darf man ihn nicht lesen.

Auf der anderen Seite füllt Bote jedoch nicht einfach Beispiele in die dafür vorgesehenen Felder eines dürren Konzepts. Das genaue Verhältnis von Aussage, Absicht und vorgegebenen Fakten läßt sich nicht klären. So bleibt nur die Beobachtung, daß hier ein Autor des frühen 16. Jahrhunderts politisch außerordentlich sensibel beschreibt, wie in Krisensituationen eine höchst heikle Verfassung in Frage gestellt und am Ende bewahrt wird.

Heute hält man die spätmittelalterlichen Städte gern für etwas Selbstverständliches, weil man in ihnen die Vorformen der eigenen politischen Ordnung sieht, und so hält man sie für funktionsfähig, wie man die eigene Ordnung ja für funktionsfähig halten muß, da jede Alternative fatal wäre. Doch auch wenn die Demokratie heute einigermaßen funktionieren zu können scheint, ist damit doch nicht erklärt, wie sich eigentlich spätmittelalterliche Stadtverfassungen am Leben erhalten konnten. Gewiß handelte es sich bei ihnen um keine Demokratien, aber republikanische Elemente hatten diese Verfassungen doch, und diese republikanischen Verfassungselemente stießen in der Verfassungswirklichkeit höchst empfindlich mit der Tatsache zusammen, daß die Städte Oligarchien waren und sein mußten, daß hier Obrigkeit aber doch nicht in jenem eindeutigen Sinne Herrschaft sein konnte, wie das außerhalb der Stadtmauern die Regel war.

Gewiß: Eine wirklich andere Verfassung hatten die Unzufriedenen nicht anzubieten. Eine Alternative war nicht zu sehen. Aber es gab Unzufriedenheit, es gab Diskrepanzen zwischen dem, was für die Stadt gut war, und dem, was die Masse der städtischen Bevölkerung begriff, es gab Mißtrauen in der Bevölkerung, und es gab Gründe für dieses Mißtrauen. Was geschah, wenn sich dieses Mißtrauen gewaltsam entlud? Gegen einen zwar nicht durch ein politisches Konzept gestützten, aber im Augenblick doch wirkungsvollen Tumult hatten die Räte kein Mittel. So mußten sie vorsichtig sein. Sie mußten lavieren, entgegenkommen, um im entscheidenden Moment dann doch die Initiative zurückzugewinnen und die

Unzufriedenen auszumanövrieren und günstigenfalls zu verfolgen und zu vertreiben. In den Städten herrschte unvermeidlich ein labiles Gleichgewicht, ein politischer Zustand, der einen Machiavelli hätte interessieren können. Einen Machiavelli hat Deutschland zwar nicht hervorgebracht, aber es hat den allzu wenig bekannten Hermann Bote aufzuweisen: nicht einen Mann zwischen Mittelalter und Neuzeit, wie man gemeint hat, keinen Vorboten des Neuen oder wie die Wunschträume des bürgerlichen 19. Jahrhunderts sonst lauten mögen, wohl aber einen außerordentlich klugen und auf seinem Felde sogar einzigartigen Autor.

Die Lebenssumme
eines reichen Stadtbürgers

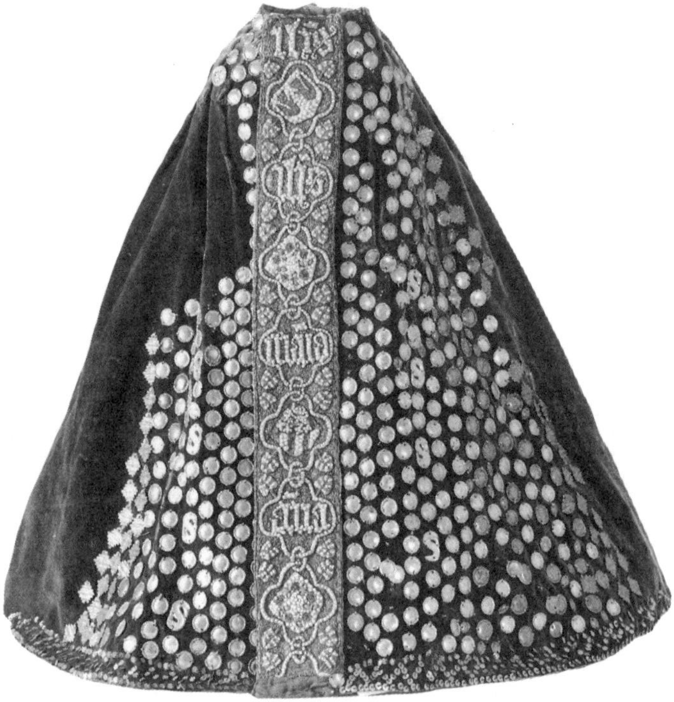

Viel ist es nicht, was man von dem im ausgehenden 15. Jahrhundert verstorbenen Göttinger Hans von Oldendorp weiß. Und das interessanteste Dokument, aus dem man etwas über seine Lebensumstände und seine Gesinnungen erfährt, sein Testament, gehört zu einer Gattung, von der man in anderen Städten, in Lübeck oder in Konstanz, Hunderte von Beispielen kennt. So ausführlich wie Hans Oldendorps Testament sind die Aufzeichnungen über den letzten Willen spätmittelalterlicher Testatoren in aller Regel aber nicht. Hinzu kommt, daß es einige Quellen gibt, die dem Testament Oldendorps Relief geben, die es erlauben, die schwer zu beantwortende Frage, ob denn ein Testament, das ja nur von Absichten redet, auch als Zeugnis von Wirklichkeit aufzufassen ist, zu einem kleinen Teil doch zu beantworten.

Das spätmittelalterliche Göttingen, in dem Hans von Oldendorp lebte, war, etwas abgekürzt gesagt, eine kleine Großstadt. Mit fünftausend bis sechstausend Einwohnern war es – relativ – wohl ein wenig größer als heute. Göttingen gehörte der Hanse an, Göttinger Tuche zählten zu den Waren der hansischen Kaufleute. Wichtiger war jedoch die Bedeutung der Stadt für ihr Umland. Im Fürstentum Göttingen-Grubenhagen, einem der welfischen Teil-Territorien, hatte die Stadt eine beherrschende Stellung, doch reichte das Gebiet, in dem Göttingen, mit einem Begriff heutiger Verwaltungssprache gesagt, so etwas wie ein Oberzentrum war, nach Süden über die Grenze der welfischen Territorien hinaus, wie auch an einem Kriminalfall deutlich wird, der mit unserem Testament zusammenhängt.

Das mittelalterliche Göttingen hatte eine traditionelle Verfassung. Es wurde von Ratsherren regiert, deren Amtszeit zwar nur ein Jahr betrug, die jedoch ein Jahr nach ihrem Ausscheiden aus dem Rat wieder in diesen eintraten. Da auch der aus den Zurückgetretenen bestehende „alte Rat“ ein Regierungsorgan war, kann man sagen, daß die Stadt von Ratsherren regiert wurde, die ihr Amt auf Lebenszeit ausübten. Frei wurden Ratssitze in der Regel nur, wenn ein Ratsherr gestorben war. Dann kam es zur Wahl eines neuen Ratsherrn, doch wählte nicht die Gemeinde, sondern der Rat, so daß hier, mit heutigen Begriffen gesagt, nicht so sehr gewählt wie kooptiert wurde. Der Kreis, aus dem kooptiert werden konnte, war in aller Regel jedoch nicht fixiert. Gewiß gab es die Ratsherren, die ihr Amt von älteren Angehörigen ihrer Familie sozusagen erbten. Doch wurden auch reiche und angesehene Bürger, die nicht aus einer Ratsfamilie stammten, in den Rat gewählt. Ob das auch für Hans von Oldendorp gilt, weiß man nicht. Auf der anderen Seite läßt sein Testament aber erkennen, daß er zum Zeitpunkt der Abfassung dieses Dokuments der regierenden Elite der Stadt seit vielen Jahren angehört hat.

Oldendorps Testament aus dem Jahre 1491 beginnt, wie solche Urkunden fast immer, mit Zuwendungen *ad pias causas*, also mit Schenkungen an geistliche Personen und Institutionen. Hans von Oldendorp schreibt, er wolle sein Vermögen zu einem Teil für die Ehre Gottes verwenden, es zum anderen aber seinen Verwandten geben. Für die zweite Absicht hätte es eines Testaments nicht bedurft. Daß das Eigentum eines Verstorbenen an seine Verwandten fiel, verstand sich von selbst. Die Zuwendungen an Kirchen und Geistliche dagegen waren ursprünglich so selbstverständlich nicht gewesen, und so war es ihretwegen im Mittelalter überhaupt zur Ausstellung von Testamenten gekommen. Und lange Zeit durfte in den Testamenten nur über erworbenes, nicht jedoch über ererbtes Eigentum verfügt werden, das nicht als Individualeigentum galt. Am Ende des Mittelalters war es aber fast selbstverständlich, daß Vermögende Testamente machten, daß sie auf diesem Wege Geistliche und Kirchen bedachten und auch der Bereich dessen, worüber verfügt werden konnte, erweitert worden war.

Bis zu einem gewissen Grade war in einem Falle wie dem des Göttinger Ratsherrn Hans von Oldendorp auch selbstverständlich, welche Kirchen begünstigt wurden, nämlich die der eigenen Stadt, aber im einzelnen fragte sich der Testator in der Regel doch, ob nicht bestimmte Kirchen besondere Zuwendungen erhalten sollten, und so kann man solchen Bestimmungen entnehmen, wem sich Familien oder einzelne besonders verbunden fühlten – aus individuellen oder auch aus Gründen der Tradition.

Hans von Oldendorp spricht am Anfang sehr deutlich von dem, was im Göttingen seiner Zeit üblich war. So, wie das üblicherweise geschehe, solle, bestimmt er, bei seiner in seinem Hause aufgebahrten Leiche ein Psalter gelesen werden – was wohl das 150fache Beten des Avemaria oder, wie man später sagte, des Rosenkranzes bedeutete. Das sollte durch alle Geistlichen der Jacobikirche geschehen, die auch der Ort der daran anschließenden Begräbnisfeierlichkeiten sein sollte. Hans von Oldendorp wollte auf dem Jacobikirchhof bestattet werden, also mitten in der Stadt, wie es damals fast selbstverständlich war, und zwar „mit aller Herrlichkeit", also mit allen Zeremonien. Diese Zeremonien, die auf sie folgenden Vigilien und Seelmessen, also besondere Gedächtnis- und Fürbitt-Gottesdienste, sollen, so heißt es, so geschehen, wie es sich gebührt.

Für Hans von Oldendorp war ganz selbstverständlich, daß er mit diesem Bezug auf das, was sich gebühre, nicht von jedem Göttinger sprach, sondern nur von Leuten seiner Art, also von Ratsherren und Vermögenden. Indirekt geht aus den folgenden Bestimmungen und schon aus den nächsten Worten des Testaments hervor, daß hier von den Möglichkeiten reicher Stadtbürger die Rede ist. Die erwähnten Totenzeremonien sollten zehn Gulden kosten, und ein solcher Betrag konnte schon die Summe dessen ausmachen, was ein ärmerer Stadtbewohner überhaupt an Vermögen besaß. Auch im Budget des Testators waren diese zehn Gulden kein unerheblicher Betrag. Auf der anderen Seite stellte diese Zuwendung aber nur einen geringen Teil dessen dar, was die folgenden Bestimmungen *ad pias causas* festlegten.

Diese Festlegungen rechnen, soweit es um Geldbeträge geht, mit Gulden. Wieviel war ein Gulden wert? Diese Frage sollte man nicht dergestalt beantworten, daß man behauptet, ein Gulden sei das gleiche gewesen wie heute ein bestimmter Mark-Betrag. Orientierte man sich an Handwerkerlöhnen, so käme für einen Gulden des 15. Jahrhunderts ein ganz anderer Betrag an Deutscher Mark heraus, als wenn man zum Beispiel den Preis von Büchern oder von importierten Tuchen zum Wertmesser nähme. Die Diskrepanz zwischen dem, was die unmittelbare Lebensfristung kostete, und dem, was vermögende Leute konsumieren konnten, war erheblich größer als heute. Von fünfzehn Gulden konnte eine kleine Familie im Jahr knapp leben. Zwei Drittel dieses Betrages vermachte der Ratsherr der Kirche, in deren Pfarrbezirk er sein Wohnhaus hatte, also der schon erwähnten Jacobikirche. Über die Zuwendungen hinaus, mit denen Hans von Oldendorp die Begräbniszeremonien abgegolten wissen wollte, bestimmte er, daß die Jacobikirche zehn Gulden in bar sowie Altargeräte und geistlichen Ornat erhalten sollte.

All das wird im einzelnen aufgezählt, und man erfährt auch, daß sich diese Dinge im Hause des Testators fanden. Er hat sie also rechtzeitig gekauft oder herstellen lassen, vielleicht unter Verwendung dazu geeigneter Gegenstände und Textilien. Reiche Kleider wurden immer wieder zu geistlichen Gewändern umgearbeitet, wie man sich heute nicht mehr recht vorstellen mag – angesichts dessen, was „bürgerliche" Kleidung nun ist, aber auch mit Rücksicht auf die von der bürgerlichen Kleidung so weit entfernte Gestalt geistlicher Gewänder. Im späteren Mittelalter waren die Festtagskleider jedenfalls der vermögenden Leute und die geistlichen Textilien nicht so weit voneinander entfernt. Um so stärker unterschieden sich die Meßgewänder der Priester von dem, was die Ärmeren am Leibe trugen.

Über die schon erwähnten zehn Gulden sollte die Jacobikirche frei verfügen können – jedoch nicht ohne eine Gegenleistung. Die Gegenleistung für diese Zahlung wie auch für die gegenständlichen Zuwendungen bestand im Totengedächtnis. In der Jacobikirche sollten zugunsten des Testators und seiner verstorbenen ersten sowie auch seiner jetzigen Frau Gedächtnismessen gelesen werden.

Damit steht man vor der Urzelle der Beziehungen zwischen weltlichen Personen und Kirchen oder auch, so könnte man sagen, vor der elementarsten Form der Arbeitsteilung im Mittelalter. Die Geistlichen waren zunächst nichts anderes als professionelle Beter – Spezialisten, die für ihr und das Seelenheil anderer arbeiteten, dafür von der körperlichen Arbeit freigestellt waren und zu diesem Zweck unterhalten werden mußten. Das geschah durch steuerähnliche Abgaben, den Zehnten vor allem, aber auch durch Geschenke, durch Stiftungen und Opfergaben, die von ganzen Territorien bis zum biblischen Scherflein der armen Witwe reichten. Gewissermaßen auf der Mitte einer solchen Skala befanden sich die Zuwendungen des Hans von Oldendorp, der sich mit seinen Testamentsbestimmungen *ad pias causas* gegen die Gefahren sichern wollte, die ihm nach seinem Tode in Gestalt des Fegefeuers oder gar der Hölle drohten. Um die Hölle zu vermeiden und das Fegefeuer zu verkürzen, sorgte er dafür, daß Geistliche für ihn beteten und Heilige sich für ihn verwendeten.

Doch welche Geistlichen und welche Heiligen sollten das sein? Angesichts der vielen Geistlichen und der vielen Heiligen, die zur Verfügung standen, mußte eine Auswahl getroffen werden. Wem wollte Hans von Oldendorp die Arbeit an seinem Seelenheil anvertrauen?

Der Anfang des Testaments zeigt, daß der Testator auf die von den Geistlichen seiner eigenen Pfarrkirche zu leistende Totenhilfe baute. Vielleicht hatte er mit dieser Kirche gute oder jedenfalls doch keine schlechten Erfahrungen gemacht, keine Erfahrungen, die ihn dazu veranlaßt hätten, sozusagen zur Konkurrenz zu gehen. Diese Konkurrenz hätte nicht in einer der anderen Göttinger Pfarrkirchen bestanden, wohl aber in einem der beiden Bettelordensklöster. Zwischen den städtischen Pfarrkirchen und den Bettelordenskirchen hatte es, vor allem im 14. Jahrhundert, außerordentlich scharfe, nicht selten mit Gewalt ausgetragene Auseinandersetzungen um das Begräbnisrecht und die damit zusammenhängenden testamentarischen Zuwendungen gegeben. Im ausgehenden 15. Jahrhundert hatten sich die Konkurrenten im allgemeinen arrangiert, nicht zuletzt deshalb, weil sie nun beide unter der Kontrolle des städtischen Rates standen.

Hans von Oldendorp jedenfalls fühlte sich zunächst und vor allem mit der eigenen Pfarrkirche verbunden, und hier wohnten auch die Heiligen, denen er vertraute. So wendete er als nächstes die halbe Korallenkette seiner verstorbenen ersten Frau einer Marienstatue in der Jacobikirche zu. Die andere Hälfte dieser Kette sollte ebenfalls an die Muttergottes gehen, jedoch an einem anderen Ort, nämlich an die Marienstatue in der Kapelle des Bartholomäus-Hospitals, das unmittelbar südlich der Stadtmauer für die Leprakranken errichtet worden war. Was Hans von Oldendorp gerade mit dieser Kirche verband, die damals wohl eher die Kirche eines Altersheims war als die eines Leprosen-Hospitals, wird an dieser Stelle noch nicht sichtbar. Mehr verrät jedoch das andere Geschenk, die halbe Korallenkette, die an die Maria in der Jacobikirche gehen sollte.

Eine Korallenkette – oder auch nur die Hälfte eines solchen Schmuckstücks – war ein außerordentlich kostbarer Gegenstand. Korallenketten waren so teuer und wegen ihrer Seltenheit so verlockend, daß sie in Kleider- und Luxusordnungen aufgeführt wurden. In Göttingen war der Besitz solcher Ketten nur den Frauen erlaubt, deren Ehemänner ein Vermögen von mehr als zweihundert Mark versteuerten. Die ganz überwiegende Mehrheit der Göttingerinnen war demnach vom Tragen dieses Schmucks ausgeschlossen oder, positiv ausgedrückt, durch die städtische Obrigkeit davor geschützt, sich durch einen Luxuskonsum solcher Art in Not zu bringen. Für die knapp zehn Prozent der Göttinger Steuerzahler, die mit ihrem Vermögen oberhalb der erwähnten Grenze von zweihundert Mark lagen, war, so kann man dieser Bestimmung entnehmen, die ihnen vorbehaltene

Korallenkette nicht nur ein wertvolles – und infolgedessen einer Marienstatue angemessenes – Schmuckstück, sondern auch ein äußeres Anzeichen ihres Platzes in der städtischen Gesellschaft, und das galt auch dann, wenn es sich bei einer solchen Kette nicht um ein bloßes Schmuckstück handelte, sondern um eine Gebetsschnur, um einen Rosenkranz. Darum ging es im Fall des Hans von Oldendorp in der Tat. Der Testator hat sich nur etwas zu kurz ausgedrückt. Es ging um einen Rosenkranz, aber dieser Rosenkranz war angesichts seines Wertes nicht nur ein Hilfsmittel der Devotion, sondern auch ein Rangabzeichen. Nun wurde dieses Abzeichen der Muttergottes zur Aufbewahrung gegeben, und das heißt, diese erhielt gewissermaßen den Auftrag, den sozialen Rang des Testators zu dokumentieren, der ihr aber auch ein Opfer darbrachte. Er hätte die Kette auch verkaufen oder an einen Verwandten vererben können. Statt dessen wurde die Kette Teil der Garderobe Mariens. Die Heiligenfiguren in den spätmittelalterlichen Kirchen wurden bekleidet und geschmückt.

Das Opfer, das derjenige brachte, der die Garderobe einer Heiligenfigur vermehrte, und die Dokumentation seines sozialen Ranges, die auf solche Weise gesichert werden sollte, ließen sich in der zeitgenössischen Perspektive nicht trennen. Gerade diese Untrennbarkeit war es, welche die Kirchen damals so bunt und so reich machte und mit Gegenständen füllte, von denen die meisten ein oder zwei Generationen später im Zuge der Reformation entfernt werden sollten. In Göttingen mögen die beiden Hälften der Korallenkette des Hans von Oldendorp und die anderen von ihm gestifteten Kostbarkeiten im Jahre 1533 aus der Jacobikirche und den anderen Gotteshäusern entfernt und zugunsten des Rates versteigert worden sein.

Die folgenden Bestimmungen des Testaments laden zu so ausführlichen Kommentaren nicht ein. Der Text wird nun gleichförmiger. Aber es kommt auch zu Verfügungen ganz anderer Art, die den Testator in einem neuen Licht zeigen.

Zunächst bleibt Hans von Oldendorp bei Korallen. Der Verfügung über die Korallenkette knüpft er assoziierend eine Bestimmung über eine weitere Gebetsschnur, ein Paternoster ebenfalls aus Korallen, an, weil dieses, wie er schreibt, „dabei in der Lade liegt". Man wird also für einen Augenblick in das Innere eines Göttinger Ratsherren-Hauses geführt. Die Lade dürfte eines jener Holzgefäße gewesen sein, die man als sogenannte Minnekästchen in vielen kulturgeschichtlichen Museen sehen kann. Dieses andere Korallen-Paternoster gebe er, so fährt der Testator fort, „dem kleinen St. Jakob, meinem lieben heiligen Apostel", und damit drückt er sich zwar eindeutig im Hinblick auf seine Zuneigung zu diesem Heiligen aus, doch könnte unklar sein, wen er eigentlich meint. Der „kleine" Jakob: das müßte eigentlich Jacobus minor sein, der jüngere Apostel Jakob, aber aus einem gleich noch zu nennenden anderen Dokument geht hervor, daß Hans von Oldendorp mit dem „kleinen" Jakob eine kleine Figur des Patrons der Jacobikirche, also des berühmten älteren Jakob gemeint hat.

Danach wird das Testament summarisch. Hans von Oldendorp machte nun das, was viele mittelalterliche Testatoren gleich zu Anfang ihres Testaments taten: Er beschenkte nämlich alle Kirchen seines Wohnortes. Dabei bildete er zwei Gruppen. Die wichtigeren Kirchen erhielten je zehn, die kleineren je fünf Gulden. Zehn Gulden empfingen die Hospitalkirche zum Heiligen Kreuz vor dem inneren Geismartor, die Nicolai- und die Marienkirche, also zwei Pfarrkirchen, die Kapelle des Heilig-Geist-Hospitals (nach dem heute die Geiststraße ihren Namen führt), die Pauliner-, also die Dominikanerkirche, die Pfarrkirche St. Johannis, die schon erwähnte Hospitalkirche des hl. Bartholomäus, die Barfüßer-, also die Franziskanerkirche sowie schließlich die Albanikirche, die Pfarrkirche des aus dem frühen Mittelalter stammenden Dorfes, dem die Stadt Göttingen ihren Namen verdankt. Je fünf Gulden gingen an die St.-Jürgen-Kapelle einer Göttinger Priesterbruderschaft, des Kaland, an die Kapelle des Klosters Walkenried sowie an die Fronleichnamskapelle, die einem Hostienfrevel ihre Entstehung verdankte.

Diese Zuwendungen lassen noch einmal erkennen, daß Hans von Oldendorp ein vermögender Mann war. Nimmt man die eingangs erwähnten zehn Gulden hinzu, so machen diese Zuwendungen insgesamt einhundertfünfzehn Gulden aus. Für diesen Betrag konnte man ein ansehnliches Bürgerhaus kaufen. Weiterhin eröffnen diese Bestimmungen einen Blick auf die *Gottingia sacra*. Insgesamt verfügte die Stadt, die vor der Reformation 1110 Haushaltungen umfaßte, zu dem Zeitpunkt, da Hans von Oldendorp sein Testament formulierte, über dreizehn Gotteshäuser. Ein vierzehntes kam wenige Jahre später infolge der Gründung des Annenklosters hinzu. Drei dieser Kirchen waren allerdings so klein, daß die Messen in ihnen nur halb soviel kosteten wie in den anderen.

Eine weitere Kirche, die Hans von Oldendorp bei dieser Gelegenheit hätte bedenken können, war die südlich der Stadt gelegene Hospitalkirche in Reinhausen. Sie stand den Göttinger Bürgern sehr nahe, wie man auch von Hans von Oldendorp weiß. Im Jahre 1469 hatte er als vom Göttinger Rat bestellter Vorsteher des Reinhäuser Hospitals amtiert. Vielleicht war er in Erinnerung an diese Tätigkeit der Meinung, daß die in Reinhausen geleisteten Gebete nicht besonders vertrauenerweckend waren.

Der Betrag, den Hans von Oldendorp den Kirchen zuwandte, die innerhalb der Stadtmauer oder unmittelbar vor ihr lagen, war, wie schon gesagt, hoch, aber für diesen Betrag wurden nun auch in dreizehn Kirchen für ihn und für seine beiden Ehefrauen Gedächtnismessen gefeiert, wurde hier, anders gesagt, an der Verkürzung ihrer Zeit im Fegefeuer gearbeitet, und dies, jedenfalls der Absicht und Hoffnung des Testators zufolge, für eine sehr lange Zeit, nämlich bis zum Jüngsten Gericht – tatsächlich freilich nur für wenige Jahrzehnte, da ja mit der Reformation dies alles vorbei sein sollte. Nicht nur in diesem Testament, sondern auch in den anderen einschlägigen Göttinger Quellen und nicht nur in den Dokumenten dieser Stadt deutet nichts darauf hin, daß im ausgehenden 15. Jahrhundert Luther und die Reformation so nahe waren. Die Göttinger – und die damaligen Deutschen insgesamt – waren um 1500 so fromm und so kirchentreu wie niemals zuvor. Andernfalls könnte man die Reformation auch nicht erklären.

So versteht es sich beinahe von selbst, daß es Hans von Oldendorp mit den erwähnten einhundertfünfzehn Gulden und den auf diese Weise finanzierten Gedächtnismessen nicht genug war. Der Testator fuhr mit Stiftungen *ad pias causas* fort. Wiederum die Muttergottes, diesmal jedoch die Patronin der Marienkirche in der Neustadt, sollte ein Altartuch erhalten und ein weiteres Korallen-Paternoster sowie einen Ring, den Hans von Oldendorp am Finger trug und der, so schreibt er, mit einem wilden Mann und einem Fräulein geschmückt war, also mit zwei Figuren aus dem Umkreis der ursprünglich höfischen Literatur und Kunst.

Für den Ratsherrn einer größeren Stadt war ein solcher Ring nicht unpassend, denn er zeigte auf seine Weise, daß sein Träger ein gemachter Mann war und Anteil hatte an der feineren, und das heißt selbstverständlich auch in den Städten: ursprünglich adlig geprägten Kultur seiner Zeit. Doch was sollte die Gottesmutter mit diesem höfischen Ring anfangen? Hans von Oldendorp hatte einen solchen Zweifel anscheinend nicht, denn er hat den Ring keineswegs etwa einfach als Wertgegenstand für den Verkauf oder zum Einschmelzen gestiftet. Er faßte diese Gabe durchaus symbolisch auf. „Mit diesem Ring“, so schreibt er, „vertraue ich mich der lieben Muttergottes an, damit sie meine treue Fürbitterin bei ihrem lieben Sohn sei, jetzt und zu aller Zeit, wenn ich das besonders nötig haben werde.“

Hans von Oldendorp verlobte sich sozusagen mit Maria, und es könnte sein, daß er von diesem Vorgang eine bildliche Vorstellung hatte, denn in Dominikanerkirchen wurde gern die Verlobung der hl. Katharina mit dem Christuskind dargestellt.

Das Testament fährt mit weiteren Spenden von sakralen Gegenständen fort, und auch jetzt wird in einer Weise abgestuft, die der Leser dieses Textes schon kennt. Die Dominikaner- und die Franziskanerkirche erhalten ein Altartuch und ein Meßgewand aus grüner Seide, die St.-Jürgen-Kapelle nur ein buntes, also wohl wollenes Meßgewand. Wo die Messen billiger waren, brauchten die Meßgewänder nicht so kostbar zu sein. Man sieht also, daß Hans von Oldendorp auch dort rechnete, wo man heute das Rechnen für unpassend halten möchte, und das gilt nicht nur für diesen Ratsherrn und sein Testament, sondern für das Mittelalter im ganzen. Soweit wir heute Gott überhaupt etwas zutrauen, trauen wir ihm das Rechnen nicht zu, sondern lieber den Blick in unser Herz. In mittelalterlichen Vorstellungen war Gott dagegen auf Quantitäten bedacht. Er schätzte lange Gebete höher als kurze, viele Gebete mehr als wenige, und er ließ sich auch durch die Kostbarkeit dessen gewinnen, was zu seiner Verehrung in sein Haus, das Kirchengebäude, gebracht wurde. Das Scherflein der armen Witwe verachtete Gott keinesfalls. Doch wer mehr leisten konnte, der sollte das auch tun – wie der Göttinger Ratsherr Hans von Oldendorp.

Mit den weiteren Bestimmungen seines Testaments wechselte dieser, mit den heutigen Begriffen der Kunsthistoriker gesagt, vom Kunstgewerbe zur Großplastik. Vor drei der vier Göttinger Tore sollten auf seine Kosten steinerne Reliefs aufgestellt werden. Auf dem einen sollte eine Krönung Christi zu sehen sein, das heißt die Dornenkrönung, und die Apostel Johannes und Jacobus minor, auf dem zweiten die Geißelung Christi und wiederum zwei Apostel und auf dem dritten die Heilige Dreifaltigkeit zwischen Maria und Magdalena.

Was die Testamentsvollstrecker hier für achtzig Mark in Auftrag geben sollten, für eine große Summe, die um einiges höher war als das, was das Testament den Kirchen in Gulden zugewendet hatte, sollte also Teil einer Reihe von Kreuzwegstationen sein und damit etwas, was um 1500 modern war. Fünfzehn Jahre nach der Zeit, da Hans von Oldendorp sein

Testament niederschrieb, entstanden in Nürnberg die Kreuzwegstationen des berühmten Adam Kraft, die eines der ältesten erhaltenen Beispiele für diese Serien von Andachtsbildern sind.

Der Göttinger Kreuzweg, der hier eingerichtet werden sollte, war in den Augen des Testators aber nicht nur eine Sache der Devotion, sondern durchaus auch Weg. Oder anders gesagt: Es ging hier um Wegesicherheit. Gott, Maria und die Heiligen, die auf den Reliefs dargestellt werden sollten, sollten Göttingen und dessen Einwohner und die arme Seele des Testators schützen, so heißt es in dem Testament zunächst recht allgemein. Doch aus der folgenden Bestimmung ergibt sich dann wohl, daß hier auch an die Sicherheit des Weges in die Stadt und aus der Stadt heraus gedacht war. Denn Hans von Oldendorp setzte die Liste seiner Zuwendungen *ad pias causas* mit einer Festlegung fort, die nur scheinbar in eine andere Richtung zielte. Was etwa, so heißt es nun, von den erwähnten achtzig Mark nicht für die drei großen Steinreliefs benötigt werden sollte, das sollte dem Rat für öffentliche Bauten zur Verfügung stehen und hier vor allem für die Verbesserung der Wege und der Brücken.

Eine solche Verbesserung aber stellten auch die drei Reliefs dar. Die geistliche und die materielle Sicherung der Wege lagen dicht beieinander. Das wird auch daran sichtbar, daß der Ablaß damals eines der probatesten Mittel war, öffentliche Bauten zu finanzieren – und zwar nicht nur Kirchen, sondern durchaus auch Brücken. Daß die materielle Sicherung von Wegen ein geistlich verdienstliches Werk sein konnte, erklärt sich nicht zuletzt daraus, daß die Wege damals ja nicht nur von Kaufleuten und Söldnern benutzt wurden, sondern auch von Pilgern. Wegesicherung im materiellen wie im geistlichen Sinne diente Wallfahrern, und so ist es ganz konsequent, wenn in Hans von Oldendorps Testament auf die drei erwähnten Relieftafeln vor den Göttinger Toren eine letzte Gruppe von Zuwendungen *ad pias causas* folgt, deren Gegenstand Wallfahrten sind.

Das könnte überraschen, denn wie hätte der Testator noch zum Pilger werden sollen? Als er sein Testament niederschrieb, war er ein alter Mann, und er war krank. Er spricht vom Husten oder, so könnte der spätere Bewohner Göttingens nicht ohne Mitgefühl sagen, vom schlechten Klima auf dem Grunde des Leinetals, und er ist auch bald nach der Niederschrift seines Testaments, am 20. Februar 1491, gestorben. Was sollte also die Wallfahrt unter solchen Umständen in seinem Testament?

Die Antwort ist einfach. Den nahen Tod vor Augen fiel es Hans von Oldendorp auf die Seele, daß er auf diesem Felde einiges versäumt hatte. Der Reichtum, den sein Testament erkennen läßt, hatte erarbeitet werden müssen. Hans von Oldendorp war sicherlich ein Kaufmann. Und auch die Zugehörigkeit zum Rat seit 1456 hatte den Testator Zeit gekostet.

Trotzdem hätte er natürlich einen heiligen Ort aufsuchen können, zumal die Reise ja nicht gleich nach Jerusalem hätte gehen müssen oder nach Rom oder zum Patron der Göttinger Jacobikirche, also nach Spanien, nach Santiago de Compostela. Hat Hans von Oldendorp bei der Niederschrift seines Testaments an so etwas gedacht? Er spricht von einer Wallfahrt zum heiligen Blut, die er lange Zeit schuldig gewesen sei und doch nicht unternommen habe. Meint er hier die Schuldigkeit eines Christen im allgemeinen, oder war ihm eine derartige Wallfahrt als Bußleistung nach einem geistlichen Vergehen auferlegt worden? Wie dem auch sei – nun war es offensichtlich zu spät. Oder nicht? Wer vermutete, daß dieser reiche Göttinger, der die Kirchen seines Lebensortes beschenkte, angesichts der ihm nun nicht mehr möglichen Wallfahrt an Grenzen gestoßen wäre, würde das Ausmaß der schon erwähnten Arbeitsteilung im Mittelalter verkennen. Was dem modernen Betrachter beinahe undenkbar erscheint, war hier möglich. Ebenso wie ein Fremder mit einem Gebet beauftragt werden konnte, falls er dafür entschädigt wurde, konnte er auch im Auftrage und Namen eines anderen pilgern, und so war für Hans von Oldendorp noch nichts verloren. Er brauchte nur weitere Mittel *ad pias causas* einzusetzen, und das hat er getan. Er stellte in sein Testament Geldbeträge für Wallfahrer ein, die sich statt seiner auf den Weg machen sollten. Er pilgerte nicht, das war nicht mehr möglich, aber er wollte doch pilgern lassen.

Die Ehefrau des Testators wurde gebeten, Wallfahrer, einen oder vielleicht auch mehrere, auf ihre Kosten zum heiligen Blut pilgern zu lassen, bis zu einem Ort, an dem man rotgefärbte Hostien oder andere Partikel verehrte, von denen man glaubte, daß sie Christi Blut seien. Solche Orte gab es vor der Reformation in nicht geringer Zahl, und so kann man nicht sagen, was Hans von Oldendorp vorgeschwebt haben mag. Eine teure Lösung wäre die Wallfahrt nach Wilsnack in der westlichen Mark Brandenburg gewesen, die billigste eine Reise nach Mariengarten bei Friedland. Eine Möglichkeit dazwischen hätten Gottsbühren auf dem anderen Ufer der Weser oder Einbeck geboten.

Vielleicht meinte Hans von Oldendorp tatsächlich nur Mariengarten. Zu einer solchen Annahme könnten die nächsten Bestimmungen des Testaments veranlassen. Denn da der Testator nun einmal dabei ist, Pilger auf seine Kosten für das Heil seiner Seele auf den Weg zu schicken, begnügt er sich nicht mit einem, sondern er schickt noch vier andere los, die je ein Pfund Wachs zur Maria beim Leinesteg – offenbar zu einer Kapelle, die man sonst nicht kennt – bringen sollen, und einen weiteren, der eine lebende Opfergabe, also ein Tier, mit sich führen soll. Zwei andere Pilger sollen Wachs zu einem Bild des hl. Bernhardin von Siena, einem in der zweiten Hälfte des fünfzehnten Jahrhunderts besonders populären Franziskanerheiligen, bringen, und vier andere wiederum ein lebendes Opfer nach Nikolausberg, der Wallfahrtskirche oberhalb von Göttingen.

Und da Hans von Oldendorp gerade dabei ist, eine Wallfahrer-Gabe für diese Kirche auszusetzen, fügt er, wiederum assoziativ anknüpfend, einen Betrag von vier Gulden für die

Kirche selbst hinzu, und dann kommt er von dieser Kirche zu dem Nonnenkloster in Weende, dem die Nikolausberger Kirche gehörte. Ein Faß Bier und Brot in gewöhnlicher Menge sollen an die Weender Nonnen gehen – auch hier lernt man also eine Art von Tarif kennen –, damit – und das wäre die wiederum erhoffte Gegenleistung – „der heilige Freund St. Nikolaus" bei Gott für den Göttinger Ratsherrn Fürbitte leiste und damit die Klosterfrauen von Weende das große Gebet für ihn sprächen und ihn überhaupt in ihr Gebet aufnähmen.

Wie schon bemerkt, hatte der Göttinger Ratsherr nichts Ungewöhnliches vor, wenn er religiös verdienstliche Leistungen zugunsten seiner Seele andere auf seine Kosten vollbringen lassen wollte. Es gab kirchliche Großorganisationen, die seit dem hohen Mittelalter zu einem solchen Zweck zur Verfügung standen, und die eine der Kirchen, die Hans von Oldendorp bedachte, die Göttinger Marienkirche, war aufgrund solcher Leistungsverhältnisse entstanden. Ihr Inhaber, der Deutsche Orden, ein Kreuzzugsorden, tat ursprünglich nichts anderes als die von Hans von Oldendorp auf den Weg gebrachten Pilger. Auch er leistete Pilgerschaft, wenn auch eine besondere, nämlich in Waffen, auf Kosten und zugunsten solcher Christen, die nicht selbst als Kreuzfahrer ins Heilige Land ziehen konnten. Sie kamen statt dessen für die Kosten dieser Kreuzfahrten auf, und die Frucht davon waren die deutschen Besitzungen des Deutschen Ordens wie zum Beispiel seine Kommende in Göttingen mit der Marienkirche in der Neustadt – auch wenn gerade diese Kommende und diese Kirche, gegründet erst im frühen 14. Jahrhundert, in einer Zeit entstanden waren, als der Deutsche Orden schon längst nicht mehr in Palästina den Heidenkrieg führen konnte.

So dürfte Hans von Oldendorp der Unterschied zwischen dieser Pfarrkirche und den anderen nicht so deutlich gewesen sein wie dem späteren Historiker. Wenn er Geld für Pilger einsetzte, schwebte ihm gewiß ein anderes Vorbild vor Augen, nämlich eine auch sonst vielfach übliche Verbindung religiös verdienstlicher Werke mit Gaben an arme Leute. Denn die Pilger, die sich nach dem Tode des Testators auf seine Kosten aufmachen sollten, waren gewiß Arme, die sich auf solche Weise ein Almosen verdienten. Das geht auch direkt aus dem Testament hervor. Denn vor den Bestimmungen über die Wallfahrten findet sich eine – vorhin übergangene – Klausel zugunsten von Armen. Hans von Oldendorp setzt ihnen eine Spende von Brot und Bier aus. In der assoziierenden Manier, die sein Testament charakterisiert, läßt er auf diese Spende von Brot und Bier die Anordnungen über Wallfahrten folgen.

So mag er vor seinem inneren Augen die armen Leute gesehen haben, die sich nun, mit Brot und Bier gestärkt, auf den Weg machten: zu Oldendorps Seelenheil, aber vielleicht auch zu ihrem eigenen, denn wenn sie seine Opfergaben in Nikolausberg oder andernorts ablieferten, taten sie gut daran, auch an die eigene Seele zu denken und für sich selbst zu beten. Nicht zuletzt aber half diesen Armen die testamentarische Bestimmung des Ratsherrn schon im Leben ein Stück weiter.

Bedenkt man für einen Augenblick das damals Mögliche oder Wahrscheinliche und stellt man, was Hans von Oldendorp in seinem Testament anordnet, in ein breiteres Umfeld, so könnte es sein, daß die von ihm Begünstigten sich ein Almosen auf diese Art nicht zum erstenmal verdienten. Sie mochten schon wiederholt auf diese Weise unterwegs gewesen sein, vielleicht sogar über weite Strecken hin, denn man kennt Testamente, die Stellvertreterwallfahrten zum Beispiel zu den Reliquien des Jacobus maior in Santiago de Compostela ansetzen. Eine andere Möglichkeit, sich aufgrund testamentarischer Verfügungen ein Almosen zu verdienen, bestand darin, an Seelenmessen teilzunehmen, für die nicht nur die unmittelbaren Kosten, wie in unserem Testament, sondern zudem Spenden für an den Messen teilnehmende – arme – Leute ausgesetzt waren, Diäten für Gottesdienstteilnehmer gewissermaßen. Im allgemeinen wurden solche Verfügungen eher dort getroffen, wo ganze Altäre gestiftet wurden und nicht nur einzelne Messen. Damit aber wäre schon die Dimension angedeutet, welche die kirchlichen Zuwendungen des Hans von Oldendorp hatten. Sie waren reich, aber sie lagen keineswegs an der oberen Grenze dessen, was vermögende Stadtbürger auf diesem Feld damals leisteten. Sie lagen wohl eher im Rahmen dessen, was von einem Mann wie Hans von Oldendorp zu erwarten war, im Rahmen des Üblichen, wie er selbst bei der ersten geistlichen Bestimmung seines Testaments sagte.

Doch was war von Hans von Oldendorp zu erwarten? Auf diese Frage antworten nicht nur die zitierten Testamentsbestimmungen, sondern auch die sonstigen – und natürlich die weiteren Nachrichten, die das Göttinger Archiv über ihn enthält.

Schon die weiteren Partien des Testaments machen einiges vom Leben dieses Bürgers sichtbar. Als er sechsunddreißig Jahre nach seiner Wahl in den Göttinger Rat sein Testament formulierte, war er gewiß einer der bekanntesten Göttinger, gehörte er der kleinen Gruppe derer an, die politisch und wirtschaftlich in der Stadt entschieden. Man sieht das auch an den Namen derjenigen, die Hans von Oldendorp zu Testamentsvollstreckern einsetzte. Dazu wurden Personen gewählt, die dem Testator verbunden waren, auf die er sich verlassen konnte, die aber auch Gewähr dafür boten, daß sie für die Ausführung der Testamentsbestimmungen Sorge tragen würden. Hans von Oldendorp setzt sechs Männer ein: vier Ratsherren, den einen der beiden Ratssekretäre sowie einen nicht so bekannten Göttinger Bürger. Der zweite Ratsschreiber wird im Testament mit einer Gabe bedacht. Auch er stand Hans von Oldendorp also nahe. Im übrigen werden hier aber die Blutsverwandten genannt und mit Legaten versehen: ein Oheim des Testators und dessen Sohn, zwei Schwäger und deren Frauen sowie eine Nichte.

Daß Kinder nicht beschenkt werden, kann Kinderlosigkeit, kann aber auch bedeuten, daß Hans von Oldendorp seine Kinder überlebt hatte. Die gängigen Durchschnittswerte für die Lebenserwartung im Mittelalter verdecken, daß sehr viele Kinder gleich nach der Geburt, viele in jungen Jahren und nicht wenige Menschen als junge Erwachsene starben, daß man also durchaus – fast – so alt, wie das heute die Regel ist, werden und seine Kinder überleben konnte. So mag es im Falle des Hans von Oldendorp gewesen sein, der gewiß die Sechzig überschritten hatte, als er sein Testament machte und, nach Erledigung dessen, was zum Heil seiner Seele geschehen sollte, mit den Verfügungen zugunsten weltlicher Empfänger begann. Diese Verfügungen zielten auf – kleine – Bargeldbeträge, auf den wertvolleren Hausrat und anderen mobilen Besitz sowie schließlich auf Immobilien.

Bei den Immobilien handelte es sich um ein nicht näher benanntes Gut, ein bäuerliches Anwesen südlich von Göttingen in Stockhausen, und um einen Hof im Alten Dorf, das heißt um ein Anwesen in jenem südöstlichen Teil Göttingens, der zur Zeit der Entstehung der Stadt im 12. Jahrhundert als Teil jenes namengebenden älteren Ortes um die Albanikirche in die Stadt einbezogen worden war und im 15. Jahrhundert immer noch als ein besonderer Bezirk innerhalb der Stadt galt und historisch ganz richtig den schon erwähnten Namen Altes Dorf führte, dem der Testator sicherlich seinen Zunamen verdankte. Es muß sich bei diesem Anwesen um ein Gehöft gehandelt haben, von dem aus auch landwirtschaftliche Nutzungen möglich waren. Der Testator erwähnt eine Scheune.

Gewohnt hat Hans von Oldendorp freilich nicht hier, sondern in seinem an einer späteren Stelle des Testaments genannten und seiner Frau vermachten Haus in einem Anwesen, das dem ersten Teil des Testaments zufolge im Jacobi-Kirchspiel gelegen haben muß und dort, wie man aus anderen Quellen weiß, auch tatsächlich gelegen hat, nämlich in der Weender Straße, und zwar – nach der heutigen Zählung – in der Nr. 34.

Dieses Haus und allen nicht im einzelnen genannten Besitz vermachte Hans von Oldendorp seiner Frau, während die beiden anderen Anwesen ihr nur zu Lebzeiten zukommen, nach dem Tode jedoch an die Blutsverwandten des Erblassers gehen sollten – entsprechend den schon erwähnten herkömmlichen deutschen Rechtsnormen, die das Verfügungsrecht über ererbten Grund und Boden einschränkten. Falls dieses Recht hier streng angewandt wurde, dann ergibt sich aus dem Testament, daß Hans von Oldendorp selbst noch im Alten Dorf aufgewachsen war, dann jedoch das Haus in der Weender Straße erworben hatte, so daß er frei darüber verfügen konnte.

Frei konnte ein Erblasser auch über seinen mobilen Besitz verfügen. Im einzelnen gab es aber gewohnheitsrechtliche Normen, denen Hans von Oldendorp zum Beispiel dergestalt folgte, daß er sein Hauspersonal, daß er seine Mägde beschenkte, und zwar mit Bettzeug. Von heutigen Verhältnissen aus gesehen möchte man meinen, hier würden Hausangestellte auf schäbige Art mit alten Sachen abgespeist. Doch lehrt schon Oldendorps Testament, daß das nicht der Fall gewesen sein kann. Denn Bettzeug erhalten auch seine Verwandten. Und ein Blick auf andere Testamente zeigt, daß vor allem Federbetten und Kissen ebenso wie metallene Gefäße zu den in den letzten Verfügungen am häufigsten genannten Gegenständen gehörten. Sie waren wertvoll und wurden augenscheinlich über mehrere Generationen hin genutzt, auch die Federbetten und die Kissen, obwohl man von einer chemischen Reinigung damals noch nichts wußte. Wer heute die Mittel hätte, drei große steinerne Reliefs auf seine Kosten aufstellen zu lassen, wer darüber hinaus über ein Haus in der wichtigsten Straße einer kleinen Großstadt und außerdem über ein vermutlich nicht kleines Anwesen in einer ebenfalls zentralen Straße sowie schließlich über einen ländlichen Besitz in Stadtnähe verfügte, der würde in seinem Testament nicht von Federbetten reden. Die Wertrelationen haben sich in den Jahrhunderten dazwischen in einem Maße verschoben, das es schwer macht, die offensichtliche Tatsache, daß da jemand um 1500 reich war, mit näheren Vorstellungen auszufüllen.

Aus diesem Grunde darf man auch nicht jene Bestimmung mißverstehen, in der Hans von Oldendorp von seinen Büchern spricht. In einem modernen Testament würde ein solcher Passus auf eine kleine Bibliothek schließen lassen. Im Jahre 1491 werden schwerlich mehr als zehn Bände gemeint gewesen sein. Und auch wenn es weniger gewesen wären – ein Gebetbuch, ein Band mit erbaulichen Texten und vielleicht eine Sammelhandschrift mit Rezepten für Mensch und Tier und zwei oder drei erzählenden Texten aus dem Reich jener höfischen Literatur, dem auch der Ringschmuck des Erblassers entnommen war, wäre eine solche Bestimmung doch bemerkenswert. Denn es gibt nicht viele stadtbürgerliche Testamente, die von Büchern reden, und das heißt wohl, daß Bücher in städtischen Häusern damals sehr selten waren. Hans von Oldendorp freilich reicht mit seinem Testament schon in eine neue Zeit. In seinen letzten Jahren waren die gedruckten Bücher, die zunächst nicht billiger gewesen waren als die handgeschriebenen, leichter zugänglich geworden. Vielleicht war das überhaupt die Voraussetzung dafür, daß ein Mann wie er Bücher erwarb, obwohl die silbernen Becher und die bisher nicht genannten silbernen und mit einem Stern verzierten Löffel, über welche er auch verfügte, und vor allem die reichen geistlichen Schenkungen im ersten Teil seines Testaments auch teure Handschriften und ebenso teure frühe Drucke in seinem Besitz möglich erscheinen lassen, zumal diese unübersehbar individuell getönten geistlichen Bestimmungen des Testaments vielleicht auch darauf hindeuten, daß dieser Hans von Oldendorp anders als die meisten reichen Stadtbürger seiner Zeit zuweilen ein frommer Leser gewesen ist.

Das Testament des Hans von Oldendorp verrät also nicht wenig über einen Ratsherren des ausgehenden Mittelalters. Doch ist man bei einem Göttinger Ratsherrn nicht nur auf ein solches Testament angewiesen, sondern man hat die Möglichkeit, in der reichen Überlieferung weitere Zeugnisse für den Lebenskreis und die Lebensart des Mannes zu suchen.

Schon das veröffentlichte Göttinger Stadtrecht führt über das Testament hinaus. Es läßt den jungen Hans von Oldendorp erkennen, den Sohn eines angesehenen Vaters, der sich in Göttingen mit anderen Angehörigen seiner Sozialschicht in einer Art von Club zusammenschloß, wie das auch andernorts der Fall war. Die besseren jungen Göttinger versammelten sich in der Barfüßerstraße, unweit von Oldendorps schon erwähntem späteren Wohnhaus in der Weender Straße. Hier, in der Barfüßerstraße, lagen das Versammlungslokal der reichen Kaufleute, der Saal, und auch das Clubhaus ihrer Söhne, die Burse, das immer wieder zum Ausgangspunkt lärmender Umzüge durch die Stadt wurde. Im Jahre 1445 war Hans von Oldendorp, er mag damals zwanzig Jahre alt gewesen sein, einer der Vorsteher dieser Junioren-Genossenschaft.

Nachdem sich Hans von Oldendorp später in der Weender Straße angesiedelt hatte, bemühte er sich offensichtlich darum, dieses repräsentative Haus zu modernisieren. Dabei ging es um eine baupolizeiliche Frage, die der Göttinger Rat zu entscheiden hatte. Vielleicht handelte es sich damals, 1456, um die erste Entscheidung dieser Art. Das würde erklären, daß der Ratsbeschluß als ein Präzedenzfall in jener Handschrift, in der die Ratsgesetze gesammelt wurden, überliefert wird.

So erfährt man, auf welche Weise Hans von Oldendorp sein Haus umbauen wollte, und man lernt auch die Weender Straße des Jahres 1456 von einer neuen Seite kennen.

Was hatte Hans von Oldendorp vor? Er wollte ein Fenster an seinem Hause anbringen und einen *sedil*, also eine Sitzgelegenheit, in seinem Hause einrichten. Man muß das wohl so verstehen, daß er einen Ausguck schaffen wollte, eine Bank, von der aus sich das Leben auf der Weender Straße bequem überblicken ließ. Wie mag sich das architektonisch ausgenommen haben? Wollte Hans von Oldendorp die traditionelle große, gewerblich genutzte Diele umbauen lassen, war er auf dem Wege, aus einem spätmittelalterlichen Bürgerhaus, das durch die Trennung in einen Wirtschaftsteil unten und in Wohnteile darüber und dahinter charakterisiert war, ein frühneuzeitliches Wohnhaus zu machen, das sich vielleicht sogar durch einen Erker von seinen altmodischen Nachbarhäusern unterschied? Vielleicht wollte Hans von Oldendorp die Repräsentativität seines Hauses auch deshalb steigern, weil er damals, als er jenen Antrag stellte, selbst zum erstenmal in den Rat gewählt wurde.

Doch warum mußte der Rat mit diesem besonderen Fenster und der dahinter eingebauten Sitzgelegenheit überhaupt befaßt werden? War der Göttinger Rat in Bausachen besonders heikel oder unterwarf er seine eigenen Mitglieder einer besonders strengen Disziplin? Das war gewiß nicht der Fall. Hans von Oldendorp mußte den Rat in dieser Bausache vielmehr deshalb bemühen, weil sein Vorhaben öffentliche Interessen berührte. An der Stelle seines Hauses, wo das neue Fenster angebracht werden sollte, saß nämlich ein städtischer Schlagbaum, und der Antrag Oldendorps zielte darauf, diesen Schlagbaum von seinem Haus zu entfernen und ihn an einer eigens auf der Weender Straße zu errichtenden kleinen Säule anbringen lassen zu dürfen.

Daraus ergibt sich, daß man im ausgehenden Mittelalter die Göttinger Hauptstraße sperren konnte, und das war keine Göttinger Spezialität. In anderen Städten kann man eiserne Träger der Stadtschlagbäume heute noch sehen, zum Beispiel in Lüneburg, oder man erkennt, in Basel zum Beispiel oder in Regensburg, die Reste von Ketten, die man über die Straßen spannte. Das war auch in Göttingen der Fall, denn eine dieser schweren Ketten hat sich – zuletzt auf dem Dachboden des Göttinger Museums – bis heute erhalten. Viele spätmittelalterliche Städte hatten über die Landwehr und die Stadtmauer hinaus noch im Innern Hindernisse, mit denen das Vordringen von Feinden aufgehalten, die aber auch im Falle von Unruhen eingesetzt werden konnten. Der Besitzer und Bewohner des Hauses, an dem ein solcher Baum oder eine Kette angebracht war, hatte die Aufgabe, im Falle eines bestimmten Signals die Kette über die Straße zu spannen oder den Baum hinunterzulassen. Da Hans von Oldendorps Haus nur wenige Meter vom Rathaus entfernt war – beziehungsweise ist –, dürfte es sich bei dem Baum, von dem er sein Haus befreien wollte, um einen Teil des Sicherungssystems gehandelt haben, welches zum Schutze des Rathauses bestimmt war.

Weitere Zeugnisse, die über Hans von Oldendorp Auskunft geben, liegen ungedruckt im Göttinger Archiv. In anderen Archiven finden sich, wie schon gesagt, große Sammlungen von Testamenten, weil die Testatoren verpflichtet waren, ein Exemplar ihres letzten Willens im Rathaus zu deponieren. In Göttingen war das nicht üblich, so hat man aus dieser Stadt nur wenige Testamente, darunter aber zufälligerweise das der ersten Ehefrau des Hans von Oldendorp. Margarete von Oldendorps Testament ist kürzer als das ihres Ehemannes, und es ist als das einer Ehefrau auch von anderer Art als das eines Mannes oder einer Witwe. Im Vordergrund stehen Bestimmungen über solche Besitztümer, die zum eigenen Verfügungsbereich einer Ehefrau zählten, also namentlich über Kleider und Schmuck. Auch in diesem Rahmen waren Verfügungen *ad pias causas* möglich und üblich. Margarete von Oldendorp stiftete zum Beispiel den Silberschmuck von vier Röcken und drei Gürteln dem hl. Jakob „zu einem Kelch", und sie fügte ihren großen Ring hinzu, damit der Kelch vergoldet werden konnte. Aus ihrer braunen Heuke, einem ärmellosen Mantel, sollte eine Kasel, also ein Meßgewand für die Jacobikirche gearbeitet werden, und auch ihr Korallen-Rosenkranz sollte an diese Kirche gehen. Er sollte an die kleine Statue des Jacobus gehängt werden.

Man findet in Margaretes Testament also die gleiche Bestimmung wie in dem ihres Mannes, und das bedeutet, da Hans von Oldendorp sein Testament ja längst nach dem Tode seiner ersten Frau abfaßte, daß er die zitierte Bestimmung nicht ausgeführt hatte und sie nun in seinem Testament wiederholte, wobei er allerdings weniger genau war als seine verstorbene Frau. Die nämlich hatte ganz eindeutig gesagt, daß die Korallenschnur der kleinen Jacobus-Statue zugedacht werden sollte, während Hans von Oldendorp aus der kleinen Statue einen kleinen Jakob machte und damit Verwirrung anrichtete, denn der „kleine" Jakob wäre ja ein anderer gewesen als der Patron der Göttinger Jacobikirche. Doch war dieser Irrtum nur möglich, weil der Testator versäumt hatte, was er nach dem Tode seiner Frau hätte tun müssen, und das gilt nicht nur für diese Bestimmung ihres Testaments. Auch über jene andere Korallenkette, die Hans von Oldendorp je zur Hälfte einer Marienfigur in der Jacobikirche und einer anderen in der Bartholomäus-Kapelle vermachte, hatte sechs Jahre zuvor schon seine Frau verfügt.

Nicht alles, was in mittelalterlichen Urkunden zu lesen ist, wurde Wirklichkeit. Ob die beiden Korallenketten der Margarete von Oldendorp wenn schon nicht nach ihrem eigenen, dann doch wenigstens nach dem Tode ihres Mannes ihrer kirchlichen Bestimmung zugeführt worden sind, läßt sich nicht sagen. So gut ist die Überlieferung auch in einem sehr guten Stadtarchiv am Ende doch nicht.

Allerdings verrät die Überlieferung etwas anderes. Sie läßt erkennen, daß jedenfalls die Marienstatue in der Bartholomäus-Kapelle im Jahre 1485, als Margarete von Oldendorp ihr Testament abfaßte, einer solchen Korallenschnur dringend bedürftig war. Das Marienbild in der Hospital-Kapelle war nämlich mit einer solchen Kette schon einmal geschmückt worden. Doch am 21. Juni 1484 war ein Dieb in die Kirche eingebrochen und hatte die Kette sowie auch den Mantel der Maria geraubt. Die Kette hatte der Räuber so, wie sie war, mitgenommen, während er den seidenen Mantel, mit dem das Marienbild bekleidet war, ungeachtet der Kostbarkeit des Materials, nicht gebrauchen konnte. Er hatte die silbernen Spangen des Mantels abgerissen und das Kleidungsstück selbst mit einem Stein beschwert und in den Stadtgraben geworfen.

Man weiß das, weil die Sache herausgekommen ist. Der Dieb war so leichtsinnig, seine Beute sogleich unter die Leute zu bringen. Einen Teil des Rosenkranzes, passenderweise ein silbernes Kreuz, gab er im Bordell in Zahlung. Dann hat er sich freilich rasch davongemacht. Die von dem Mantel Marias gerissenen silbernen Spangen ließ er in Heiligenstadt einschmelzen. So erhielt er acht Lot Silber. Inzwischen wußten die Göttinger aber, wo sich der Dieb befand. Der Rat sandte den Gesellen eines Göttinger Silbergießers, dem der Dieb seine Beute offensichtlich vergeblich angeboten hatte, sowie einen Ratsdiener nach Heiligenstadt, wo die beiden den Geflohenen auch fanden und festnahmen. Damit hatten sie sich freilich am Stadtfrieden von Heiligenstadt vergangen. Sie wurden verhaftet, weil der dortige Rat Wert darauf legte, den Prozeß gegen den Göttinger Dieb selbst zu führen. So war der Göttinger Rat genötigt, sich in Heiligenstadt kompetenter vertreten zu lassen. Am 27. Juni entsandte er zwei Ratsherren, zwei Kollegen des Hans von Oldendorp, und den mainzischen Hauptmann von Rusteberg mit dem Auftrag ins – mainzische – Heiligenstadt, den Dieb nach Göttingen zu bringen. Doch kam der Göttinger Rat damit nicht zum Erfolg. Der Dieb wurde vielmehr am nächsten Tag, nachdem er sein Vergehen „ungenötigt", also ohne Anwendung der Folter, gestanden hatte, mit dem Rad hingerichtet und anschließend auf dem Rad ausgestellt. Das Heiligenstädter Gericht beantwortete den Kirchendiebstahl also mit einer verschärften, den Delinquenten entehrenden Todesstrafe.

Ob die beiden Göttinger Ratsherren und der Mainzer Hauptmann die Hinrichtung miterlebt haben, weiß man nicht. Jedenfalls haben sie dem Göttinger Rat darüber berichtet, und auf diese Weise kam der Vorgang in die städtischen Akten und gewiß auch zur Kenntnis des Göttinger Ratsherren Hans von Oldendorp. Wenn seine Frau eineinhalb Jahre später bei der Abfassung ihres Testaments die

Marienstatue in der Bartholomäus-Kapelle mit einem halben Rosenkranz ausgestattet wissen wollte, stand ihr gewiß jener Diebstahl vor Augen. Das Testament der Margarete von Oldendorp ist im Hinblick auf diese Stiftung also als eine Wiedergutmachung des Unrechts zu verstehen, das der Marienstatue in der Bartholomäus-Kapelle widerfahren war.

Hans von Oldendorp war die Sache so dringlich nicht. Sein Gewissen litt offensichtlich nicht darunter, daß die Muttergottes in der Bartholomäus-Kapelle nach dem Tode seiner Frau weiterhin ohne Korallen dastand und daß sein lieber Apostel Jacobus auf die ihm gehörige Kette ebenfalls warten mußte.

Heißt das, daß die Mentalität des Ratsherrn demnach vielleicht von ähnlicher Art war wie die des Einbrechers, der sich nicht gescheut hatte, ein Marienbild zu plündern? Und sollte man vielleicht den Rat von Heiligenstadt hinzunehmen, der sich bei der Verurteilung und Hinrichtung des Göttinger Diebes nicht daran kehrte, daß dessen Delikt eigentlich vor den geistlichen Richter gehört hätte und er selbst Gefahr lief, aufgrund seiner richterlichen Tätigkeit seitens der geistlichen Behörde, deren Kompetenz er usurpierte, bestraft zu werden? Und heißt das nicht, daß alle drei, der Heiligenstädter Rat, der Göttinger Dieb und auch Hans von Oldendorp, der das Testament seiner Frau nicht exekutierte, ganz einfach fühlten, was die Stunde gleich schlagen würde, daß sie also auf dem Wege waren, sich von der Übermacht kirchlich-religiöser Vorstellungen zu lösen und der Neuzeit als einem Zeitalter freier Individuen die Bahn zu brechen? So hätte man das vielleicht vor einem Jahrhundert gesehen, und in manchen Darstellungen finden sich noch heute Beschreibungen, die ein Greuelbild allgemeiner Kirchenfeindlichkeit für die Jahre vor der Reformation zeichnen. Tatsächlich befindet man sich im Hinblick auf die hier sichtbar werdenden Verhaltensweisen gänzlich im Mittelalter. Was Hans von Oldendorp bewegt hat, das Testament seiner ersten Frau nicht auszuführen, ob man es hier mit Berechnung oder mit Nachlässigkeit zu tun hat, steht dahin. Der Heiligenstädter Rat dagegen schied bei der Negierung geistlicher Justizansprüche einfach zwischen der Kirche als Heilsvermittlerin und als konkurrierendem Herrschaftsträger – und er tat damit nichts anderes als viele Herrschaftsträger in allen Jahrhunderten des Mittelalters.

Der Göttinger Dieb könnte ein verzweifelter Armer gewesen sein, aber wahrscheinlicher ist, daß es sich bei ihm um einen Outcast gehandelt hat, einen landschädlichen Mann, wie das zeitgenössische Strafrecht sagte. Der schnelle Prozeß, der ihm gemacht wurde, deutet darauf hin, daß er keine Verwandten hatte, die für ihn baten. Vielleicht hatte der Dieb sich jahrelang als Lohnpilger durchs Leben geschlagen und war es leid gewesen, auf Testamente wie das des Hans von Oldendorp zu warten. Vielleicht hatte er endlich einmal an mehr Geld kommen wollen, als ihm in Gestalt von Almosen erreichbar war. Wenn er vor einem Kirchendiebstahl nicht zurückscheute, so hatte er die mittelalterlichen Bindungen nicht hinter sich gelassen, sondern er hatte sie noch vor sich. Es fehlte ihm nämlich an jener religiösen Bildung, die in den Städten seiner Zeit die meisten Leute inzwischen besaßen – nach langen Jahrhunderten kirchlicher Pädagogik, nach einem nun schon länger als zwei Jahrhunderte dauernden Wirken der städtischen Bettelorden und nach Reformbemühungen des 15. Jahrhunderts um eine fundamentale geistliche Bildung der Laien.

Ungeachtet der intensiven Frömmigkeit, die das Leben der meisten damals bestimmte, rechnete man doch mit Kirchendiebstählen. In Predigtmärlein wurde vor dem Schicksal von Kirchendieben gewarnt, und aus Lübeck weiß man, daß des Nachts auf den Mann dressierte Hunde in die Kirchen eingeschlossen wurden. Für die kleine Bartholomäus-Kapelle in Göttingen wäre eine solche Sicherung aber wohl zu aufwendig gewesen – ganz abgesehen davon, daß das Betreten einer Kirche durch Tiere diese, strenggenommen, entweihte.

Das Testament der Margarete von Oldendorp ist in

Gestalt eines Chirographs überliefert, also einer Kerbschnitturkunde, wie man diesen Texttypus auch nennt, deren Authentizität dadurch gesichert wurde, daß sie in zweifacher Form auf ein Blatt geschrieben wurde, das mit einem unregelmäßigen Schnitt auseinandergetrennt wurde. Die so entstandenen Zacken mußten ineinanderpassen, wenn die beiden Exemplare der Urkunde echt sein sollten. Das Testament des Hans von Oldendorp hat sich dieser traditionellen Form der Beglaubigung nicht mehr bedient. Es ist gesiegelt, was bei einer Urkunde freilich ebensowenig auffällig ist. Auffällig ist aber, daß Hans von Oldendorp ein weiteres Mittel der Absicherung verwendete, indem er in einem besonderen Passus hinzufügen ließ, sein Testament solle auch als Kodizill gewertet werden. Hans von Oldendorp rechnete also mit römischem, mit gelehrtem Recht, und an dieses Recht fühlt man sich auch erinnert, wenn man liest, was bei Gelegenheit der Eröffnung dieses Testaments geschah.

Die Eröffnung des Testaments nach dem Tode des Erblassers war ein öffentlicher Akt, der unter Zeugen stattfand, und auch die Auswahl der Zeugen wurde durch die herkömmlichen Rechtsnormen geregelt. Die Zeugen repräsentieren beide betroffenen Parteien. Für den Erblasser standen dessen Testamentsvollstrecker, für die Witwe ihre Verwandten. Deren Reihe wird im Falle des Oldendorp-Testaments durch Heinrich von Nörten eröffnet, einen alten Mann, der sechsundvierzig Jahre zuvor mit Hans von Oldendorp den Vorstand der Bursengesellschaft gebildet, der hier aber auch als Vater von Hans von Oldendorps zweiter Frau anwesend war. Noch einmal wird also sichtbar, daß der Lebensumkreis dieses Ratsherrn eng begrenzt war und über viele Jahrzehnte Bestand hatte.

Dann erfährt man, daß die Testamentseröffnung im *pretorium* stattfinde, und das will in dieses spätmittelalterliche Bild ebensowenig passen wie die Protokollnotiz, die von einem *locus consistorialis* redet. Doch auch das sind nur Worte, die auf das Vordringen des gelehrten Rechts verweisen und die nicht darüber hinwegtäuschen dürfen, daß hier von jenem spätmittelalterlichen Rathaus die Rede ist, das noch heute das Göttinger Rathaus wäre, wenn man Bürgermeister und Rat nicht vor einigen Jahren in ein Hochhaus verpflanzt hätte, von dem man sich damals versprach, es werde aus der alten Stadt eine moderne Großstadt machen.

Zwei Altgläubige im Zeitalter der Reformation

Wer Geschichte schreibt, berichtet von Siegern und Siegen. So wird oft gesagt, und falsch ist das nicht. Wer an Ursache und Wirkung interessiert ist, sucht nach dem, was Weiterungen gehabt hat, und läßt beiseite, was, jedenfalls auf den ersten Blick, folgenlos blieb. Und es kommt, mehr oder weniger bewußt, der Wunsch hinzu, auf der richtigen Seite zu stehen, mit denen übereinzustimmen, die, wenn sie schon nicht in die Zukunft blickten, doch in ihrer Gegenwart das Richtige und Zukunftsträchtige taten. Da erscheinen diejenigen, die sich am Ende des 18. Jahrhunderts der Revolution entgegenstellten, unzeitgemäß, und für diejenigen, die in den zwanziger Jahren des 16. Jahrhunderts Luther und Zwingli nichts abzugewinnen vermochten, gilt das gleiche.

Doch ist es nicht erst die spätere Historiker-Perspektive, welche diejenigen, die nicht auf der Seite der Sieger standen, benachteiligt. Die Überlieferung wirkt in die gleiche Richtung. Wo die Kirchen reformiert wurden, entstanden Dokumente besonderer Art, welche diese Vorgänge ebensogut sichtbar machen wie die reichhaltige Korrespondenz der Reformatoren. Der Widerstand derer, die sich den Änderungen entgegenstellten, ihr Zurückweichen, ihr Beharren auf nun isolierten Positionen ist ungleich seltener dokumentiert. Immerhin kennt man die Aufzeichnungen der Caritas Pirckheimer, einer geistreichen und charaktervollen Nürnbergerin, die es erleben mußte, daß ihre eigenen Verwandten und Standesgenossen sie bedrängten und am Ende mit wahrlich üblen Tricks versuchten, sie von dem abzubringen, was sie selbst, die Vorsteherin des Nürnberger Franziskanerinnenklosters, für ihre Pflicht hielt. In einem Katalog derer, die Zivilcourage bewiesen haben, würde Caritas Pirckheimer einen Ehrenplatz verdienen. Aber auch die Brüder Joachim und Heinrich von Pflummern aus Biberach verdienen es, in einem solchen Zusammenhang genannt zu werden. Sie waren führende Repräsentanten der alten Kirche und hatten das – begründete – Gefühl, daß diese einer radikalen Veränderung nicht bedürfe. So schlugen sie sich nicht auf die Seite derer, die für diese

Erneuerung sorgten, und am Ende dokumentierten sie, was die Reformation – in ihren Augen – an Kirchlichkeit und Frömmigkeit vernichtet hatte.

Auf diese Weise kamen zwei ganz ungewöhnliche, ja einzigartige Bücher zustande. Mit dem Sarkasmus des Unterlegenen und dem guten Gewissen dessen, der seiner Sache sicher ist, haben beide nach dem Sieg der Glaubenserneuerung in ihrer Vaterstadt aufgezeichnet, was dort bis zu jenem Zeitpunkt, nämlich bis zum Jahre 1531, üblich gewesen war. Und sie lassen gelegentlich auch erkennen, was sie selbst in dieser Zeit gedacht und getan haben.

Ohne Zweifel war es der Zorn, der den Brüdern die Feder geführt hat. Doch hat sie der offensichtlich nicht verblendet. Dazu dürften auch ihre literarischen Absichten beigetragen haben. Die Texte, die sie nach der Niederlage ihrer Sache verfaßten, zielten nicht auf eine theologische Auseinandersetzung. An einer solchen hätten sie auch nicht teilnehmen können. Sie waren keine Theologen. Aber die beiden Brüder waren doch der alten Kirche so intensiv verbunden, daß sie das Bedürfnis und auch die Fähigkeit hatten, in einem scheinbar ganz äußerlichen Sinne aufzuzeichnen, worin denn das alte, nun zerstörte Kirchenwesen bestanden hatte. Was beide Brüder aufgeschrieben haben, ist ganz überwiegend eine Art Katalog, ein Verzeichnis jener „guten Werke“ oder gar Äußerlichkeiten, die nach der neuen Lehre überflüssig, wenn nicht gar schädlich sein sollten. Auf eine tiefer reichende dogmatische Auseinandersetzung haben sie sich nicht eingelassen. Aber sie haben nicht bezweifelt, daß die traditionelle Kirchlichkeit mit der Hochschätzung dessen, was in lutherischer Perspektive polemisch als gute Werke bezeichnet wurde, richtig sei, und sie wußten das zu begründen.

Beide Autoren waren ihrer Sache gewiß. Sie sahen zwar, daß sie unterlegen waren, doch stürzte sie das offensichtlich nicht in einen Selbstzweifel. Sie wollten einfach dokumentieren, was die neue Lehre zerstört habe. Dafür aber waren sie gut ausgerüstet.

Der Jüngere der beiden, Joachim von Pflummern, war im Jahre 1480 geboren worden. Entsprechend seiner Herkunft aus einer der alten Biberacher Ratsfamilien wurde er selbst Ratsherr, und als Ratsherr übernahm er führende städtische Ämter, darunter auch das des Kirchen- und das des Hospital-Pflegers. Er war also jahrelang für die Finanzen der Pfarrkirche und des Hospitals zuständig – und nicht nur für sie. Die vom Rat ernannten Kirchenpfleger des späteren Mittelalters griffen über die ursprünglich mit ihrem Amt verbundenen Kompetenzen beträchtlich hinaus. Vielfach waren sie es, die die Kirche leiteten, während der Pfarrer fast schon die Züge eines städtischen Angestellten annahm. Mit der Entscheidung des Biberacher Rates für die Reformation 1531 verlor Joachim von Pflummern seine Ämter. Erst Jahre später fand er außerhalb der Stadt eine entsprechende Anstellung. Er starb 1554. Sein Buch ist gewissermaßen ein Rechenschaftsbericht des einstigen Kirchenpflegers, der nicht nur über die Einrichtung der Kirche Bescheid wußte, sondern auch über den Verlauf des Kirchenjahres und alles, was im Laufe dieses Jahres in der Kirche geschah.

Heinrich von Pflummern wurde 1475 geboren. Im Jahre 1501 wurde er zum Priester geweiht – und zwar ohne im Besitz einer Pfründe zu sein. Er wollte nur von seinem ererbten Vermögen leben. Nach den Buchstaben des Kirchenrechts war das nicht zulässig. „Absolute" Weihen, die nicht auf die Wahrnehmung eines bestimmten Amtes zielten, waren untersagt, weil die Entstehung dessen verhindert werden sollte, was man später Klerikerproletariat genannt hat. Auf der anderen Seite wurde diese Bindung der Weihe zum Priester an das Vorhandensein einer bestimmten Stelle – und bestimmter Einkünfte – von Kirchenkritikern für einen Mißstand gehalten. Die Hussiten beispielsweise polemisierten dagegen. Gegen einen Heinrich von Pflummern hätten sie schwerlich etwas einwenden können, zumal dieser mit ihnen darin einig war, daß die kirchlichen Zustände reformbedürftig waren.

Im 121. Kapitel seiner Aufzeichnungen spricht er recht

ausführlich über geistliche und weltliche Mißstände. Luther habe – und das ist ja auch richtig – seine Sache mit der Kritik am Ablaß begonnen. Hier habe, schreibt Heinrich von Pflummern, einiges im argen gelegen. Päpste hätten den Ablaß auf nicht korrekte Weise ausgegeben, und sie hätten auch sonst vielerlei Ärgernis erregt, und das hätten nicht nur sie getan. All das könne aber nicht die Anhänger Luthers und Zwinglis legitimieren, Kirchen abzubrechen, die herkömmlichen Gottesdienste zu beseitigen und die Stiftungen und die geistlichen Einkommen an sich zu reißen. Mönche und Nonnen seien damit nicht berechtigt, ihre Klöster zu verlassen, und das Heiraten und das Übertreten der Fastengebote könne sich aus Mißständen ebenfalls nicht rechtfertigen. Man hätte die Mißstände beseitigen, nicht aber die Kirche umstürzen sollen. Warum kam es nicht dazu? Der Gegner des neuen Glaubens nennt zunächst einen psychologischen Grund, nämlich Leichtfertigkeit. Und er rechnet auch mit der menschlichen Natur. Trägheit lasse es anziehend erscheinen, nicht die den Tag gliedernden regelmäßigen Gebete zu sprechen, nicht zu beichten, nicht zu fasten und klösterlichen Gehorsam aufrechtzuerhalten.

Ebenso wie sein Bruder 1531 gezwungen aus dem Biberacher Rat ausgeschieden war, hat auch Heinrich von Pflummern in diesem Jahr seine Heimatstadt, sein Vaterland, wie er schreibt, verlassen. Auch er ging in die Emigration, wenngleich nicht in die Ferne, sondern nur ins benachbarte Waldsee, wo er, ebenfalls ohne Pfründe, seinem Priesterberuf nachgehen konnte, bis er 1561 im Alter von 86 Jahren starb. 1544 hat er auf der Grundlage gleichzeitiger Aufzeichnungen niedergeschrieben, was er in Biberach in den Jahren vor dem Sieg der Reformation erlebt hatte.

Ein solcher Bericht interessiert auch deshalb, weil man an ihm unsere heutigen Einsichten kontrollieren kann. Wie hat ein solcher Zeitgenosse die Reformation verstanden, wie hat er sie erlebt? Hat er die Gründe für den Vorgang dort gesehen, wo wir sie als gegeben annehmen?

Heinrich von Pflummern beginnt seine Aufzeichnung mit einer allgemeinen Darstellung des reformatorischen Prozesses oder, wie er sagt, der ketzerischen Lutherei. Was er erlebt hatte, so meinte er, würde bald aus dem Gedächtnis verschwinden, da Jüngere ja weder den Anfang noch auch die Mitte dieses Hergangs erlebt hätten. Heinrich von Pflummern hat unterschätzt, was seitens der Lutheraner an Tradition und Überlieferung ins Werk gesetzt werden sollte. Hätte er jedoch präziser davon gesprochen, daß es darauf ankomme, auch die Sicht derer festzuhalten, die sich – vergeblich – gegen die Reformation gewandt hatten, so hätte er gewiß recht gehabt.

Doch war er der richtige Mann, um solche Aufzeichnungen zu machen? Heinrich von Pflummern hat diese Frage bedacht. Er hatte ja nicht Theologie studiert, und so hielt er fest, daß man gegen ihn vorbringen könne, er sei zu wenig gelehrt, um gegen Luther und seinen Anhang schreiben zu können. Die Antwort des „ungelehrten" kirchentreuen Priesters ist einfach. Solange ich, so schreibt er, bei der traditionellen Lehre bleibe, wie sie von Konzilien und Kirchenvätern formuliert worden ist, bin ich wissenschaftlich gegen Luther und seinen Anhang hinreichend gerüstet. Die anderen seien davon abgewichen. Die Kirchenväter hätten den Heiligen Geist mehr auf ihrer Seite gehabt, als man das für Luther und seine Anhänger annehmen dürfe. War also die Kirche, die von Luther angegriffen wurde, über alle Kritik erhaben? Keineswegs – das hat Heinrich von Pflummern ja auch an anderer Stelle ausdrücklich gesagt. In diesem einleitenden Passus bemerkt er lakonisch, daß die Mißbräuche in der Kirche und auf seiten ihrer Diener ihn nichts angingen – da er selbst, wie man diesen Satz fortsetzen darf, frei davon sei. Selbstgerechtigkeit? Für ein solches Urteil gibt es keinen Grund. Wenn alle Geistlichen so normgemäß gelebt hätten wie der Biberacher Priester Heinrich von Pflummern – und übrigens auch der Erfurter Mönch Martin Luther –, so hätte es in der Tat keinen Anlaß für die Reformation gegeben. Doch war diese, auf der anderen Seite, nicht einfach die Folge davon, daß normgemäß lebende Geistliche etwa eine Minorität dargestellt hätten. Die einfache Folge von Mißstand und Eruption oder radikaler Wandlung erklärt die Reformation ebensowenig wie zum Beispiel die Französische Revolution von 1789. Solche Umwälzungen sind nicht einfach die Folge von Mißständen. Sie haben ihre Ursache wenigstens ebensosehr im Bewußtsein derer, die da handeln, in der gegebenen Konstellation und nicht zuletzt im Zufall. So hatte Heinrich von Pflummern auch keinen Grund zu der Annahme, daß die Wirkungen Luthers über lange Jahre anhalten würden. Er hat seine Aufzeichnungen wohl auch deshalb gemacht, um eine Möglichkeit zu geben, die so jäh veränderten Verhältnisse unter günstigen Umständen abermals zu verändern und die Kirchen und die Geistlichen in ihren früheren und wahren Zustand zurückzuversetzen.

Haben wir hier also mit den Illusionen eines restaurativen Kirchenpolitikers zu tun? Ein solches Urteil wäre allzusehr aus der Kenntnis dessen gefällt, der weiß, was in der späteren Zeit geschehen ist. War denn vorbestimmt, daß die katholische Reform, die Gegenreformation, wie man früher sagte, nur teilweise Erfolg haben würde?

Ein blinder Eiferer jedenfalls war Heinrich von Pflummern nicht. Kirchliche Mißstände sah er, wie schon gesagt, durchaus. Aber sie waren in seinen Augen noch keine Rechtfertigung Luthers. Das mit dessen Namen bezeichnete Verhängnis faßte er vielmehr, gemäß einer längst üblichen Tradition kirchengeschichtlich-theologischen Argumentierens, als Strafe Gottes auf. Nicht zuletzt den Mißbrauch des Ablasses erkannte er als wesentliche Ursache dessen, was er beklagte. Und im Gegensatz dazu, daß er sich selbst als ungelehrt bezeichnete, äußerte er sich doch zum Ablaß ebenso knapp wie sachkundig. Er schreibt im 110. Kapitel seines Buches, daß den Ablaß vier Dinge ausmachten. Erstens müsse derjenige, der den Ablaß vergebe, dazu berechtigt sein, und zweitens müsse er auch den Grund, um dessentwillen er den

Ablaß vergebe, richtig beurteilen können. So könne der Papst Ablässe angesichts der Not der Kirche, zum Beispiele infolge des Vordringens der Türken, vergeben. Weiterhin müsse der, der den Ablaß empfangen soll, in der Gnade Gottes sein, denn der Ablaß helfe nicht gegen die Hölle, sondern nur gegen das Fegefeuer beziehungsweise die Strafen, die hier abgebüßt werden müßten. Heinrich von Pflummern war also nicht der Meinung, daß der Ablaß von der Schuld befreie. Er war vielmehr ein Anhänger der engeren und korrekten Lehre, daß man mit Hilfe des Ablasses nur die Strafe für die Schuld reduzieren könne. Das aber konnte nur dann gelingen, wenn der Gläubige viertens die entsprechenden religiösen Leistungen erbrachte, wie Heinrich von Pflummern im folgenden schreibt. Wenn diese vier „Stücke" beachtet würden, halte er viel vom Ablaß, so bemerkt er, und damit stand er im frühen 16. Jahrhundert keineswegs allein.

Heinrich von Pflummern hätte eine theologische Autorität zitieren können, Johannes von Paltz, einen Professor an der Erfurter Universität und Angehörigen des Augustiner-Eremitenordens. Nicht nur die Universität und der Orden verbanden diesen Theologen, der im Jahre 1490 vier Ablaßpredigten drucken ließ, mit Martin Luther. Denn derjenige, der ihn darum gebeten hatte, diese Predigten zu veröffentlichen, war niemand anders als Kurfürst Friedrich der Weise, der ein Menschenalter später Luther schützen sollte. Luthers berühmte Frage nach dem Wege, auf dem man die Gnade Gottes erlangen könne, war auch die Frage seines älteren Ordensbruders Johannes von Paltz, doch der gab eine andere Antwort, als Luther sie geben sollte. Der sicherste Weg zur Gnade Gottes war in den Augen des Johannes von Paltz der Ablaß, und es zeichne, so schrieb er, die eigene Zeit aus, daß man nun auf so vielfältige und auf so sichere Weise zum Ablaß und damit zum Seelenheil gelangen könne wie niemals zuvor. Dieser Meinung waren auch Heinrich von Pflummern und sein Bruder. Und sie stimmten mit dem Erfurter Theologen auch darin überein, daß mit dem Ablaß Mißbrauch getrieben werde. Doch daraus konnte in ihren Augen nur folgen, die Mißbräuche zu beseitigen, um den Weg zur Gnade Gottes desto sicherer zu machen.

In den Büchern der beiden Brüder von Pflummern stellt der Ablaß jedoch nur eines der guten Werke dar. Alles, was in die Kirchen gestiftet worden war und was dort geschah, sollte dem Seelenheil der Gläubigen dienen. Und so zählen die beiden sowohl Ausstattungen auf wie auch das, was im Laufe des Kirchenjahres geschah. Da die Kirchen in Biberach 1531 in einem radikalen Bildersturm ihrer Ausstattungen beraubt wurden, erhält man nur aus diesen Beschreibungen einen Eindruck von dem, was damals zum Beispiel an Kunstwerken verlorengegangen ist, darunter der im Jahre 1490 vollendete Hochaltar der Biberacher Pfarrkirche, dessen geschnitzte Teile von dem Ulmer Bildschnitzer Nikolaus Weckmann stammten, während die Flügel auf einen Maler zurückgingen, den Joachim von Pflummern den guten Meister hübscher Martin nennt, was ein damals in Biberach übliches Wortspiel war. Gemeint ist der berühmte Colmarer Maler Martin Schongauer.

Die Beschreibung, die Joachim von Pflummern diesem Altar-Retabel – einem der größten in Süddeutschland – angedeihen läßt, ist recht ausführlich, so daß man genau erfährt, woraus das Ensemble bestand, und auch einen Eindruck davon erhält, was einem gebildeten und frommen Zeitgenossen an einem solchen Bildwerk wichtig war, ja vielleicht, was er „gesehen" hat oder jedenfalls, was er von dem, was er sah, in Worte zu fassen verstand. Im Vergleich mit späteren oder gar heutigen Beschreibungen und Lobpreisungen solcher Kunst äußert sich Joachim von Pflummern ungeachtet der Länge seines Textes einigermaßen knapp und für spätere Begriffe einfach. Es kommt ihm auf Dimensionen an, auf die Unterschiede zwischen teurem Schnitzwerk und der nicht so teuren Malerei, auch auf eine gewisse Kunstfertigkeit und Ansehnlichkeit.

Man sei vorn (heute würde man sagen: hinten) im Chor

eine oder zwei Stufen hinaufgegangen, und auf diesem erhöhten Plafond habe ein großer Altar gestanden – seinerseits noch einmal erhöht, da man ein oder zwei Stufen habe hinaufsteigen müssen, und zwar deshalb, damit man den Altar auch hinten, also im Schiff der Kirche, wo die Laien dem Gottesdienst folgten, sehen konnte, aber auch wegen der „Zierde" und „Herrlichkeit". Der Altar selbst, also die Mensa, sei innen hohl gewesen. Man habe in der Höhlung, die man, ein oder zwei Stufen hinabgehend, erreichte, das Altargerät aufbewahrt, soweit es nicht silbern war. Die Reliquienschreine seien durch eiserne Gitter geschützt worden.

Dann aber der Altaraufbau selbst, das Retabel, eine „kostbare, schöne Tafel" des schon erwähnten Meisters hübscher Martin. Es ist nicht selbstverständlich für die Generation der Maler vor Dürer, daß in einem solchen Text der Urheber von Altarbildern mit Namen genannt wird, daß, anders gesagt, nicht nur die schieren Dimensionen und die materiellen Qualitäten den Rang eines solchen Retabels ausmachten, sondern auch der Name des Meisters. Von den Quantitäten ist freilich auch hier die Rede. Im nächsten Satz wird von den Flügeln gesprochen, die bis zur Decke gereicht hätten.

Dann beschreibt der Autor den Unterbau des Retabels, heute Predella genannt. Er gebraucht den in Süddeutschland üblichen Ausdruck Sarg, qualifiziert diesen als „hübsch" und teilt dann mit, was man in der Predella sehen konnte, nämlich einen „hübschen" geschnittenen großen Jesse, also eine Darstellung der Wurzel Jesse, oder, anders gesagt, des Stammbaums Christi, und vier ebenfalls geschnitzte Darstellungen der Evangelisten. Dann heißt es noch einmal, alles sei geschnitzt gewesen, also wertvoller, als es eine ganz oder teilweise gemalte Predella gewesen wäre.

Es folgt der Schrein. In ihm habe Maria mit dem Jesuskinde in ganzer Figur gestanden ,"hübsch und schön", und neben ihr standen zwei „schöne hübsche" Figuren, und zwar überlebensgroß. Bei der einen habe es sich um den heiligen Petrus in seinem Ornat mit dem Stab und den Schlüsseln gehandelt, bei der anderen um den heiligen Paulus, auch er so wie der heilige Petrus dargestellt, mit einem Schwert und seinem Ornat. Von dem Gesprenge oberhalb des Schreins bemerkt Heinrich von Pflummern, es sei durchsichtig, also durchbrochen gewesen. Auch bei diesem Attribut weiß man nicht so recht, ob damit mehr ästhetische Wertschätzung oder technische Qualität und demzufolge auch materieller Wert markiert werden soll.

Ästhetisch sind jedenfalls die Prädikate „schön" und „lustig" gemeint, die der Autor einigen der von Martin Schongauer gemalten Darstellungen aus der Passionsgeschichte zuerkennt, wobei „lustig" im Sinne von gefällig zu verstehen ist, so daß man sich nicht allzu sehr wundert, wenn die Darstellung der Beschneidung Christi „auch ganz lustig" genannt wird. Immerhin scheut sich Heinrich von Pflummern, die Darstellung der Kreuzigung Christi so zu qualifizieren. Hier lautet sein Urteil „alles ganz andächtig". Man sieht daran, daß der Autor wohl doch nicht ästhetisch urteilt, sondern vielmehr ikonographisch. Die Kreuzigung verdient nicht aus Gründen der Darstellungsweise, sondern wegen des Dargestellten das Prädikat andächtig anstelle von lustig oder schön. Ebensosehr wie auf den Inhalt des vielteiligen Altarwerks, den Joachim von Pflummern in seiner ausführlichen Beschreibung in allen Einzelheiten richtig wiedergibt, kam es auf die gewissermaßen technische Qualität des Ganzen an. Sowohl die reiche Stadt wie aber auch Gott, dem der Reichtum der Stadt ja nicht verborgen war, legten Wert darauf, daß hier erste Qualität erreicht wurde, und so erwähnt der einstige Kirchenpfleger den Colmarer Maler noch ein zweites Mal mit Namen, und er fügt hinzu, daß er der beste Maler gewesen sei.

Auf solche Art werden nicht nur der Autor und die Angehörigen der anderen Ratsfamilien geurteilt haben, sondern auch noch andere Leute. Man möchte annehmen, daß viele Biberacher stolz darauf waren, ein so prächtiges und großes Altarbild in ihrer Pfarrkirche zu haben. Um so schwerer begreift man, daß zusammen mit aller anderen Kirchenausstattung auch dieses große Retabel einundvierzig Jahre nach seiner Fertigstellung im Biberacher Bildersturm vernichtet wurde. Heinrich von Pflummern beschreibt den Vorgang mit überraschender Nüchternheit. Ähnlich wie sein Bruder den alten Bestand aufgezählt hatte, stellt er nun zusammen, was im Jahre 1531 vernichtet wurde. Er bemüht sich darum, den materiellen Wert dessen, was da zerstört wurde, zu berechnen. Der große Altar habe elfhundert Pfund gekostet. Die Äbtissin von Buchau habe kurz vor dessen Vernichtung vierhundert Pfund für ihn geboten, doch das wurde, so schreibt der Geistliche, abgelehnt.

Entrüstung über das, was nun geschah, fließt dem Autor in die Feder, wenn die kirchlichen Gegenstände nicht einfach vernichtet, sondern auf neue Art genutzt wurden. Die aus Altarmensen und Grabsteinen gebauten Brunnentröge empören ihn ebenso wie der Umstand, daß die Abendmahlskelche nun zu Trinkgefäßen wurden, welche die Stadtrechner und die Zunftmeister im Rathaus benutzten. Besonders schlimm erscheint ihm, daß der Biberacher Kirchhof, also die Begräbnisstätte rund um die Pfarrkirche, zu einem Markt gemacht wurde. Der Begräbnisplatz inmitten der Stadt war in einigen großen Städten wie zum Beispiel in Nürnberg schon kurz vor der Reformation vor die Mauern verlegt worden – aus offensichtlichen hygienischen Gründen. Aber der Widerstand war groß gewesen, denn das dichte Zusammenleben mit den Toten war nicht nur selbstverständlich, sondern es gehörte geradezu zum Kern der praktizierten Religion. Das Totengedächtnis, also die Bemühungen um das Seelenheil der Verstorbenen, war, so meinte man, an den Begräbnisort gebunden.

Heinrichs von Pflummern Klage über den verlegten Friedhof läßt darüber hinaus erkennen, daß ein solcher Begräbnisort auch zur Identität einer Stadtgemeinde gehörte. Er schreibt im 63. Kapitel, der Kirchhof sei für das Begräbnis der Toten geweiht gewesen. Die Grabsteine und die Grabbretter seien nun alle entfernt. Bisher hätten sie dort ihren Platz gehabt, damit man sich an die Vorfahren erinnere, von denen man das Leben und die Erbgüter habe, die einen auch erzogen, unterrichtet und belehrt und vom Bösen abgebracht und zum Guten gefördert hätten und dergleichen mehr. Infolge der Verlegung des Kirchhofs würde man die Vorfahren und ihre Wohltaten vergessen, ebenso den ihnen geschuldeten Dank und die Verpflichtung, ihnen wiederum Gutes zu tun. Heinrich von Pflummern verweist auf einen gleichzeitigen Autor, bei dem man lesen könne, wie Juden und Heiden mit ihren Toten umgingen. So sollten Christen erst recht verfahren. Doch in Biberach gelte nun: nur rasch aus den Augen, damit sie uns aus dem Herzen kommen, so daß wir nicht um sie trauern.

Der spätere Leser dieser Darstellung fragt immer wieder, warum Heinrich von Pflummern nicht nachhaltiger darüber klagt, wie da in seiner Heimatstadt Kirche und Religion und damit ein beträchtlicher Teil der Lebensordnung in wenigen Jahren zerbrachen. Wie konnte es dieser fromme Mann überhaupt ertragen, daß fast alle, die er kannte, nun auf der anderen Seite standen? Die Antwort muß wohl lauten, daß Heinrich von Pflummern fast ein Jahrzehnt lang versuchte, sich den neuen Verhältnissen entgegenzustemmen und jedenfalls selbst bei dem zu bleiben, was er für richtig hielt. Im übrigen hat ihn offensichtlich der Umstand gestärkt, daß die lutherischen beziehungsweise zwinglianischen Geistlichen der ersten Generation, wie auch sonst vielfach, nicht aus der Stadt stammten, sondern Fremde waren. Daß der Rat sich mit diesen fremden Geistlichen verbündete, wird dem altgläubigen Kleriker, der ungeachtet seiner Herkunft aus einer der regierenden bürgerlichen Familien als Geistlicher doch einer anderen Welt angehörte, nicht gänzlich verwunderlich erschienen sein.

Doch kommt es Heinrich von Pflummern nicht so sehr auf grundsätzliche Fragen an. Die Grundsätze sind in seinen Augen nicht fraglich, da er die Anhänger Luthers und

Zwinglis einfach für Ketzer hält. Festhalten möchte er dagegen, wie er sich von den ersten Anfängen der Reformation in Biberach bis zu seiner Flucht im Jahre 1531 verhalten hat. Im 27. Kapitel seines Buches berichtet er, wie er sich in der „Lutherei“ gehalten habe, bevor man den Meßgottesdienst in Biberach verbot. Im folgenden Kapitel spricht er davon, was er von der Lutherei habe erleiden müssen.

Zunächst leistete Heinrich von Pflummern aktiven Widerstand – und zwar auf eine der ihm nun drohenden Gefahr durchaus angemessene Weise. Luthers Lehre wurde nicht zuletzt durch billige Drucke verbreitet. Flugschriften in jenem Sinne, wie sie nun alltäglich waren, hatte es zuvor nicht gegeben und gab es auf der altgläubigen Seite nur in sehr viel geringerem Maße. Heinrich von Pflummern behauptet mehrfach, er habe gegen hundertfünfzig Bücher – d. h. in der Mehrzahl Flugschriften – gegen die Lutherei gekauft. Sollte diese Zahl ernstzunehmen sein, dann hätte der Autor tatsächlich einen großen Teil dessen, was damals auf dem Markte war, erworben. Diese Bücher kaufte Heinrich von Pflummern, so liest man, nicht nur für sich selbst. Er habe sie oft weiterverliehen – ungeachtet der Angriffe, die ihm daraufhin widerfuhren.

Daß er seine selbstgewählten – da ja nicht durch eine Pfründe gegebenen – geistlichen Pflichten wahrnahm und bei den Siechen die Messe las, verwundert den Leser dieses Textes nicht. Aber Heinrich von Pflummern tat nicht nur seine Pflicht, sondern er machte daraus Demonstrationen. So sei er, liest man, an Feiertagen ausdrücklich in liturgischer Kleidung in die Kirche gegangen, um seine Messe zu lesen und zu demonstrieren, daß er an der lutherischen Predigt, die vor seiner Messe stattfand, ausdrücklich nicht teilnehmen wollte. Auch die traditionellen Prozessionen, welche die öffentliche Frömmigkeit in Biberach wie überall zu einem beträchtlichen Teil ausgemacht hatten, hielt er weiterhin am Leben. Er sei einfach durch die Lutheranhänger hindurchgegangen, auch wenn sie ihn noch so sehr verspottet hätten, und er habe das auch weiterhin getan, obwohl er am Ende dabei ganz allein gewesen sei. In anderen Fällen erzielte er bescheidene Erfolge. Er berichtet davon, daß es in Biberach üblich gewesen sei, nach der Mahlzeit eine Stunde lang in der Kirche einen Umgang zu veranstalten. Deshalb habe er, als die Lutherei in Biberach zunahm, stets in dieser Stunde vor dem Sakramentshaus gekniet, damit diejenigen, die durch die Kirche gingen, bemerkten, er jedenfalls verachte die geweihte Hostie nicht. Heinrich von Pflummern schreibt, daß diese Aktion immerhin den Erfolg hatte, daß mancher, der die Kirche passierte und den Hut nicht zog oder ihn wenigstens berührte, diesen Hut vor ihm abzog, was jedoch, so schreibt er, da die Höflichkeit ihm und nicht dem Sakrament galt, eine Verachtung des Sakraments dargestellt habe.

Dann lenkt Heinrich von Pflummern in die Frühzeit der Ausbreitung von Luthers Lehren zurück. Nach dem päpstlichen Urteil von 1520, das zentrale Feststellungen Luthers für ketzerisch erklärte und die Verbrennung seiner Bücher anordnete, habe er selbst – im Gegensatz zu dem, so kann man fortfahren, was sonst geschah – diese Verbrennung vorgenommen. Hatte Heinrich von Pflummern also nicht nur die Literatur gegen Luther gekauft, sondern auch Luthers Schriften? Der Autor sagt ausdrücklich, er erwähne diese Verbrennung, damit man sehe, daß er von Anfang an dem päpstlichen Urteil gegenüber gehorsam gewesen sei. Hätte es sich da nicht empfohlen, den Besitz der frühen Lutherschriften gar nicht zuzugeben? Heinrich von Pflummern war gebildet genug, zwischen dem, wozu er verpflichtet war, und dem, was das päpstliche Urteil nicht verlangte, zu unterscheiden. Rückwirkende Kraft hatte es nicht. So brauchte sich Heinrich von Pflummern nicht zu fürchten, wenn er davon sprach, daß er zunächst Luthers Schriften gekauft und auch weitergegeben habe – wie viele andere auch. Im Gegenteil: Gerade ein so gewissenhafter Geistlicher wie Heinrich von Pflummern mußte sich von den frühen Schriften Martin Luthers angesprochen fühlen und der Meinung sein, hier schreibe jemand, der ähnlich gesinnt sei wie er selbst. „Doch später trat Luthers Ketzerei zutage“, schreibt Heinrich von Pflummern, „was ich erst bemerkte, als ich seine späteren Bücher las.“ Auch andere trennten sich nun von Luther.

Für Heinrich von Pflummern war die Situation jetzt ganz klar. Er sagt ausdrücklich, er habe mit denen, die Luther folgten, keine über den alltäglichen Umgang hinausgehenden Gespräche geführt. Andere zogen diese klare Trennungslinie nicht, wie Heinrich von Pflummern nun feststellen mußte. Er nennt den Prediger, der an der Biberacher Stadtkirche angestellt und mit dem er, so schreibt er, „vor der Lutherei“ befreundet war. Er wollte ihn warnen, weil er jemanden predigen ließ, der die traditionelle Sakramentenlehre verwarf. Der Prediger habe darauf, so kann man wohl sagen, ausweichend geantwortet und behauptet, er habe keine Lust gehabt, selbst zu predigen. „Da schwieg ich“, so fährt Heinrich von Pflummern fort, „denn ich merkte gut, daß es aus Glaubensgründen mit unserer Freundschaft nun vorbei war.“ Danach habe er mit diesem Prediger außer freundlichen Grüßen kein Wort mehr gewechselt.

Doch wie reagierte die andere Seite? Heinrich von Pflummern erntete bei der demonstrativen Wahrnehmung der traditionellen geistlichen Gebräuche Hohn und Spott, und er berichtet auch, wie so etwas im einzelnen aussah. In der Kirche predigte, so schreibt er, ein auswärtiger kleiner Mönch die Lehre Luthers, während er sich daranmachte, im Spital die traditionelle Messe zu lesen. So läutete der Küster, bevor noch die Predigt beendet war, und so schrie der kleine Mönch auf der Kanzel, als er das Läuten hörte, der Teufel mache sich mit diesem Geläut bemerkbar. Bei anderer Gelegenheit predigte der frühere Freund Heinrichs von Pflummern, und dieser und seine Anhänger verließen die Kirche. Da habe, so liest man, der Prediger überlaut gesagt, Heinrich von Pflummern und die Seinen verließen das Gotteswort. Dieser antwortete, er habe dem Gotteswort sorgfältiger gedient und viele könnten bezeugen, daß der andere mit seiner

Hure ein schändlicher Prediger sei. Doch vollzog sich diese Polemik nicht nur innerhalb der Geistlichkeit. Heinrich von Pflummern schreibt, daß er eines Tages aus seinem Fenster geblickt und gesehen habe, daß ein junger Messerschmied zur Fastnachtszeit die Innereien und den Kopf eines Kalbes aus dem Schlachthaus getragen und vor seine eigene Behausung hingeschüttet und dabei gerufen habe: „Das ist ein guter Hering." Ebenso wie die Einhaltung oder demonstrative Nichtbeachtung des Zölibats eine Grenzlinie zwischen den Anhängern des alten und des neuen Glaubens zog, wirkte auch die Beachtung oder gewollte Nichtachtung des Fastengebots. So nahm Heinrich von Pflummern diese Sache ganz ernst, und so stellte er offensichtlich befriedigt fest, daß der Tod diesen Messerschmied alsbald „erwürgt" habe.

Nachweise

1. Der Quellentext, der dem Kapitel zugrunde liegt, wurde herausgegeben von E. Joachim: Das Marienburger Tresslerbuch der Jahre 1399–1409. 1896. Aus diesem Material hat der Verfasser ein Stück in Übersetzung publiziert: Das Mittelalter. Ein Lesebuch aus Texten und Zeugnissen des 6. bis 16. Jahrhunderts. 2. Auflage 1989 S. 341–343. Aufgrund vorwiegend des Tresslerbuchs hat der Verfasser folgende Studien veröffentlicht: Spielleute und Gaukler in den Rechnungen des Deutschordenshochmeisters. In: Feste und Feiern im Mittelalter. Hg. v. D. Altenburg u. a. 1991 S. 217–227; Nachrichten über die Diplomatie des Deutschen Ordens aus dem Tresslerbuch. In: Balticum. Studia z dziejów polityki, gospodarki i kultury XII–XVII wieku ofiarowane M. Biskupowi. Torun 1992 S. 67–78; Pferde für die Marienburg. In: Vera lex historiae. Festschrift für D. Kurze. 1993 S. 117–126; Alltag am Hof des Deutschordenshochmeisters in Preußen. Erscheint in einem von W. Paravicini hg. Sammelband über Alltag und Hof. Eine mit ausführlichen Nachweisen versehene Fassung dieses Kapitels erscheint in: Geschichte in Wissenschaft und Unterricht 45. 1994.
2. Der dem Kapitel zugrundeliegende Reisebericht wurde von J. Seemüller herausgegeben: Bericht über die Reise König Friedrichs III. zur Krönung nach Aachen. In: Mittheilungen des Instituts für Österreichische Geschichtsforschung 17. 1896 S. 584–665. Teiledition in: Deutsche Reichstagsakten 16. 1928 Nr. 108. Teilübersetzungen in Lesebuch (wie oben unter Nr. 1) S. 207–216. Dazu H. Boockmann, Erfahrene Umwelt. Deutschland in einem Reisebericht aus dem 15. Jahrhundert. In: Von der Angst zur Ausbeutung. Umwelterfahrungen zwischen Mittelalter und Neuzeit. Hg. v. E. Schubert u. B. Herrmann. 1994 S. 107–121. Der spätere Bericht vom Hof Kaiser Friedrichs III. wurde publiziert und untersucht von K.-F. Krieger, Die Reise des Speyerer Domvikars Bernhard Ruß an den Kaiserhof in Wien (1482). In: Archiv für mittelrheinische Kirchengeschichte 38. 1986 S. 175–223. Zur Identität des Malers Stefan Lochner M. Wolfson in Katalog: Stefan Lochner. Maler zu Köln. Hg. v. F. G. Zehnder. 1993 S. 97 ff. Die Kreuzkäse in der Korrespondenz Albrechts bei Briebatsch (siehe unten bei 6) 2 Nr. 209.
3. Der Bericht des Burkhard Zink ist herausgegeben in: Die Chroniken

der deutschen Städte 5. 1866 S. 196–207. Der Verfasser hat den Fall des Peter von Argun und zwei ähnliche untersucht in: Spätmittelalterliche deutsche Stadttyrannen. In: Blätter für deutsche Landesgeschichte 119. 1983 S. 73–91. Seitdem ist erschienen: Geschichte der Stadt Augsburg. Hg. v. G. Gottlieb u. a. 1984. Hier über Peter von Argun K. Schnith S. 217, B. Schimmelpfennig S. 221f. u. R. Kießling S. 242 u. S. 245f.

4. Der Brief des Sylvester Stodewescher ist ediert in: Liv-, est- und kurländisches Urkundenbuch 10. Riga und Moskau 1896 Nr. 628. Deutsche Übersetzung in Lesebuch (wie oben unter Nr. 1) S. 360–366. Dieses Kapitel beruht auf einem früher publizierten Aufsatz: Der Einzug des Erzbischofs Sylvester Stodewescher von Riga in sein Erzbistum im Jahre 1449. In: Zeitschrift für Ostforschung 35. 1986 S 1–17.

5. Die dem Kapitel zugrundeliegenden Texte sind entnommen 1. aus: Die Geschichten und Taten Wilwolts von Schaumburg [richtig Schaumberg]. Hg. v. A. v. Keller. 1859 und 2. aus: Des schwäbischen Ritters Georg von Ehingen Reisen nach der Ritterschaft. Hg. v. F. Pfeiffer. 1842. Neue Ausgabe: Georg von Ehingen, Reisen nach der Ritterschaft. Hg. v. Gabriele Ehrmann. 1979. Auszüge aus den beiden erstgenannten Editionen in: H. Wenzel. Die Autobiographie des späten Mittelalters und der frühen Neuzeit 1. 1980. Übersetzungen in H. Boockmann, Die Ritter und ihre Harnische. In: Eisenkleider. Plattnerarbeiten aus drei Jahrhunderten aus der Sammlung des Deutschen Historischen Museums. 1992. S. 9–24 sowie in Lesebuch (wie oben unter Nr. 1) S. 357–360. Zu dem von Georg von Ehingen gestifteten Kilchberger Altar siehe Claudia Lichte und Daniela Gräfin v. Pfeil in Katalog: Meisterwerke massenhaft. Die Bildhauerwerkstatt des Nikolaus Weckmann und die Malerei in Ulm um 1500. 1993 S. 450f.

6. Die zitierten Briefe sind ediert von F. Priebatsch. Politische Correspondenz des Kurfürsten Albrecht Achilles. 1894–1898. Zu Albrecht und seinen Jahren in der Mark J. Schultze, Die Mark Brandenburg 3. 1963 S. 107–161; E. Schubert, Albrecht Achilles, Markgraf und Kurfürst von Brandenburg (1414–1486). In: Fränkische Lebensbilder 4. 1971 S. 130–172; G. Heinrich, Albrecht Achilles. In: Lexikon des Mittelalters 1. 1980 Sp. 317f. Der Bericht über Albrechts Aufenthalt in Salzwedel findet sich in: Riedel's Codex diplomaticus Brandenburgensis 1, 14. 1857 S. 348ff.

7. Hermann Botes Schichtbuch wurde hg. in: Deutsche Städtechroniken 16. 1880. Die benutzten Textpartien hier S. 299 und S. 332–348. Übersetzung in Lesebuch (wie oben unter Nr. 1) S. 289–300. Das Kapitel beruht auf einem Aufsatz: Eine Krise im Zusammenleben

einer Bürgerschaft und ein „politologisches" Modell aus dem 15. Jahrhundert. Zunächst in: Geschichte in Wissenschaft und Unterricht 39. 1989 S. 732–749. Wiederholt in: Hermann Bote. Hg v. H. Blume und E. Rohse. 1991 S. 133–152.

8. Das Testament Hans von Oldendorps ist hg. in: Urkundenbuch der Stadt Göttingen vom Jahre 1401 bis 1500. Hg. v. G. Schmidt. 1867 S. 354–359. Übersetzt in Lesebuch (wie oben unter Nr. 1) S. 369–373. Das Kapitel beruht auf einem Aufsatz: Leben und Sterben im mittelalterlichen Göttingen. Über ein Göttinger Testament des 15. Jahrhunderts. In: Göttinger Jahrbuch 31. 1983 S. 73–94. Der Aufsatz erschien auch separat unter dem Titel: Leben und Sterben in einer spätmittelalterlichen Stadt. Über ein Göttinger Testament des 15. Jahrhunderts. 1983.
9. Die Aufzeichnungen der beiden Brüder von Pflummern wurden hg. v. A. Schilling. Beiträge zur Geschichte der Einführung der Reformation in Biberach 1. Zeitgenössische Aufzeichnungen des Weltpriesters Heinrich von Pflummern. Freiburger Diöcesan-Archiv 9. 1875 S. 141–264 sowie: Die religiösen und kirchlichen Zustände der ehemaligen Reichsstadt Biberach unmittelbar vor der Einführung der Reformation. Geschildert von einem Zeitgenossen [d.i. Joachim von Pflummern]. Ebd., jedoch 19. 1887 S. 1–191. Beide Aufzeichnungen finden sich auch bei A. Angele, Altbiberach um die Jahre der Reformation. 1962, jedoch in leicht modernisiertem und nicht immer zuverlässig wiedergegebenem Text.

In die deutsche Geschichte des 15. Jahrhunderts führen ein P. Moraw, von offener Verfassung zu gestalteter Verdichtung. Das Reich im späten Mittelalter 1250 bis 1490. 1985, E. Schubert, Einführung in die Grundprobleme der deutschen Geschichte im Spätmittelalter. 1992 sowie auch der Verfasser – einerseits in: Stauferzeit und spätes Mittelalter. Deutschland 1125–1517. 1987, andererseits in der neuen Auflage von Gebhardts Handbuch der Deutschen Geschichte, die allerdings erst erscheinen wird, wenn alle Autoren fertig sein werden.

Zu den Abbildungen

Die Abbildung auf dem Schutzumschlag ist der Mitteltafel des Hochaltarretabels der Pfarrkirche von Bad Wildungen entnommen, das Konrad von Soest wohl im Jahre 1403 gemalt hat. A. Stange, Kritisches Verzeichnis der deutschen Tafelbilder von Dürer 1. 1967 Nr. 454.

Zu Seite 12. Affen, wie sie den Hochmeister-Rechnungen zufolge (S. 20) als höfische Haustiere in der Marienburg gehalten worden sind, werden auf Gemälden aus der Zeit um 1500 gelegentlich dargestellt. So zum Beispiel vom Mair von Landshut (A. Stange, Deutsche Malerei in der Gotik 10. 1960 Abb. 207), zusammen mit einem Hofzwerg auf einer Darstellung der heiligen drei Könige durch Jacob van Utrecht (R. Grosshans, Bilder im Blickpunkt: Jacob van Utrecht. Der Altar von 1513. 1983) oder als Haustier der Maria, da dieser der Engel die Botschaft überbringt, daß sie den Gottessohn gebären werde (Muzeum Narodowe Warschau: H. Braune u. E. Wiese, Schlesische Malerei und Plastik des Mittelalters. 1929 Nr. 197 – freundlicher Hinweis von S. Lüken). Abgebildet ist eine aus dem Kloster Wettenhausen stammende Darstellung des Herodes-Gastmahls von etwa 1515, die sich heute im Bayerischen Nationalmuseum München befindet (R 540).

Zu Seite 34. Die Abbildung gibt die Innenseite des linken Flügels vom Retabel des Heiligkreuzaltars in Polling (heute in der Alten Pinakothek in München) wieder, das wohl kurz vor der Mitte des 15. Jahrhunderts entstanden ist – also zur selben Zeit, aus welcher der Bericht über die Reise König Friedrichs III. nach Aachen stammt. Auf diesem Flügel und seinem Gegenstück ist dargestellt, wie der bayerische Herzog Tassilo III. (abgesetzt 788 von Karl dem Großen) auf der Jagd eine Hirschkuh verfolgte und dabei im Boden drei Kreuze fand, zu deren Ehren er das Kloster Polling gründete. Oben sieht man den Herzog auf die Jagd reiten. Darunter ist er zusammen mit einem Bischof zur Erhebung der Kreuze unterwegs. Wie immer in der Malerei der Zeit wird die in der Vergangenheit angesiedelte Legende so dargestellt, als habe sie zur Entstehungszeit des Gemäldes stattgefunden. So hat man hier einen Anhalt für das Bild, das 1442/1443 der König und seine Begleiter auf dem Umritt durch das Reich geboten haben mögen. Zum Gemälde siehe Gisela

Goldberg in: Alte Pinakothek München. Erläuterungen zu den ausgestellten Gemälden. 1983 S. 331 ff.

Zu Seite 58. Ein Portrait von Peter Egen/von Argun kennt man nicht, doch sind Bildnisse von seinesgleichen erhalten, darunter das auf das Jahr 1460 datierte des Heinrich Blarer, der einer reichen Konstanzer Ratsfamilie angehörte. Blarer wird in den Insignien seines Standes und seiner Ansprüche dargestellt: in reicher pelzbesetzter Kleidung, mit einem Wärmeapfel in der Hand und mit dem Familienwappen. Das Band über der Brust weist das Abzeichen des kastilischen Kannenordens auf, während man rechts oben das eines aragonesischen Ordens sieht. Dazwischen wohl das Abzeichen der schlesischen, aber auch in Südwestdeutschland bezeugten Turniergesellschaft des Rüdenbandes, nämlich ein Hundehalsband. Die Zugehörigkeit zu diesen Gesellschaften bezeugt die adlige Lebensweise und einen weitreichenden Lebensumkreis dessen, der sich so darstellen ließ. B. Konrad, Rosengartenmuseum Konstanz. Die Kunstwerke des Mittelalters. 1993 S. 404 f.

Zu Seite 82. Der S. 99 erwähnte Tafelaufsatz – die „Kredenz" – aus dem Besitz des Deutschen Ordens, entstanden um 1400. An einem – damals außerordentlich kostspieligen – Korallenast sind fossile Haifischzähne befestigt, die man für versteinerte Schlangenzungen hielt und denen man die Eigenschaft zuschrieb, durch Verfärbung Gift anzuzeigen. Wozniak in Katalog: 800 Jahre Deutscher Orden. 1990 S. 234.

Zu Seite 106. Georg von Ehingen (S. 122 ff.) hat in die Kilchberger Schloßkapelle ein Altarretabel gestiftet, dessen linker Standflügel – heute in der Stuttgarter Staatsgalerie – den Stifter zeigt. Als Urheber der gemalten Teile des Retabels wird in einer Aufschrift der Ulmer Maler Bartholomäus Zeitblom genannt. Ungeachtet des schlechten Erhaltungszustandes sieht man, daß der – zur Entstehungszeit des Bildes etwa siebzigjährige – Stifter jünger dargestellt ist. Man sieht ihn ungefähr in dem Alter, da er seine „Reisen in die Ritterschaft" unternahm. Und man sieht ihn zwar nicht in jener Pracht, in der er 1453 nach Prag geritten war und die 45 Jahre später nicht mehr modern gewesen wäre, wohl aber in einem eleganten Plattenpanzer, wie er am Ende des 15. Jahrhunderts getragen wurde. Claudia Lichte und Daniela Gräfin von Pfeil in Katalog: Meisterwerke massenhaft. Die Bildhauerwerkstatt des Niklaus Weckmann und die Malerei in Ulm um 1500. 1993 S. 450 f.

Zu Seite 130. Wie hat man sich die großen Turniere vorzustellen, die Kurfürst Albrecht (S. 144) den Märkern nicht zutrauen wollte und die Ludwig von Eyb (S. 133ff.) beschreibt? In einer Handschrift des Germanischen Nationalmuseums in Nürnberg aus dem 15. Jahrhundert (988), die zwei im späteren Mittelalter weitverbreitete Versdichtungen enthält, den Trojanischen Krieg des Konrad von Würzburg und den Wilhelm von Orlens des Rudolf von Montfort, findet man die Darstellung eines Gestechs, eines Lanzenkampfes schwer gepanzerter Reiter. Die Kämpfer tragen das dabei gebräuchliche Stechzeug und die Stechtartsche, einen kleinen, mit der Rüstung verbundenen Schild. Sie sitzen im hohen Zeug, in hohen Sätteln, die zugleich die Beine schützten. Die etwa 370 Zentimeter langen Lanzen sind mit Turnierkrönlein entschärft, wie man bei dem rechten Reiter unten sieht. Die Pferde sind teilweise durch Roßstirn und Fürbug geschützt. Im Hintergrund sieht man zwei Grießwärtel, die zugleich schiedsrichterliche und Helferaufgaben hatten.

Zu Seite 152. Wenige Jahre nachdem die Braunschweiger nach der glücklich überwundenen Krise ihrem Stadtpatron, dem heiligen Auctor, einen neuen Schrein zu stiften versprochen hatten (S. 176), widmete der Abt des dortigen Ägidienklosters der Stadt eine heute im Kestner-Museum Hannover (Inv.-Nr. 3931) aufbewahrte Handschrift mit der Legende des Heiligen. Hier findet sich eine die Situation des Jahres 1446 recht gut wiedergebende Darstellung: Der Stadtheilige steht über der einigermaßen realistisch dargestellten Stadt, vor der man links den Abt und den Konvent des Ägidienklosters sieht, rechts dagegen die Repräsentanten der Stadt. Auf dem Schriftband liest man den Vers: Huius sis fautor/urbis Brunswik pater Autor (Dieser Stadt Braunschweig sei Schutzherr, Vater Auctor). Renate Kroos in Katalog: Stadt im Wandel 2. 1985 S. 1079 ff.

Zu Seite 184. Wenn Hans von Oldendorp Heiligenfiguren mit Korallenketten ausstattete (S. 190), so verfuhr er nicht anders als viele Testatoren damals. So kamen Skulpturen zu Schmuck, aber auch zu einer Garderobe – wie eine solche für die eine der von Oldendorp beschenkten Marienfiguren bezeugt ist (S. 208). Daß man davon nur selten Überreste besitzt, erklärt sich leicht. Textilien sind nicht für die Ewigkeit gemacht, und weder die Reformation noch auch die barocke Frömmigkeit schufen gute Bedingungen für die Bewahrung dessen, was fromme Stifter im ausgehenden Mittelalter Heiligenfiguren zugewandt hatten. So stellt der im Kestner-Museum Hannover aufbewahrte Mantel, der wohl in der zweiten Hälfte des 14. Jahrhunderts einer Darstellung der Anna Selbdritt in der Marktkirche von Hannover zur Bekleidung des Jesuskindes offenbar von Angehörigen hannöverscher Familien, die sich durch die Wappen auf der Borte zu erkennen geben, gestiftet worden ist, ein seltenes Stück dar. Der Mantel ist aus dunkelrotem Samt gearbeitet und mit kleinen Silberplättchen besetzt. Die Borte ist mit Goldstickereien und Perlen verziert. H. Wentzel, Bekleiden von Bildwerken. In: Reallexikon der deutschen Kunstgeschichte 2. 1948 Sp. 219 ff.; Renate Kroos in Katalog: Stadt im Wandel 2. 1985 S. 1240; Sabine Wehking, Die deutschen Inschriften 36. 1993 Nr. 7.

Zu Seite 216. Im Jahre 1532 wurde der Hochaltar der Pfarrkirche von Biberach zerstört. Die geschnitzten Teile hatte im Jahre 1499 Niklaus Weckmann vollendet. Der Ulmer Meister produzierte nicht gerade in Serie, aber doch so viel, daß man in der Lage ist, sich anhand anderer Darstellungen aus seiner Werkstatt vorzustellen, was damals in Biberach vernichtet worden ist, wie Joachim von Pflummern S. 224 ff. ausführlich berichtet. Der altgläubige Autor schreibt, man habe auf dem Retabel auch die Geburt Christi mit Josef und den Hirten gesehen. Alles sei geschnitzt und „sehr schön und lustig“ gewesen. Eine solche Darstellung findet man auch auf dem Retabel, das Weckmann in den Jahren 1523 und 1524 für das Kloster Wettenhausen (heute im Bayerischen Nationalmuseum München) schnitzte. Katalog: Meisterwerke massenhaft. Die Bildhauerwerkstatt des Niklaus Weckmann und die Malerei in Ulm um 1500. 1933 Abb. 90 S. 86.

Das Werk von Hartmut Boockmann im Verlag C. H. Beck

Die Stadt im späten Mittelalter
3., durchgesehene Auflage. 1994. 357 Seiten mit 521 Abbildungen. Leinen

Das Mittelalter
Ein Lesebuch aus Texten und Zeugnissen vom 6. bis zum 16. Jahrhundert
2. Auflage. 1989. 383 Seiten. Leinen

Der Deutsche Orden
Zwölf Kapitel aus seiner Geschichte
4. Auflage. 1994. 319 Seiten mit 41 Abbildungen und 4 Karten. Leinen

Einführung in die Geschichte des Mittelalters
5., durchgesehene Auflage. 1992. 165 Seiten mit 25 Abbildungen. Broschiert

Verlag C. H. Beck München